LA FRANCE

W9-AGT-581

Langues maternelles
- Le français langue maternelle majoritaire
- Le français langue maternelle d'une minorité importante

Langues officielles
- Le français est la seule langue officielle
- Le français est une des langues officielles du pays
- Le français est la langue de culture ou des affaires pour une partie importante de la population

LE ROYAUME-UNI

LA MER DU NORD

LES PAYS-BAS (m.)

LA BELGIQUE
la Wallonie

LE LUXEMBOURG

LA MANCHE

Dunkerque
Calais
Boulogne
Lille
LA PICARDIE
Amiens
Dieppe
Cherbourg
Le Havre
Rouen
LA CHAMPAGNE
Reims
Verdun
Metz
LA LORRAINE
Nancy
Strasbourg
L'ALSACE
L'ALLEMAGNE
Caen
la Seine
Paris
ÎLE-DE-FRANCE
Versailles
Chartres
Fontainebleau
Troyes
LES VOSGES
Colmar
St. Malo
LA NORMANDIE
le Mont-St. Michel
Brest
LA BRETAGNE
Rennes
Le Mans
Orléans
la Loire
Dijon
la Saône
Besançon
Angers
Tours
Blois
Nantes
la Loire
LA TOURAINE
Bourges
LA BOURGOGNE
LE JURA
LA SUISSE
LA VENDÉE
Poitiers
LE POITOU
La Rochelle

LA FRANCE

le Val d'Aoste

L'OCÉAN ATLANTIQUE (m.)

Limoges
Lyon
Clermont-Ferrand
L'AUVERGNE
Rocamadour
Grenoble
L'ITALIE
Bordeaux
LE MASSIF CENTRAL
LES ALPES
la Garonne
Moissac
le Rhône
LE DAUPHINÉ
Albi
Nîmes
Avignon
Nice
Montpellier
LA PROVENCE
Cannes
Toulouse
Arles
Marseille
MONACO
LE PAYS BASQUE
Biarritz
Carcassonne
Lourdes
LE LANGUEDOC
LES PYRÉNÉES
Perpignan
LA MER MÉDITERRANÉE
la Corse
L'ANDORRE
L'ESPAGNE (f.)

| 0 | 50 | 100 MILLES |
| 0 | 50 | 100 | 150 KILOMÈTRES |

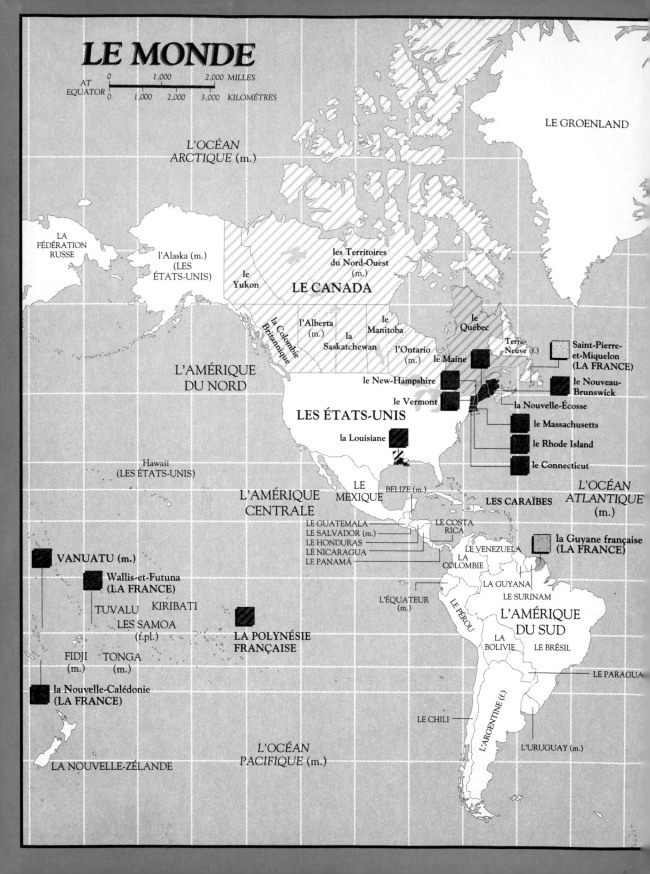

LE MONDE

AT EQUATOR

0 — 1,000 — 2,000 MILLES

0 — 1,000 — 2,000 — 3,000 KILOMÉTRES

LE GROENLAND

L'OCÉAN ARCTIQUE (m.)

LA FÉDÉRATION RUSSE

l'Alaska (m.) (LES ÉTATS-UNIS)

le Yukon

les Territoires du Nord-Ouest (m.)

LE CANADA

la Colombie Britannique

l'Alberta (m.)

la Saskatchewan

le Manitoba

l'Ontario (m.)

le Québec

Terre-Neuve (f.)

Saint-Pierre-et-Miquelon (LA FRANCE)

L'AMÉRIQUE DU NORD

le Maine

le New-Hampshire

le Vermont

LES ÉTATS-UNIS

le Nouveau-Brunswick

la Nouvelle-Écosse

le Massachusetts

le Rhode Island

le Connecticut

la Louisiane

Hawaii (LES ÉTATS-UNIS)

L'AMÉRIQUE CENTRALE

LE MEXIQUE

BELIZE (m.)

LES CARAÏBES

L'OCÉAN ATLANTIQUE (m.)

LE GUATEMALA

LE SALVADOR (m.)

LE HONDURAS

LE NICARAGUA

LE PANAMÁ

LE COSTA RICA

LE VENEZUELA

LA COLOMBIE

la Guyane française (LA FRANCE)

VANUATU (m.)

Wallis-et-Futuna (LA FRANCE)

L'ÉQUATEUR (m.)

LA GUYANA

LE SURINAM

TUVALU

KIRIBATI

LES SAMOA (f.pl.)

LE PÉROU

L'AMÉRIQUE DU SUD

LA POLYNÉSIE FRANÇAISE

LA BOLIVIE

LE BRÉSIL

FIDJI (m.)

TONGA (m.)

LE PARAGUA

la Nouvelle-Calédonie (LA FRANCE)

L'ARGENTINE (f.)

LE CHILI

L'URUGUAY (m.)

L'OCÉAN PACIFIQUE (m.)

LA NOUVELLE-ZÉLANDE

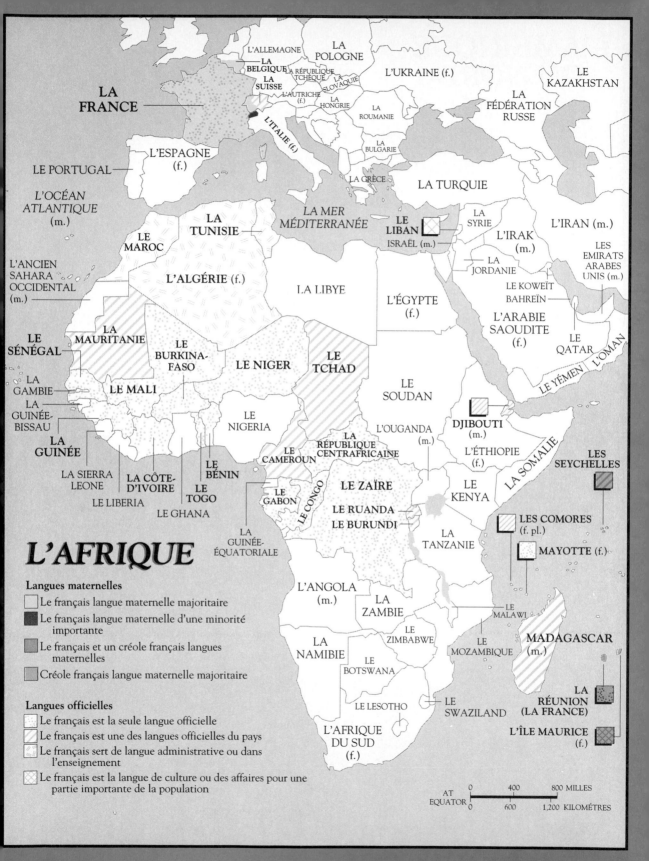

L'AFRIQUE

LA FRANCE

L'ALLEMAGNE
LA POLOGNE
LA BELGIQUE
LA SUISSE
LA RÉPUBLIQUE TCHÈQUE
LA SLOVAQUIE
L'AUTRICHE (f.)
LA HONGRIE
L'UKRAINE (f.)
LE KAZAKHSTAN
LA ROUMANIE
LA FÉDÉRATION RUSSE
L'ITALIE (f.)
LA BULGARIE

L'ESPAGNE (f.)

LE PORTUGAL

L'OCÉAN ATLANTIQUE (m.)

LA TUNISIE
LE MAROC
LA MER MÉDITERRANÉE
LA GRÈCE
LA TURQUIE
LE LIBAN
LA SYRIE
ISRAËL (m.)
L'IRAK (m.)
L'IRAN (m.)
LES EMIRATS ARABES UNIS (m.)
LA JORDANIE
LE KOWEÏT
BAHREÏN

L'ANCIEN SAHARA OCCIDENTAL (m.)

L'ALGÉRIE (f.)

LA LIBYE

L'ÉGYPTE (f.)

L'ARABIE SAOUDITE (f.)

LE QATAR

LE SÉNÉGAL

LA MAURITANIE
LE BURKINA-FASO
LE NIGER
LE TCHAD
LE SOUDAN

LE YÉMEN
L'OMAN

LA GAMBIE
LA GUINÉE-BISSAU
LE MALI
LE NIGERIA

L'OUGANDA (m.)
DJIBOUTI (m.)
L'ÉTHIOPIE (f.)
LES SEYCHELLES

LA GUINÉE
LA SIERRA LEONE
LA CÔTE-D'IVOIRE
LE BÉNIN
LE TOGO
LE GHANA
LE LIBERIA
LE CAMEROUN
LA RÉPUBLIQUE CENTRAFRICAINE
LA SOMALIE

LA GUINÉE-ÉQUATORIALE
LE GABON
LE CONGO
LE ZAÏRE
LE RUANDA
LE BURUNDI
LE KENYA
LA TANZANIE
LES COMORES (f. pl.)
MAYOTTE (f.)

L'ANGOLA (m.)
LA ZAMBIE
LE MALAWI
LE ZIMBABWE
LE MOZAMBIQUE
MADAGASCAR (m.)

LA NAMIBIE
LE BOTSWANA
LE LESOTHO
LE SWAZILAND
LA RÉUNION (LA FRANCE)
L'ÎLE MAURICE (f.)

L'AFRIQUE DU SUD (f.)

Langues maternelles

☐ Le français langue maternelle majoritaire

■ Le français langue maternelle d'une minorité importante

▨ Le français et un créole français langues maternelles

▨ Créole français langue maternelle majoritaire

Langues officielles

☐ Le français est la seule langue officielle

▨ Le français est une des langues officielles du pays

▨ Le français sert de langue administrative ou dans l'enseignement

▨ Le français est la langue de culture ou des affaires pour une partie importante de la population

AT EQUATOR

0   400   800 MILLES
0   600   1,200 KILOMÉTRES

L'AMÉRIQUE DU NORD

LE GROENLAND

L'OCÉAN ARCTIQUE (m.)

L'Alaska (LES ÉTATS-UNIS)

le Yukon

les Territoires du Nord-Ouest (m.)

Saint-Pierre-et-Miquelon (LA FRANCE)

le Québec

Terre-Neuve (f.)

L'AMÉRIQUE DU NORD

Langues maternelles

- Le français langue maternelle majoritaire
- Le français et un créole français langues maternelles
- Créole français langue maternelle majoritaire
- Le français langue maternelle d'une minorité importante

Langues officielles

- Le français est la seule langue officielle
- Le français est une des langues officielles du pays
- Le français sert de langue administrative ou dans l'enseignement

Hawaii (LES ÉTATS-UNIS)

LE CANADA

la Colombie Britannique

l'Alberta (m.)

la Saskatchewan

le Manitoba

l'Ontario (m.)

le Maine

le New-Hampshire

le Vermont

l'Île du Prince-Edouard (f.)

la Nouvelle-Écosse

le Nouveau-Brunswick

le Massachusetts

le Rhode Island

le Connecticut

LES ÉTATS-UNIS

la Louisiane

LE MEXIQUE

GOLFE DU MEXIQUE

BELIZE (m.)

L'OCÉAN ATLANTIQUE (m.)

LES CARAÏBES

CUBA (m.)

LA JAMAÏQUE

HAÏTI (m.)

LA GUYANE FRANÇAISE (LA FRANCE)

L'AMÉRIQUE CENTRALE

LE GUATEMALA
LE SALVADOR
LE HONDURAS
LE NICARAGUA

LE COSTA RICA

LE PANAMÁ

L'OCÉAN PACIFIQUE (m.)

LE VENEZUELA

LA COLOMBIE

LA GUYANA

LE SURINAM

L'ÉQUATEUR (m.)

LE PÉROU

LE BRÉSIL

L'AMÉRIQUE DU SUD

LA BOLIVIE

AT 45° LATITUDE

0   400   800 MILLES
0   600   1,200 KILOMÉTRES

LES CARAÏBES

CUBA (m.)

LA RÉPUBLIQUE DOMINICAINE

la Guadeloupe (LA FRANCE)

HAÏTI (m.)

DOMINIQUE (f.)

la Martinique (LA FRANCE)

SAINTE LUCIE (f.)

LA MER DES CARAÏBES

0   150   300 MILLES
0   200   400 KILOMÉTRES

ENSEMBLE

Littérature

FIFTH EDITION

Raymond F. Comeau

Harvard University

Normand J. Lamoureux

College of the Holy Cross

Holt, Rinehart and Winston
Harcourt Brace College Publishers

Fort Worth Philadelphia San Diego New York Orlando Austin San Antonio
Toronto Montreal London Sydney Tokyo

Editor-in-Chief	Ted Buchholz
Senior Acquisitions Editor	Jim Harmon
Developmental Editor	Nancy Beth Geilen
Project Editor	Erica Lazerow
Production Manager	J. Montgomery Shaw
Senior Art Director	Serena Barnett Manning
Picture Development Editor	Greg Meadors
Compositor	G&S Typesetters, Inc.

Cover art: Henri Matisse, *Ivy in Flower*, 1953, colored paper and pencil, 112" × 112", Dallas Museum of Art, Foundation for the Arts Collection, gift of the Albert and Mary Lasker Foundation.

Photo and realia credits appear at the end of the book.

Address for Editorial Correspondence: Harcourt Brace College Publishers, 301 Commerce Street, Suite 3700, Fort Worth, TX 76102.

Address for Orders: Harcourt Brace & Company, 6277 Sea Harbor Drive, Orlando, FL 32887. 1-800-782-4479, or 1-800-433-0001 (in Florida).

ISBN 0-15-500660-6

Library of Congress Catalogue Number 93-77003

Printed in the United States of America

4 5 6 7 8 9 0 1 2   039   9 8 7 6 5 4 3 2

Preface

Ensemble is an integrated approach to the study of French language, literature, and culture. It has been designed as a complete Intermediate French course, although it may profitably be used in more advanced courses as well. In concrete terms, *Ensemble* consists of four texts: a review grammar (with accompanying language laboratory manual), a literary reader, a cultural reader, and a historical reader. Although the four texts have been thematically and linguistically coordinated with one another, each text may be used independently of the others.

Ensemble: Littérature is comprised of eleven chapters, each containing several reading selections. Each chapter is divided into the following parts:

The introduction presents the essential facts concerning the authors and their works, providing the necessary background to properly situate the literary text. This preliminary matter is presented in English to enable students to quickly grasp the useful prerequisites and to immediately focus their attention on the literary text itself.

The *Orientation* seeks to prepare students for the particular reading selection that awaits them. It asks questions or makes certain observations that will point students in the right direction and help them come to the text with a heightened awareness of the passage's possibilities. It will show students that each work needs to be approached uniquely, according to its theme, genre, tone, style, etc.

The literary selections—there are usually three in each chapter—have been carefully chosen for their thematic content and appropriate level of difficulty. Every effort has been made to provide a representative cross-section of French literature with respect to periods, genres, and authors.

The *Vocabulaire du texte* contains numerous items designed to assist students in their understanding of the French selection. Such items are marked by a small circle in the text for easy reference.

The *Qu'en pensez-vous?* statements test the students' understanding of the French text. Students are asked not only to say whether these statements relating to the text are correct or not but also to comment further and explain the reasons for their responses. In elaborating on their answers, students must have a good grasp of the context of the paragraph as well as of the individual sentence.

The *Appréciation du texte,* on the other hand, introduces students to basic notions of literary criticism through questions that go beyond literal interpretation to matters of language and style.

The *Nouveau Contexte* exercises select certain key words and expressions from each excerpt and highlight them in a new contextual setting. By choosing the right word to complete the meaning, students learn to transfer vocabulary words from one setting to another and become more aware of exact meaning and correct usage. Since these exercises are presented in dialogue form, students can act them out and bring the vocabulary to life in a meaningful context.

The *Vocabulaire satellite* assembles useful words and expressions relating to the theme of the chapter. Its purpose is to provide students with the terms needed for full participation in oral and written discussion.

The *Pratique de la langue* topics are intended as opportunities for broader treatment of the chapter's theme. Having become conversant with this theme through the readings, students are able to elaborate on the subject and develop their oral fluency.

The *Sujets de discussion ou de composition* suggest topics for the broadest possible development of aspects relating to the theme. Such questions may be prepared in greater detail for formal discussion or for written presentation.

In addition to the features found in each chapter, the literary reader also provides:

An *Index littéraire,* which defines the major literary terms used in the book. Items listed in the Index are marked by the superscript [L] in the text.

A *French/English vocabulary,* which contains practically all of the French words and expressions found in the book.

Note to the Fifth Edition

Significant changes have been introduced in the fifth edition. Each reading selection is now preceded by an *Orientation,* designed to prepare the reader for the particular passage at hand. These *Orientations* vary widely in nature. Some cause the reader to begin reflecting on the theme; others highlight special linguistic or grammatical features of the text; others suggest possible approaches to the work; others discuss literary qualities such as tone, authorial intent, satire, irony, characterization, plot, etc. All of these considerations suggest ways to facilitate initial contact with the works and enhance reading pleasure.

The *Nouveau Contexte* exercises, which were first introduced in the fourth edition, have been transformed. They still aim at developing familiarity with the vocabulary, as students recycle words from the reading passage in new contexts. All of the *Nouveau Contexte* exercises, however, now exist in dialogue form, so that, once students are comfortable with the meaning and use of this thematic vocabulary, they can carry their work one step further and act out the dialogues, giving the words yet another lively dimension.

The fifth edition offers an expanded variety of texts, as approximately one-fourth of the selections are being introduced for the first time in this edition. The new readings come from Marie de France, Molière, Balzac, Daudet, Verlaine, Maupassant, De Gaulle, and Green. *Ensemble:Littérature* once again presents readings from all centuries of French literature and in all of the major literary genres: fiction, poetry, and theater. Students thus encounter the broadest possible variety of works and styles to help them develop a wide-ranging reading ability.

N.J.L.

About the *Ensemble* series

The four books that comprise the *Ensemble* series—*Ensemble : Grammaire, Ensemble : Culture et Société, Ensemble : Littérature,* and *Ensemble : Histoire*—can each stand alone; but, more importantly, they fit together to form an "ensemble." The review grammar and the laboratory manual integrate grammar and theme by incorporating thematic vocabulary in the examples and exercises. The three readers, in turn, treat the same chapter themes in their selections and exercises. The first program of its kind in French, *Ensemble*'s integrated approach encourages lively and meaningful student participation and fosters a mature treatment of the subject.

For most intermediate classes it is recommended that instruction begin with a chapter in the grammar and proceed to the same chapter in whichever readers are adopted. Instructors may wish to vary the reading selections within a given chapter by alternating between readers. An instructor teaching an advanced course may wish to assign the grammar as outside work and spend class time on readings and oral reports. Since the four texts are thematically coordinated, a lesson may even begin with the reading or activity and end with a rapid grammar review.

Acknowledgments

We are grateful to the following reviewers, whose comments and suggestions helped shape this edition of *Ensemble : Littérature:* Heather Arden, University of Cincinnati; Dorothy M. Betz, Georgetown University; Anne D. Cordero, George Mason University; Margo Kaufman, University of California–Davis; Michael Locey, Bowling Green State University; Sandra Obergfell, University of North Carolina at Asheville; Lawrence Schehr, University of South Alabama; and Sonja G. Stary, University of Missouri–Saint Louis.

We wish to express our appreciation to the staff of Holt, Rinehart and Winston, in particular, to Nancy Beth Geilen for her thoughtful guidance through the development process, to Erica Lazerow for her careful reading of the manuscript, to Serena Barnett Manning for her cooperative attitude regarding the cover design, and to James Harmon for his concerned general supervision. We owe special thanks to Marie-France Bunting, our co-author of *Ensemble:Culture et Société,* for her many useful suggestions and her loyalty to the project. Finally, we thank our wives, Jean Comeau and Priscilla Lamoureux, for their unfailing support, their endless patience, and their willingness to make the many personal sacrifices that a project of this kind requires.

R.F.C./N.J.L.

Contents

1ère

PARTIE

Vie sociale

1

Les Jeunes

Camara Laye

Camara Laye (1928–1980) was born into a Moslem family on the west coast of Africa in Guinea, the son of a blacksmith and the eldest of twelve children. He received his primary education in the French school in his native Kouroussa and then went to a technical school in Conakry, the capital city. At the age of nineteen, he left Guinea for Paris where, having been awarded a scholarship, he studied automobile engineering. He worked at several different jobs to support himself as he continued his education.

He published his first work, *L'Enfant noir,* in 1953 and it was an immediate success. When Guinea obtained its independence from France in 1958, Camara Laye, having returned to his native country two years earlier, was appointed to a series of important government posts. He served, for example, as Guinea's first ambassador to Ghana. In 1965, however, Guinea broke off diplomatic relations with France. At odds with his government's policy, Laye decided to move to the neighboring country of Senegal where he served as a research fellow at the University of Dakar. His life there was not an easy one as he had to raise seven children by himself when his wife was seized and imprisoned for seven years in Guinea where she had gone to visit her father. Laye himself never did return to his native country; he died in Dakar at the age of fifty-two.

Camara Laye's first writings appeared at a time when black writers, more and more conscious of their common heritage, not only proclaimed their cultural identity but also affirmed their political opposition to colonialist powers. *L'Enfant noir* was one of the earliest works to offer a direct glimpse into African life. The author's style captivated readers with the clarity of its vision and the purity of its expression.

L'Enfant noir is the ostensibly fictional yet highly autobiographical account of Camara Laye's youth. In this portrayal of life in present-day Guinea, the author highlights his deep-rooted African culture while revealing the effects of a second cultural influence, that resulting from the French presence in Guinea.

In the following excerpt, the young boy of fifteen is about to leave home to attend technical school in Conakry, some six hundred kilometers away. The time has come to say good-bye to his mother and father.

Orientation: the *passé simple*

In written French, the *passé simple* is a basic narrative tense in the past. It is important to be able to recognize its form and understand its meaning. The *passé simple* is, in fact, synonymous with the *passé composé.* For example, *j'allai,* the *passé simple* of the verb *aller,* is no different in meaning than *je suis allé.* Both would be rendered in English as "I went."

This selection from Camara Laye is narrated in the *passé simple.* The following list includes some of the *passé simple* verbs found in the text.

Passé simple	Infinitive	English Equivalent
ce fut	être	it was
je revins	revenir	I returned
je l'aperçus	apercevoir	I noticed her
je me mis à	se mettre à	I started to
je l'étreignis	étreindre	I embraced her
je la suppliai	supplier	I begged her
elle me fit signe	faire	she motioned to me
je m'éloignai presque en courant	s'éloigner	I nearly ran off
je ralentis le pas	ralentir	I slowed down
fis-je	faire	said I
je me remis à sangloter	se remettre à	I started to sob again
il reprit	reprendre	he went on

Départ pour l'école

Mes bagages étaient en tas° dans la case°. Soigneusement° calée° et placée en évidence°, une bouteille y était jointe.

«Qu'y a-t-il dans cette bouteille? dis-je.

—Ne la casse° pas! dit ma mère.

5   —J'y ferai attention.

—Fais-y grande attention! Chaque matin, avant d'entrer en classe, tu prendras une petite gorgée° de cette bouteille.

—Est-ce l'eau destinée à développer l'intelligence? dis-je.

—Celle-là même°! Et il n'en peut exister de plus efficace°: elle vient de
10 Kankan°!»

J'avais déjà bu de cette eau: mon professeur m'en avait fait boire, quand j'avais passé mon certificat d'études°. C'est une eau magique qui a nombre de pouvoirs et en particulier celui de développer le cerveau°. Le breuvage° est curieusement composé: nos marabouts° ont des planchettes° sur lesquelles ils écrivent des prières
15 tirées° du Coran°; lorsqu'ils ont fini d'écrire le texte, ils l'effacent° en lavant la planchette; l'eau de ce lavage est précieusement recueillie° et, additionnée de miel°, elle forme l'essentiel du breuvage. Acheté dans la ville de Kankan, qui est

en tas in a pile / **la case** hut, cabin / **soigneusement** = *avec soin, avec attention* / **calé** wedged / **en évidence** conspicuously, for all to see / **casser** to break / **la petite gorgée** sip / **celle-là même** that very one / **il... efficace** there can be no more effective one / **Kankan** Moslem holy city in Guinea / **le certificat d'études** = *examen à la fin des études primaires* / **le cerveau** brain / **le breuvage** beverage / **le marabout** marabout (Moslem hermit or holy man) / **la planchette** = *la tablette* / **tiré** = *pris* / **le Coran** the Koran, sacred scripture of Islam / **effacer** to erase / **recueilli** collected / **additionné de miel** with honey added

une ville très musulmane et la plus sainte de nos villes, et manifestement acheté à haut prix, le breuvage devait° être particulièrement agissant°. Mon père, pour sa
20 part, m'avait remis°, la veille°, une petite corne de bouc° renfermant° des talismans; et je devais porter continuellement sur moi cette corne qui me défendrait contre les mauvais esprits.

«Cours vite faire tes adieux maintenant!» dit ma mère.

J'allai dire au revoir aux vieilles gens de notre concession° et des concessions
25 voisines, et j'avais le cœur gros°. Ces hommes, ces femmes, je les connaissais depuis ma plus tendre enfance, depuis toujours je les avais vus à la place même où je les voyais, et aussi j'en avais vu disparaître : ma grand-mère paternelle avait disparu! Et reverrais-je tous ceux auxquels je disais à présent adieu? Frappé° de cette incertitude, ce fut comme si soudain je prenais congé de° mon passé même. Mais
30 n'était-ce pas un peu cela? Ne quittais-je pas ici toute une partie de mon passé?

Quand je revins° près de ma mère et que je l'aperçus° en larmes° devant mes bagages, je me mis à° pleurer à mon tour. Je me jetai dans ses bras et je l'étreignis°.

---

devait was supposed to / **agissant** = *actif, efficace* / **remettre** = donner / **la veille** = *le jour avant* / **la corne de bouc** goat's horn / **renfermer** = *contenir* / **la concession** plot of land, community / **gros** here: heavy / **frappé** struck / **prendre congé de** = *faire ses adieux à* / **revins** = *revenir (passé simple)* / **apercevoir** = *voir* / **en larmes** in tears / **se mettre à** = *commencer à* / **étreindre** to embrace

«Mère!» criai-je.

Je l'entendais sangloter°, je sentais sa poitrine° douloureusement se soulever°.

35 «Mère, ne pleure pas! dis-je. Ne pleure pas!»

Mais je n'arrivais° pas moi-même à refréner° mes larmes et je la suppliai° de ne pas m'accompagner à la gare, car il me semblait qu'alors je ne pourrais jamais m'arracher° à ses bras. Elle me fit signe° qu'elle y consentait. Nous nous étreignîmes une dernière fois, et je m'éloignai presque en courant°. Mes sœurs,

40 mes frères, les apprentis° se chargèrent des° bagages.

Mon père m'avait rapidement rejoint et il m'avait pris la main, comme du temps où j'étais encore enfant. Je ralentis le pas°: j'étais sans courage, je sanglotais éperdument°.

«Père! fis-je°.

45 —Je t'écoute, dit-il.

—Est-il vrai que je pars?

—Que ferais-tu d'autre°? Tu sais bien que tu dois partir.

—Oui», dis-je.

Et je me remis à sangloter.

50 «Allons! allons°! mon petit, dit-il. N'es-tu pas un grand garçon?»

Mais sa présence même, sa tendresse même—et davantage encore° maintenant qu'il me tenait la main—m'enlevaient° le peu de courage qui me restait, et il le comprit.

«Je n'irai pas plus loin, dit-il. Nous allons nous dire adieu ici : il ne convient

55 pas° que nous fondions en larmes° à la gare, en présence de tes amis; et puis° je ne veux pas laisser ta mère seule en ce moment : ta mère a beaucoup de peine°! J'en ai beaucoup aussi. Nous avons tous beaucoup de peine, mais nous devons nous montrer courageux. Sois courageux! Mes frères, là-bas, s'occuperont de° toi. Mais travaille bien! Travaille comme tu travaillais ici. Nous avons consenti° pour toi des

60 sacrifices; il ne faut point qu'ils demeurent sans résultat°. Tu m'entends?

—Oui», fis-je.

Il demeura silencieux un moment, puis reprit :

«Vois-tu, je n'ai pas eu comme toi un père qui veillait sur° moi; au moins ne l'ai-je pas eu longtemps : à douze ans, j'étais orphelin°; et j'ai dû faire seul mon

65 chemin°. Ce n'était pas un chemin facile! Les oncles auxquels on m'avait confié°,

---

sangloter to sob / **la poitrine** chest / **se soulever** to heave / **arriver à** = *réussir à* / **refréner** = *retenir, arrêter* / **supplier** = *implorer* / **arracher** = *détacher avec effort* / **elle me fit signe** she motioned to me / **s'éloigner en courant** to run off / **l'apprenti** *m* = *apprentice* / **se charger de** to take care of / **ralentir le pas** = *aller moins vite* / **éperdument** = *sans contrôle* / **fis-je** = *dis-je* / **que ferais-tu d'autre** what else would you do / **allons! allons!** come on now! / **davantage encore** even more so / **enlever** to take away / **il ne convient pas** = *il n'est pas approprié* / **fondre en larmes** to burst into tears / **et puis** and besides / **avoir beaucoup de peine** = *être très triste* / **s'occuper de** = *se charger de* / **consentir** = *accepter* / **il ne faut point... sans résultat** they must not be to no avail / **veiller sur** to watch over / **l'orphelin** *m* orphan / **faire son chemin** to make one's way / **confier** to entrust

m'ont traité plus en esclave qu'en neveu°. Ce n'est pas pourtant que je leur sois
resté longtemps à charge° : presque tout de suite ils m'ont placé chez les Syriens;
j'y étais simple domestique, et tout ce que je gagnais, je le remettais fidèlement à
mes oncles, mais mes gains mêmes ne désarmèrent jamais leur rudesse° ni leur
70   avidité°. J'ai dû beaucoup travailler pour me faire ma situation. Toi... Mais en voilà
assez. Saisis ta chance! Et fais-moi honneur! Je ne te demande rien de plus. Le
feras-tu?

—Je le ferai, père.

—Bien! bien... Allons! sois brave, petit. Va!...

75   —Père!»

Il me serra° contre lui; il ne m'avait jamais serré si étroitement° contre lui.

«Va! petit, va!»

Il desserra° brusquement son étreinte° et partit très vite—sans doute ne voulait-
il point me montrer ses larmes—, et je poursuivis ma route vers la gare.

Camara Laye, *L'Enfant noir* (1953)

Qu'en pensez-vous?

Etes-vous d'accord ou non avec les déclarations suivantes?
Justifiez votre réponse.

1. La mère donne une bouteille d'eau à son fils lorsque celui-ci part pour l'école.
2. Cette eau vient d'une source célèbre dans les montagnes.
3. Le père aussi remet un cadeau à son fils avant le départ pour l'école.
4. Le garçon a le cœur léger lorsqu'il fait ses adieux aux gens du village.
5. Il a l'impression de mettre fin à une partie de sa vie.
6. Le garçon peut aider sa mère à ne pas pleurer parce que lui a les yeux secs.
7. Le fils et sa mère font leurs adieux à la gare.
8. Le garçon a du mal à porter ses bagages.
9. Il se sent comme un petit enfant.
10. La présence du père donne du courage à son fils.
11. Le garçon devra se débrouiller (*manage*) seul, une fois arrivé à sa destination.
12. Le père veut que son fils ait une adolescence aussi facile et heureuse que la sienne l'a été.
13. Père et fils se quittent sans pleurer.

Nouveau Contexte

Complétez le dialogue suivant en choisissant les termes appropriés (employez chaque terme
une seule fois). Puis, jouez le dialogue.

Noms : bouteille *f,* breuvage *m,* gorgée *f,* larmes *f,* veille *f*
Verbes : m'éloignais, enlever, pleurerais, as quitté, sangloter

le neveu nephew / **rester à charge** to remain a burden / **la rudesse** = *la sévérité* / **l'avidité** *f*
greediness / **serrer** to squeeze / **étroitement** tightly / **desserrer** to loosen, relax /
l'étreinte *f* embrace

—Qu'est-ce qu'il y a dans cette _____₁ ?
—Du champagne, mon _____₂ favori.
—Tu m'en donnes une _____₃ ou deux?
—Oui, mais pas plus! Je ne veux pas que tu fondes en _____₄ .
—Mais pourquoi donc est-ce que je _____₅ ?
—Tu ne te rappelles pas l'automne dernier, le jour où tu _____₆ ta famille?
—Je me souviens que nous avons dîné ensemble la _____₇ de mon départ.
—Et tu as bu un peu trop de vin et tu t'es mis à _____₈ éperdument.
—C'était la première fois que je _____₉ de la maison!
—Eh bien, cette fois je vais t'_____₁₀ la boisson des mains avant que tu n'aies le cœur gros!

Appréciation du texte

1. Ce texte présente un double point de vue: il s'agit des expériences d'un enfant mais présentées par un adulte. Indiquez les endroits où le narrateur nous fait voir les incidents à travers les yeux de l'enfant et ceux où le point de vue est plutôt celui d'un adulte.
2. Signalez dans le texte quelques éléments de culture africaine. Est-ce que ces éléments n'appartiennent qu'à la culture africaine ou est-ce qu'il y a quelque chose de semblable dans d'autres cultures?

Vocabulaire satellite

la **rentrée des classes**   reopening of school
le **départ**   departure
l' **interne**   *m,f*   boarding student
l' **externe**   *m,f*   day student
la **larme**   tear
l' **étreinte**   *f*   hug, embrace
être indépendant   to be independent
faire la lessive   to do the laundry
préparer les repas   to fix meals
quitter le foyer   to leave home

faire ses adieux   to take leave, to say good-bye
embrasser   to hug, to embrace; to kiss
serrer quelqu'un   to hold someone tight
serrer la main à quelqu'un   to shake someone's hand
avoir le coeur gros   to have a heavy heart
sangloter   to sob
pleurer   to cry

Pratique de la langue

1. Dans quelles circonstances avez-vous quitté vos parents pour la première fois? Quel âge aviez-vous alors? Etiez-vous heureux (heureuse) ou triste? Avez-vous pleuré? Vous ont-ils fait quelque recommandation particulière? Vous ont-ils donné quelque chose de spécial avant votre départ?
2. Décrivez la rentrée des classes cette année. Comment êtes-vous arrivé(e) à l'université? Etiez-vous seul(e)? Quels étaient vos sentiments?

3. Vaut-il mieux aller à l'université comme interne ou comme externe? Quels sont les avantages et les inconvénients de chaque situation?
4. Beaucoup de jeunes gens aujourd'hui restent habiter avec leurs parents plus longtemps. A quel âge avez-vous quitté (ou allez-vous quitter) vos parents définitivement? Décrivez les circonstances.

Marcel Pagnol

After an early career in teaching, Marcel Pagnol (1895–1974) turned to the theater while still in his twenties, and soon assured his reputation as a playwright with two rapid successes, *Topaze* (1928) and *Marius* (1929).

In Pagnol's writings one finds a well-observed portrait of everyday existence, a world inhabited by real characters who express themselves simply and directly, without

affectation. The scenes are warm with life and movement, with vivid dialogue incorporating the spoken language of the people, and touches of easy humor.

Pagnol also wrote several novels, translated Vergil's *Bucolics* and Shakespeare's *Hamlet,* and produced a good number of films, several of which were adapted from his fiction (e.g., his first film, *Marius,* 1931).

The following selection from *Le Temps des amours* was published posthumously in 1977. It is part of the series entitled *Souvenirs d'enfance,* in which Pagnol relives his youth, drawing on memory, imagination, humor, and poetic instinct. The author's personal experience in teaching enables him to understand the problems that beset adolescents in their workaday world and to appreciate the ingenious ploys which allow students to occasionally gain the upper hand.

Orientation: Verb Tenses

To fully grasp the meaning of a text, the reader must be sensitive to important differences expressed by various verb tenses. In the Marcel Pagnol selection that follows, the *passé simple* is the main tense of the narration. The verbs in the *passé simple* move the action along by telling us what *happened.*

In conjunction with the *passé simple,* the author uses another past tense, the *imperfect.* The role of the imperfect is to *describe* in the past, to place the action in a particular setting. Observe how, in the text (lines 2–15), before getting into the narration proper, the narrator introduces and describes the principal protagonists. Accordingly, in these lines, nearly all of the verbs are in the imperfect.

Notice that, most of the time, the rendition of the *passé simple* and that of the imperfect are not different in English: il *portait* une barbe pointue = he *wore* a pointed beard; il leur *demanda* leurs prénoms = he *asked* them their first names. In French, however, the differences are sharp, each of the two tenses having its own distinct function. Although the *passé simple* and the imperfect are both past tenses, they are not interchangeable: the former denotes completed past action, whereas the latter is used primarily to describe a situation in the past.

La vie au lycée°

C'est en quatrième A2°, que notre professeur principal fut M. Galeazzi, plus connu sous le nom de Zizi.

Il était grand, maigre, légèrement voûté°, et portait une barbe pointue, déjà blanchissante. Son nez aquilin° n'était pas petit; son regard gris bleuté° sortait tou-
5 jours tout droit° de ses yeux immobiles, des yeux de verre° : pour regarder à droite ou à gauche, c'était sa tête qui pivotait, comme celle d'un phare°. Sa voix

---

le lycée = *école secondaire* / **quatrième A2** = *une classe au lycée, âges 13–14* / **voûté** bent /
aquilin hooked / **gris bleuté** = *gris avec un peu de bleu* / **tout droit** straight / **le verre**
glass / **le phare** lighthouse

était faible, mais nette°, et son articulation détachait sévèrement chaque syllabe.

Je ne dirai pas qu'il nous faisait peur : il nous inquiétait, comme un lézard ou une méduse°, et j'étais sûr qu'il avait la peau froide des pieds à la tête.

10   Son autorité était grande : il nous la montra dès le premier jour, en expédiant les jumeaux° à la permanence°.

Ces deux farceurs° étaient des Grecs d'une grande famille marseillaise. Beaux comme des statues, et le teint doré°, on ne pouvait les distinguer l'un de l'autre et ils portaient des vêtements rigoureusement semblables°. L'un répondait modeste-
15   ment au prénom de Périclès, l'autre c'était Aristote.

On les avait déjà mis à la porte° de plusieurs pensionnats°, où ils avaient abusé de leur ressemblance pour compliquer l'existence d'infortunés professeurs, et ils nous avaient promis de nous régaler par quelques tours° de leur façon°. Mais ils n'en eurent° pas le temps.

20   Périclès s'était installé au premier rang, près de la porte, tandis qu°'Aristote s'exilait là-haut, dans la dernière travée°, devant la fenêtre qui s'ouvrait sur la cour de l'internat°.

Zizi fut d'abord stupéfait de voir le même élève en deux endroits différents, et il lui fallut° trois «aller-retour» de sa tête pivotante pour s'assurer qu'il ne rêvait pas :
25   une fois trouvée la certitude, il leur demanda leurs prénoms, dont l'énoncé° fit éclater de rire° toute la classe.

Alors, sans le moindre° respect pour leurs augustes parrains°, Zizi déclara que cette parfaite ressemblance le troublait, et qu'il ne se croyait pas capable de sup-porter la présence d'un élève double.

30   Il les avertit° donc qu'il ne les recevrait pas dans sa classe l'après-midi s'ils ne se présentaient pas avec des cravates de couleurs différentes; en attendant°, il pria le philosophe° et le général° d'aller passer la matinée à la permanence, et d'y traduire, ensemble ou séparément, le premier chapitre de César.

L'après-midi, Aristote revint avec une cravate rouge, tandis que celle de Périclès
35   était gorge-de-pigeon°.

Zizi les installa au tout premier rang, côte à côte, devant la chaire°. Ainsi dif-férenciés par la couleur et la contiguïté, les jumeaux ne perdirent pas courage. De temps à autre—et souvent deux fois dans la même journée—ils échangeaient leurs prénoms et leurs cravates, et ils semblaient tirer de cette petite imposture de
40   grandes satisfactions personnelles.

---

net = *clair, distinct* / **la méduse** jellyfish / **le jumeau** twin / **la permanence** study hall / **le farceur** practical joker / **le teint doré** with a golden complexion / **semblable** = *similaire* / **mettre à la porte** = *chasser de la salle de classe, mettre dehors* / **le pensionnat** boarding school / **le tour** trick / **de leur façon** = *de leur manière* / **eurent** = *passé simple (avoir)* / **tandis que** whereas, while / **la travée** row / **l'internat** *m* boarding school / **il lui fallut** = *il eut besoin de* / **l'énoncé** *m* statement, announcement / **éclater de rire** to burst out laughing / **le moindre** = *le plus petit* / **le parrain** namesake / **avertir** to warn / **en attendant** = *dans l'in-tervalle* / **le philosophe** = *Aristote* / **le général** = *Périclès* / **gorge-de-pigeon** = *de couleurs di-verses et changeantes, comme à la gorge d'un pigeon* / **la chaire** rostrum

Zizi, qui devina certainement leur manège°, ne consentit jamais à s'en apercevoir°. Instruit à la rude école des stoïciens, il se borna° à punir ou à récompenser, selon leur mérite, chacune des deux cravates, et à l'appeler par son prénom, sans daigner poser la moindre question sur l'identité du porteur. Les jumeaux, dé-
45 personnalisés par cette indifférence, et réduits à l'état de cravates, en furent si profondément humiliés qu'Aristote se fit tondre les cheveux à ras°, sans que Zizi manifestât° la moindre surprise : ils finirent par se résigner, apprirent leurs déclinaisons, et devinrent bientôt capables d'aborder° les *Commentaires* de César.

Ce César, c'était la religion de Zizi. Pareil° à ces indigènes° des îles du Pacifique,
50 qui tirent° du même palmier° leurs palissades°, leur toit°, leur vin, leur pain, leurs flèches° et leurs costumes, notre Zizi tirait de César nos explications de texte°, nos versions°, nos analyses grammaticales, nos leçons et nos punitions... Il en avait même fait un nom commun, et disait :

—Monsieur Schmidt, vous me ferez deux heures de retenue°, et «un César», ce
55 qui signifiait : «Vous me traduirez un chapitre de César»...

C'est alors qu'un événement fortuit transforma ma vie scolaire.

Lagneau—à qui sa mère donnait des fortunes, c'est-à-dire cinq francs par semaine—avait trouvé, dans la boîte d'un bouquiniste°, trois fascicules° de Buffalo Bill, au prix de un franc les trois. Il lui restait tout juste un franc°, car° il s'était
60 gavé° la veille° de caramels mous°; il s'empara° aussitôt des fascicules, mais il découvrit au fond de° la boîte un petit livre jauni par le temps, qu'il eut la curiosité d'ouvrir : c'était la traduction française des *Commentaires* de César, avec, en bas de page, le texte latin. Il n'hésita qu'une seconde, et sacrifia Buffalo Bill à Jules César, car il avait le sens des réalités, et le lendemain matin, à la première étude, celle de
65 huit heures moins le quart, il déposa sur mon pupitre° cette liasse° de feuilles jaunies, qui allait être pour nous aussi utile qu'une rampe dans un escalier.

Il faut dire, sans modestie, que je sus m'en servir° habilement.

Après avoir retrouvé le chapitre d'où était extraite notre version latine de la semaine, j'en recopiais la traduction; mais afin de ne pas éveiller la méfiance
70 maladive° de Zizi, je crédibilisais° nos devoirs par quelques fautes.

Pour Lagneau, deux contresens°, deux faux sens, deux «impropriétés». Pour

le manège trick / s'apercevoir de to notice / se borner = *se limiter* / se fit tondre les cheveux à ras had his hair cut to the scalp / manifestât = *imparfait du subjonctif* / aborder = *commencer à étudier* / pareil = *semblable* / l'indigène *m* native / tirer = *obtenir* / le palmier palm tree / la palissade fence / le toit roof / la flèche arrow / l'explication de texte *f* textual analysis / la version translation into one's own tongue (here, French) / la retenue detention / le bouquiniste second-hand bookseller, whose display cases (*boîtes*) are found along the Seine in Paris / le fascicule fascicle, installment / Il lui restait... un franc He had exactly one franc left / car for / se gaver de to gorge on / la veille = *le jour avant* / mou, molle soft / s'emparer de = *saisir* / au fond de at the bottom of / le pupitre desk / la liasse bundle / je sus m'en servir = *je réussis à les utiliser* / éveiller la méfiance maladive to arouse the unhealthy suspicion / crédibiliser = *rendre croyable, donner un air authentique à* / le contresens mistranslation

moi, un faux sens, une erreur sur un datif° pris pour un ablatif°, trois «impropriétés».

    Peu à peu, je diminuai le nombre de nos erreurs, et j'en atténuai la gravité. Zizi ne
75 se douta de° rien: un jour, en pleine classe, il nous félicita de nos progrès, ce qui me
fit rougir jusqu'aux oreilles. Car j'avais honte° de ma tricherie° et je pensais avec une
grande inquiétude à la composition°, qui aurait lieu en classe, sous la surveillance de
Zizi lui-même : le jour venu, il nous dicta une page de Tite-Live°, et je fus d'abord
épouvanté°. Cependant, en relisant ce texte, il me sembla que je le comprenais assez
80 bien, et j'eus une heureuse surprise lorsque je fus classé troisième, tandis que
Lagneau était classé onzième. Je compris alors que mes tricheries m'avaient grandement profité, en développant mon goût du travail, et mon ingéniosité naturelle.

Marcel Pagnol, Le Temps des amours (1977)

Qu'en pensez-vous?

Etes-vous d'accord ou non avec les déclarations suivantes?
Justifiez votre réponse.

1. M. Galeazzi a une façon étrange de regarder à gauche et à droite.
2. Zizi manifeste sa puissance très tôt.
3. Périclès et Aristote se ressemblent.
4. Les jumeaux s'inquiètent de leur réputation de beaux farceurs.
5. Ils s'assoient toujours ensemble pour confondre le professeur.
6. La classe a beaucoup ri en apprenant les prénoms des jumeaux.
7. Zizi a expédié les jumeaux en permanence parce qu'ils n'avaient pas fait leurs devoirs.
8. Zizi a trouvé un moyen de distinguer un jumeau de l'autre.
9. Zizi réussit à dépersonnaliser les jumeaux par son indifférence.
10. César, c'est la religion de Zizi.
11. Lagneau allait payer cinq francs les trois fascicules de Buffalo Bill.
12. Lagneau n'a pas acheté Buffalo Bill parce qu'il avait le sens des réalités.
13. Le narrateur a recopié exactement la traduction de la version latine.
14. Le narrateur a bien réussi sa composition.

Nouveau Contexte

Complétez le dialogue suivant en choisissant les termes appropriés (employez chaque terme
une seule fois). Puis, jouez le dialogue.

Noms : droite *f*, gauche *f*, tour *m*
Verbes : devinait, se doute de, éclater de rire, fait peur, punira, rougirai
Adjectifs : moindre, pareil

> **le datif, l'ablatif** *m* the dative, the ablative (two Latin cases of nouns) / **se douter de** to suspect /
> **avoir honte** to be ashamed / **la tricherie** trickery, cheating / **la composition** test / **Tite-
> Live** = *historien romain* / **épouvanté** = *terrifié*

—Suzanne, veux-tu jouer un _____*1* au professeur?

—Je n'en ai pas le courage, Claude. Il me _____*2*!

—Bah! La _____*3* chose t'inquiète.

—Oui, mais si le professeur _____*4* notre stratagème?

—Lui? Pas possible! Il ne _____*5* rien.

—Mais si on l'embarrasse devant ses élèves, il nous _____*6* sévèrement.

—Ce sera si drôle que toute la classe va _____*7*. Il ne peut pas nous mettre tous à la porte!

—Mais il va savoir que c'est ma faute à moi. J'aurai tellement honte que je _____*8* jusqu'aux oreilles.

—Non, non, non! Fuis le regard du prof et regarde à _____*9* et à _____*10*.

—Tu es _____*11* à un criminel, Claude, et ils finissent tous par être condamnés! Non, je ne vais pas jouer ce tour.

Appréciation du texte

1. On reconnaît chez Pagnol le sens de l'humour. Dans quelles parties du texte cet humour se manifeste-t-il? Que pensez-vous du nom des personnages?
2. Relevez (*point out*) une ou deux comparaisons et dites pourquoi elles vous ont frappé(e).

Vocabulaire satellite

l' **élève** *m,f* pupil
l' **étudiant(e)** student
le **copain,** la **copine** chum, pal
le, la **camarade de classe** classmate
le **cerveau** brain, bright student
le **cancre** dunce
le **jumeau,** la **jumelle** twin
ancien, ancienne (*devant un nom*) former
farceur, farceuse practical joker
le **surveillant** study-hall master

la **retenue** detention
chahuter to create a disturbance
jouer un tour à to play a trick on
taquiner to tease
tromper to trick, to deceive
tricher to cheat
mentir to lie
se rappeler to remember
se souvenir de to remember
oublier to forget

Pratique de la langue

1. Vous souvenez-vous plus particulièrement d'un de vos anciens professeurs? Pourquoi vous souvenez-vous de lui? Etait-il admirable, généreux, étrange, etc? A-t-il jamais fait quelque chose de spécial pour vous?
2. Racontez un incident amusant qui s'est passé à l'école et que vous n'avez jamais oublié.
3. Voudriez-vous être jumeau (jumelle)? Quels sont, à votre avis, les avantages et les inconvénients d'être jumeau? Est-ce que ces avantages et inconvénients changent avec le temps?

Julien Green

Julien Green (1900–) was born in Paris to American parents. He grew up in France, where he received all of his primary and secondary education. For his college career, however, he chose the University of Virginia; he was even able to teach there for a year before returning to France. His first novel, *Mont-Cinère,* appeared in 1927, followed immediately by *Adrienne Mesurat* (1927) and *Léviathan* (1928). He went back to the United States during World War II (1940–1945), working for the Office of War Information, and lecturing in colleges and universities. It was during this period, in 1942, that he published the only book that he wrote in English, *Memories of Happy Days.* After the war, he resumed permanent residence in France.

Julien Green's literary output is significant. Primarily a novelist, he has also authored several plays and some autobiographical works. Of great interest is his *Journal,* covering all of the years since he began to write in 1926. The *Journal,* which he augments on a regular basis, already contains several volumes and offers valuable insights into the author's thinking and writing process. In 1971 the Académie française voted to receive Julien Green into its membership, making him the first person of American parentage to be so honored.

Julien Green's novels deal primarily with the tension between spirit and flesh, the conflict between saintliness and sensuality. His favorite settings are the French provinces or the American South. There is often a striking contrast between the protagonist's inner torment and the peaceful, reassuring surroundings in which the plot unfolds. Julien Green excels not only in recreating a realistic environment for his characters but especially in describing their psychological anguish.

Our selection is taken from what many consider to be Green's best work, *Moïra* (1950). The novel is named after the young woman whose charms obsess the main character, Joseph Day, a college student living in Mrs. Dare's rooming house in Virginia in the 1920s. Joseph is in fact occupying Moïra's room while she is away at school. He is a red-haired puritan, a handsome young man whose life is centered on his desire for holiness but who is constantly tormented by evil in the form of sexual temptation. *Moïra* depicts Joseph's struggle to reconcile the carnal side of his personality with his spiritual aspirations. In the following excerpt, Joseph rushes to consult with his academic adviser after an unsettling personal encounter with Shakespeare's *Romeo and Juliet.*

Orientation: Thematic Vocabulary

The incident described here is an early-semester meeting between a college student and his adviser. Certain terms are apt to arise in this particular context. To facilitate the reading, it would be wise to think of words that the characters are likely to use in their respective roles as student and counselor. Be familiar with the meaning of the following expressions used in this text:

le mentor
le bureau
changer de cours
le choix
suivre un cours
ennuyer, s'ennuyer
l'élève

recevoir des confidences
avoir des difficultés
se destiner à
intéresser, s'intéresser à
réfléchir
aider
les conseils
s'inscrire

Chez le conseiller

Ce soir-là, Joseph ne dîna pas, et, dès huit heures et demie°, sonnait à la porte du professeur de mathématiques qui lui servait de mentor. Pendant quelques minutes, il attendit dans un petit salon meublé d'acajou° et dont les fenêtres regardaient la longue pelouse° bordée de sycomores. Se mettant de côté° dans une des en-
5 coignures°, il reconnut entre deux colonnes doriques° la porte vert foncé° à laquelle il avait frappé, une nuit qui lui semblait déjà si lointaine°, mais dont le souvenir le troubla, et il regretta comme une faute son mouvement de curiosité : mieux valait° ne jamais se souvenir de Praileau°, mieux valait abolir ce nom de sa mémoire s'il ne provoquait en lui que de la rancune°. D'autre part°, il se croyait
10 tenu° de prier pour son ennemi et, en effet, il joignit les mains de toutes ses forces° et pensa : «Seigneur, accorde à Praileau ta bénédiction!» Mais son peu° de ferveur lui fit honte°. C'était en vain qu'il serrait° les doigts° à se les rompre° et qu'il fermait les yeux en fronçant les sourcils° : au fond de° son cœur, il n'y avait aucun désir de voir descendre sur Praileau la bénédiction divine; ce qu'il voulait surtout,
15 c'était lui briser la mâchoire°.

«Tu es un hypocrite, murmura-t-il en laissant retomber ses bras. Tu fais semblant de° pardonner, mais tu ne pardonnes pas.»

Peu à peu il se calma, s'assit dans un fauteuil près d'une lampe, puis se leva et se tint° debout, les bras croisés, devant une vitrine° pleine de livres aux reliures

---

dès huit heures et demie as soon as it was eight-thirty   /   **meublé d'acajou** furnished in mahogany   /   **la pelouse** lawn   /   **se mettre de côté** to stand to the side   /   **l'encoignure** ƒ corner   /   **la colonne dorique** Doric column   /   **vert foncé** dark green   /   **lointain** distant   /   **valoir mieux** to be better   /   **Praileau** Bruce Praileau, a student with whom Joseph had come to blows over comments about his red hair. Joseph had come knocking on Bruce's door, looking for a fight. Ironically, later on, Praileau would offer to help Joseph after the latter's involvement in the death of Moïra.   /   **la rancune** rancor   /   **d'autre part** on the other hand   /   **tenu** = *obligé*   /   **de toutes ses forces** with all his might   /   **le peu** lack   /   **faire honte à** to shame   /   **serrer** to squeeze   /   **le doigt** finger   /   **à se les rompre** to the breaking point   /   **froncer les sourcils** to frown, to knit one's brows   /   **au fond de** at the bottom of, deep in   /   **lui briser la mâchoire** to break his jaw   /   **faire semblant de** to pretend   /   **se tenir debout** to remain standing   /   **la vitrine** showcase

20 frappées d'or°. Le *Spectator* d'Addison en dix volumes voisinait° avec les œuvres
complètes de Dryden. En bonne place, un gros Shakespeare habillé de cuir fauve°
amena° une grimace sur le visage du jeune homme qui s'éloigna de la vitrine et se
mit à° marcher de long en large° dans la petite pièce°. Brusquement la porte s'ouvrit.
      «Je ne m'attendais pas à° vous voir à une heure aussi tardive, fit° M. Tuck en en-
25 trant. Vous êtes malgré tout° le bienvenu, mais qu'est-ce qui vous amène de si
grave°?»
      Ils s'assirent.
      «Rien de grave, fit Joseph en rougissant.
      —Dans ce cas, il était tout aussi simple d'attendre jusqu'à demain et de me voir
30 dans mon bureau.»
      Une moue° accompagna ces paroles, et, le ventre soulevé° par une respiration
courte, le gros professeur se renversa° dans son fauteuil.
      «Je vous écoute, monsieur Day.»
      Joseph baissa la tête comme si ce geste lui permettait de trouver plus facilement

aux **reliures frappées d'or** with bindings struck in gold   /   **voisiner** to be side by side   /   **le cuir
fauve** fawn-colored leather   /   **amener** to bring   /   **se mettre à** = *commencer à*   /   **de long en
large** to and fro   /   **la pièce** = *la chambre*   /   **s'attendre à** to expect   /   **fit** = *dit*   /   **malgré
tout** nevertheless (lit. despite everything)   /   **qu'est-ce qui... de si grave** what's so serious as to bring
you here   /   **la moue** pout   /   **le ventre soulevé** stomach heaved   /   **se renverser** to lean back

35 les paroles qu'il voulait dire, mais il n'osait° ouvrir la bouche : tout à coup°, il lui
parut° absurde de déranger un professeur à ce moment de la soirée pour lui faire
savoir° qu'il désirait changer de cours. M. Tuck avait mille fois raison° : il aurait
dû attendre à demain. Mais, puisqu'il était là, il fallait dire quelque chose qui justi-
fiât° sa démarche°.

40   «Aujourd'hui, déclara-t-il soudain, relevant un visage encore enflammé de
honte, j'ai agi° d'une façon...»

Il chercha un adjectif et n'en trouva pas. Toutefois°, un sourire patient l'en-
gagea à continuer; il reprit° :

«J'ai mis en pièces° mon exemplaire° de *Roméo et Juliette*...»

45   Une ou deux secondes s'écoulèrent°, et il ajouta :

«de Shakespeare.»

Le professeur ne bougea pas, se contentant d'avancer les lèvres en une sorte de
moue.

«Oui, poursuivit Joseph avec force, je n'aime pas cet ouvrage et me refuse à
50 l'étudier. Quand je dis que je l'ai mis en pièces, précisa-t-il par amour de la vérité
littérale, je veux dire° que je l'ai déchiré° en deux.»

Il y eut un silence.

«En conclusion, fit le professeur d'un ton calme, je suppose que vous désirez
remplacer ce cours d'anglais moderne par un autre cours...

55   —Par un autre cours d'anglais, oui.

—Vous avez le choix entre l'anglo-saxon et le moyen° anglais.

—Je sais, dit Joseph. Je prendrai le moyen anglais.

—Chaucer, n'est-ce pas?

—Oui, Chaucer.»

60   Non sans effort, M. Tuck s'arracha à° son fauteuil et se mit debout. Joseph se
leva aussitôt°.

«Si je me souviens bien, fit le professeur, vous étudiez le grec pour lire le Nouveau Testament dans l'original.»

Joseph hocha la tête°.

65   «Je suis sûr que vous avez des raisons sérieuses pour ne plus vouloir suivre ce
cours d'anglais moderne. Il y a des années que je n'ai lu *Roméo et Juliette*. La poésie
n'est pas mon affaire et, entre nous, Shakespeare m'ennuie°. Mais déchirer un
livre... Ici surtout, monsieur Day! A l'Université!»

L'étudiant croisa les bras.

70   «C'est pourtant° ce que j'ai fait.

---

oser to dare / **tout à coup** = *soudain* / **paraître** = *sembler* / **faire savoir** to inform /
avoir mille fois raison to be absolutely right / **justifiât** = *imparfait du subjonctif* / **la démarche**
move / **agir** to act / **toutefois** however / **reprendre** to go on / **mettre en pièces** to tear
to pieces / **l'exemplaire** *m* copy / **s'écouler** to pass / **vouloir dire** to mean / **déchirer**
to tear / **moyen** middle / **s'arracher à** to tear oneself away from / **aussitôt** = *immédiatement* / **hocher la tête** to nod / **ennuyer** to bore / **pourtant** nevertheless

—Il n'y a pas de quoi être fier°,» répliqua M. Tuck, plus acerbe°.

Joseph le regarda sans répondre.

«J'espère que vous êtes modéré dans vos habitudes, reprit le professeur.

—Je vis° comme on doit.

75   —Pas trop d'alcool, hein?»

Une flamme brilla° tout à coup dans les yeux de Joseph.

«Jamais une goutte d'alcool n'a passé mes lèvres, dit-il d'une voix un peu rauque°. Je ne sais même pas le goût que cela peut avoir.»

M. Tuck le regarda, puis il plaça doucement une main sur son épaule.

80   «Vous savez, dit-il avec un sourire, je suis depuis bien des° années le mentor de beaucoup d'élèves. On peut tout me dire, car c'est un peu mon métier° de recevoir des confidences. Si vous avez des difficultés...

—Je n'ai pas de difficultés, monsieur.

—Quelle raison aviez-vous de déchirer ce livre?

85   —Eh bien, fit Joseph, la tête rejetée en arrière°, je suis tombé sur un passage d'une grossièreté inexprimable, et la colère m'a pris°...

—Je n'ai pas souvenir de telles grossièretés, murmura M. Tuck en laissant retomber sa main.

—Certains éditeurs les omettent, fit Joseph avec une expression sagace° et un

90   peu rusée°.

—C'est bien possible. Mais vous êtes sévère, monsieur Day. Et, je ne sais pas si vous vous en rendez compte°, mais Chaucer n'écrivait pas précisément pour les petites filles. A quoi vous destinez-vous plus tard?

—Je ne sais pas encore.

95   —Qu'est-ce qui vous intéresse le plus?»

Les traits° du jeune homme se durcirent°, et il hésita; enfin, l'œil sombre, il répondit :

«La religion.»

Baissant la tête, le professeur se gratta° l'oreille et parut réfléchir.

100   «Soit dit° sans vous offenser, vous êtes encore très jeune, fit-il sur un ton amical. Vos idées sont intéressantes, et je vois que vous ne badinez pas sur le chapitre de la morale°. Malgré quoi, s'il vous arrive jamais de commettre une grosse bêtise°, une bêtise de jeune homme, vous savez, souvenez-vous que je suis là pour vous aider de mes conseils.

105   —J'espère fermement ne pas faire de bêtises.

---

il n'y a pas de quoi être fier that's nothing to be proud of / **acerbe** caustic / **vivre** to live /
briller to glow / **rauque** hoarse / **bien des** = *beaucoup de* / **le métier** = *la profession* /
rejeté en arrière thrown back / **la colère m'a pris** a fit of rage came over me / **sagace** shrewd /
rusé sly / **se rendre compte de** to realize / **le trait** feature / **se durcir** = *devenir dur* /
gratter to scratch / **soit dit** let it be said / **vous ne badinez pas... de la morale** you're very serious about morality / **la bêtise** blunder

—Je l'espère aussi pour vous, mais à votre âge la grande affaire de la vie, c'est l'amour, et l'amour fait faire des bêtises.»

D'une voix patiente, Joseph répliqua :

«Monsieur Tuck, la grande affaire de ma vie, c'est la religion.

110 —Eh bien, monsieur Day, dit le professeur en lui donnant jovialement une tape° dans le dos, voilà qui est le mieux du monde°. Je vous ferai inscrire° dès demain pour le cours que vous avez choisi.»

Tout en° parlant, il le poussa avec douceur vers l'antichambre et ce fut là qu'ils se quittèrent.

Julien Green, *Moïra* (1950)

Qu'en pensez-vous?

Etes-vous d'accord ou non avec les déclarations suivantes?
Justifiez votre réponse.

1. Il vaut mieux que Joseph ne se souvienne pas de Praileau.
2. Joseph prie avec ferveur pour son ennemi.
3. Il demande la bénédiction de Dieu sur Praileau.
4. Joseph est fasciné par la vitrine du professeur de mathématiques.
5. M. Tuck n'est pas content de recevoir Joseph.
6. M. Tuck encourage Joseph à s'exprimer.
7. Joseph désire suivre un cours sur Shakespeare.
8. Joseph est alcoolique.
9. Il avait de bonnes raisons pour déchirer son *Roméo et Juliette*.
10. Il a bien fait de remplacer Shakespeare par Chaucer.
11. Joseph craint de commettre une grosse bêtise.

Nouveau Contexte

Complétez le dialogue suivant en choisissant les termes appropriés (employez chaque terme une seule fois). Puis, jouez le dialogue.

Verbes : avez raison, faites semblant d', intéresse, suivre, me tenir debout, vaut mieux
Prépositions : dès, malgré

—Bonjour, monsieur le professeur. C'est vous qui êtes mon conseiller?
—Oui, Marc, c'est moi.
—J'avais un peu peur de venir frapper à votre porte. C'est ma première année à l'université. Mais je suis venu _____ *1* ma timidité.
—Bravo, Marc. Je suis là pour vous aider. Voulez-vous discuter votre programme d'études aujourd'hui ou une autre fois?

la tape slap / **voilà qui est le mieux du monde** that's perfect / **faire inscrire** to register /
tout en while

—Non, non, tout de suite, si c'est possible. Je veux commencer _____ 2 maintenant!

—D'accord. Il _____ 3 ne pas attendre. Asseyez-vous.

—Je préfère _____ 4.

—C'est comme vous voulez. Alors, quels cours voulez-vous _____ 5 ?

—Je ne suis pas sûr. Je ne sais pas au juste ce qui m' _____ 6. Et puis, je ne veux pas échouer.

—Vous _____ 7 d'être prudent, Marc. Mais il ne faut pas avoir peur. Un petit conseil, d'abord, si vous permettez : _____ 8 être un étudiant de troisième année. Vous verrez, ça vous donnera confiance.

—Merci beaucoup, monsieur. Maintenant, je vais m'asseoir et vous dire ce que j'ai décidé!

Appréciation du texte

1. Dans *Moïra*, Julien Green décrit les problèmes psychologiques de Joseph Day, qui a de la peine à réaliser son idéal spirituel et finit même par penser qu'il est hypocrite. Expliquez en détail pourquoi Joseph s'accuse d'hypocrisie.

2. De plusieurs façons, Joseph Day est un jeune étudiant typique. Manquant de maturité, il ne reconnaît pas encore la complexité de la réalité et, sûr de lui-même, il croit posséder toutes les réponses. Pour lui, la distinction entre le bien et le mal est évidente; aussi saura-t-il faire le bien et éviter le mal. M. Tuck cependant identifie deux domaines qui, dans le passé, ont posé des difficultés pour bon nombre d'étudiants. Quels sont ces deux domaines et quelle est l'attitude de Joseph devant ces dangers?

Vocabulaire satellite

la **formation**   education

le **jugement**   judgment

la **largeur** (l' **étroitesse** *f*) **d'esprit**
   broad-mindedness (narrow-mindedness)

la **largeur** (l'**étroitesse** *f*) **de vues**
   broadness (narrowness) of outlook

donner des conseils   to give advice

savoir écouter   to be a good listener

s'intéresser à   to be interested in

faire de la lecture   to do some reading

assister à une conférence   to attend a lecture

résoudre un problème   to solve a problem

s'amuser   to have a good time

manquer de maturité   to lack maturity, to be immature

faire une bêtise   to do something stupid

réveiller les pires instincts   to bring out the worst

compréhensif (-sive)   understanding, tolerant

mûr   mature

responsable; irresponsable   responsible; irresponsible

pratique   practical

Pratique de la langue

1. Quelles sont les qualités d'un conseiller idéal? Est-ce une fonction nécessaire? Y a-t-il des limites à ses services? Que pensez-vous du professeur Tuck? Le choisiriez-vous comme conseiller?
2. En quoi consiste la vie d'un(e) étudiant(e) à l'université? Quelle est son activité essentielle? Quel est le but d'une formation universitaire? Est-ce que le rôle des activités périscolaires *(extracurricular)* est d'apporter un complément à l'enseignement scolaire ou de distraire l'étudiant(e) de ses occupations?
3. Débat : «La vie sociale à l'université n'est pas susceptible *(likely)* de favoriser le développement moral de l'étudiant(e).»
4. Le professeur de mathématiques, M. Tuck, a dans sa bibliothèque personnelle de nombreux classiques de la littérature anglaise. Il est évident qu'il ne s'intéresse pas qu'aux sciences. Quels sont, d'après vous, les avantages d'une formation libérale? Y a-t-il des inconvénients?

Sujets de discussion ou de composition

1. Imaginez et jouez un dialogue entre le narrateur et le professeur Galeazzi le jour où celui-ci trouve la traduction française des *Commentaires* de César.
2. Exagère-t-on aujourd'hui l'importance de l'éducation? Est-elle vraiment indispensable dans notre société contemporaine? Vaut-elle tous les sacrifices qu'on doit faire pour elle? Quels avantages offre-t-elle? Et quels inconvénients?

2

Les Femmes

Honoré de Balzac

Balzac (1799–1850) ranks with the foremost novelists of world literature. The scope of his undertaking was truly immense, and Balzac worked feverishly and continually until his death. His literary career was dictated not only by natural inclination but also by practical exigencies: before he was even thirty years old, he was mired in debt as his business ventures—notably his printing business—failed. Turning to writing, he enjoyed his first successes in 1829. For the next twenty years, Balzac literally worked himself to death. He eventually produced five plays and some thirty short stories. But he is especially renowned for the ninety-five novels that constitute his magnum opus, *La Comédie humaine.*

The basic concept for the *Comédie* evolved gradually. In his famous novel, *Le Père Goriot* (1834), Balzac experimented for the first time with characters recurring from previous works. He then began to envision the creation of his own fictive world: "En dressant *(drawing up)* l'inventaire des vices et des vertus, en rassemblant *(gathering)* les principaux faits des passions, en peignant *(depicting)* les caractères, en choisissant les

événements principaux de la Société, en composant des types par la réunion des traits de plusieurs caractères homogènes, peut-être pouvais-je arriver à écrire l'histoire oubliée par tant d'historiens, celle des mœurs *(manners, customs).*" Balzac's intent was to study social types. He likened human nature to the animal world where the influences of milieu and circumstance help create differences of form as life unfolds: "Il a donc existé, il existera donc de tout temps des Espèces Sociales comme il y a des Espèces Zoologiques." Balzac provisionally entitled his project *Etudes sociales,* but in 1842, in a foreword outlining his plan in detail, he settled on the designation *La Comédie humaine.*

In the nearly one hundred novels that constitute *La Comédie humaine,* the reader is inevitably struck by Balzac's formidable powers of observation and imagination. He has called into being some two thousand different characters, all of whom have a distinct essence in the mind of their creator. Each is situated precisely in a specific setting; each is described in detail as Balzac presents a series of portraits calling attention to particular mannerisms, expressions, or actions that set the individual apart from the rest of society. In his study, Balzac is especially attracted to exceptional characters, people driven by self-interest or excessive passion or genius, who burn themselves out with the intensity of their living. Some of these characters will live forever in the literary world: Père Grandet, the miser from *Eugénie Grandet* (1833), for whom "life is a business"; Père Goriot, who in his excessive love for his daughters, becomes a victim and martyr; Eugène de Rastignac, the ingenious young man from the provinces in *Le Père Goriot,* who learns the ways of Parisian society and eventually chooses a career in politics as the road to fame, fortune, and power. Balzac excels at depicting strong-willed characters making their way in a world where finance and intrigue play a major role. *La Comédie humaine* is a powerful and engrossing look at French society in the first half of the nineteenth century.

The following selection, "Sans profession," is Chapter 25 of *Petites Misères de la vie conjugale.* It first appeared in *La Presse* in 1845. In it the narrator depicts the drawbacks of a marriage based on financial or social considerations.

Orientation: Reading Clues

In approaching a passage for the first time, an alert reader capitalizes on all possible clues to help in understanding and appreciating the text. The following selection from Balzac gets the reader into the proper frame of mind quickly and effortlessly.

First of all, the inclusion of a place name and a date in the upper right-hand corner of the page suggests very strongly that one might be dealing with a letter. A quick glance forward to the end of the text confirms that impression, as one reads the name of the sender. The quotation marks at the very beginning of the passage show that one person is addressing another directly. We do not have to wait long before discovering the relationship between these two people. The first sentence is loaded with information. Not only do we learn that the addressee is a mother but we also discover that the correspondent is a married woman. In addition, and more importantly, the first sentence of the text happens to be the topic sentence. It tells us from the outset what will be the theme of this written exchange between a daughter and her mother. We also learn that the latter is solicitous for her daughter's welfare, since the letter is written in response to an inquiry from the mother. Thus, in undertaking the actual reading of the text, the reader is armed with a definite set of expectations, having been oriented by the author in a rapid and economical fashion.

La Femme : épouse°

Paris, 183...

«Vous me demandez, ma chère maman, si je suis heureuse avec mon mari. Assurément monsieur de Fischtaminel n'était pas l'être de mes rêves. Je me suis soumise° à votre volonté°, vous le savez. La fortune, cette raison suprême, parlait d'ailleurs° assez haut. Ne pas déroger°, épouser monsieur le comte de Fischtaminel doué de°
5 trente mille francs de rente°, et rester à Paris, vous aviez bien des forces contre votre pauvre fille. Monsieur de Fischtaminel, enfin, est un joli homme pour un homme de trente-six ans; il est décoré par Napoléon sur le champ de bataille, il est ancien colonel, et sans la Restauration°, qui l'a mis en demi-solde°, il serait général : voilà des circonstances atténuantes.
10   «Beaucoup de femmes trouvent que j'ai fait un bon mariage, et je dois convenir° que toutes les apparences du bonheur y sont... pour la société...
      «Je n'ai rien à dire contre monsieur de Fischtaminel : il n'est pas joueur°, les femmes lui sont indifférentes, il n'aime point le vin, il n'a pas de fantaisies ruineuses; il possède, comme vous le disiez, toutes les qualités négatives qui font les
15 maris passables : mais qu'a-t-il? Eh bien! chère maman, il est inoccupé°. Nous sommes ensemble pendant toute la sainte° journée!... Croiriez-vous que c'est pendant la nuit, quand nous sommes le plus réunis, que je puis être le moins avec lui. Je n'ai que son sommeil pour asile°, ma liberté commence quand il dort. Non, cette obsession me causera quelque maladie. Je ne suis jamais seule. Si monsieur de
20 Fischtaminel était jaloux, il y aurait de la ressource°. Ce serait alors une lutte°, une petite comédie; mais comment l'aconit° de la jalousie aurait-il poussé° dans son âme°? Il ne m'a pas quittée depuis notre mariage. Il n'éprouve° aucune honte° à s'étaler° sur un divan et il y reste des heures entières.
      «Deux forçats° rivés° à la même chaîne ne s'ennuient° pas, ils ont à méditer leur
25 évasion° : mais nous n'avons aucun sujet de conversation, nous nous sommes tout

---

l'épouse female spouse / **se soumettre** to submit, give in / **la volonté** will / **d'ailleurs** moreover / **déroger** to lose rank and title / **doué de** endowed with / **la rente** = *le revenu* / **la Restauration** = *période après l'abdication de Napoléon I où la dynastie des Bourbons fut rétablie (1814– 1830)* / **la demi-solde** half-pay / **convenir** = *reconnaître, admettre* / **le joueur** gambler / **inoccupé** = *sans occupation* / **saint** blessed / **asile** *m* = *refuge* / **de la ressource** = *des possibilités* / **la lutte** = *la bataille* / **l'aconit** *m* aconite, a poisonous plant / **pousser** = *se développer, grandir* / **l'âme** *f* soul / **éprouver** to feel, experience / **la honte** = *humiliation, déprada- tion* / **s'étaler** to sprawl / **le forçat** convict / **rivé** = *attaché* / **s'ennuyer** to be bored / **l'évasion** *f* escape

dit. Enfin il en était, il y a quelque temps, réduit° à parler politique. La politique est épuisée°, Napoléon étant, pour mon malheur, décédé°, comme on sait, à Sainte-Hélène°.

«Monsieur de Fischtaminel a la lecture en horreur°. S'il me voit lisant, il arrive
30 et me demande dix fois dans une demi-heure : —Nina, ma belle, as-tu fini?

«J'ai voulu persuader à cet innocent persécuteur de monter à cheval tous les jours, et j'ai fait intervenir la suprême considération pour les hommes de quarante ans, sa santé°! Mais il m'a dit qu'après avoir été pendant douze ans à cheval, il éprouvait le besoin du repos°...

35 «Monsieur de Fischtaminel, ma chère maman, ouvre cinq ou six fois par heure la porte de ma chambre, ou de la pièce° où je me réfugie, et il vient à moi d'un air effaré°, me demandant : —Eh bien! que fais-tu donc, ma belle?...

«Autre supplice°! Nous ne pouvons plus nous promener. La promenade sans conversation, sans intérêt, est impossible. Mon mari se promène avec moi pour se
40 promener, comme s'il était seul. On a la fatigue sans avoir le plaisir.

«De notre lever à notre déjeuner, l'intervalle est rempli par ma toilette°, par les soins du ménage°, je puis encore supporter cette portion de la journée; mais du déjeuner au dîner, c'est une lande° à labourer°, un désert à traverser. L'inoccupation de mon mari ne me laisse pas un instant de repos, il m'assomme° de son inutilité,
45 son inoccupation me brise°. Ses deux yeux ouverts à toute heure sur les miens me forcent à tenir mes yeux baissés°. Enfin ces monotones interrogations :

«—Quelle heure est-il, ma belle? —Que fais-tu donc là? —A quoi penses-tu? —Que comptes-tu faire? —Où irons-nous ce soir? —Quoi de nouveau? —Oh! quel temps! —Je ne vais pas bien, etc., etc. Toutes ces variations de la même chose (le
50 point d'interrogation), qui composent le répertoire Fischtaminel, me rendront folle...

«Monsieur de Fischtaminel, parti sous-lieutenant en 1809, à dix-huit ans, n'a d'autre éducation que celle due à la discipline, à l'honneur du noble et du militaire; s'il a du tact, le sentiment du probe°, de la subordination, il est d'une igno-
55 rance crasse°, il ne sait absolument rien, et il a horreur d'apprendre quoi que ce soit°. Oh! ma chère maman, quel concierge° accompli ce colonel aurait fait s'il eût été° dans l'indigence! Je ne lui sais aucun gré de° sa bravoure, il ne se battait pas contre les Russes, ni contre les Autrichiens°, ni contre les Prussiens : il se battait

---

il en était réduit he was reduced / **épuisé** exhausted / **décédé** = *mort* / **Sainte-Hélène** = *île britannique de l'Atlantique Sud où Napoléon fut déporté et mourut en 1821* / **avoir en horreur** = *détester* / **la santé** health / **le repos** rest / **la pièce** = *la chambre* / **effaré** = *hagard* / **le supplice** = *le tourment* / **la toilette** getting washed and dressed / **les soins du ménage** care of the home / **la lande** moor, wasteland / **labourer** to plow / **assommer** to bore to tears / **briser** to break, crush / **baissé** lowered / **le sentiment du probe** a feeling for what is right / **d'une ignorance crasse** abysmally ignorant / **quoi que ce soit** anything at all / **le concierge** caretaker / **s'il eût été** = *s'il avait été* / **je ne lui sais aucun gré de** = *je ne reconnais pas du tout* / **les Autrichiens** Austrians

contre l'ennui°. En se précipitant sur l'ennemi, le capitaine Fischtaminel éprouvait
60   le besoin de se fuir° lui-même. Il s'est marié par désœuvrement°.

«Si vous trouvez un remède à mes maux, indiquez-le à votre fille, qui vous aime
autant qu'elle est malheureuse, et qui aurait bien voulu se nommer autrement que

NINA FISCHTAMINEL.

Honoré de Balzac, Petites Misères de la vie conjugale (1845)

Qu'en pensez-vous?

Etes-vous d'accord ou non avec les déclarations suivantes? Justifiez votre réponse.

1. Nina Fischtaminel a fait un mariage d'amour.
2. Monsieur de Fischtaminel est général dans l'armée de Napoléon.
3. C'est un mari exceptionnel.
4. Son plus grand défaut, c'est qu'il est toujours en voyage.
5. Nina Fischtaminel aime surtout la nuit, lorsqu'elle et son mari sont ensemble dans leur lit.
6. Monsieur de Fischtaminel est un homme très jaloux.
7. Il passe sa journée à parler politique.
8. Monsieur de Fischtaminel a trois passe-temps favoris : la lecture, l'équitation *(horseback riding)*, et la promenade.
9. Nina Fischtaminel ne supporte pas de passer la matinée avec son mari.
10. Monsieur de Fischtaminel aime poser des questions philosophiques à sa femme.
11. Il possède une grande curiosité intellectuelle, qui résulte de son éducation.
12. Il est devenu colonel grâce à sa richesse.
13. Nina admire le courage guerrier de son mari.
14. Nina Fischtaminel a son nom en horreur.

Nouveau Contexte

Complétez le dialogue suivant en choisissant les termes appropriés (employez chaque terme une seule fois). Puis, jouez le dialogue.

Noms : ennui *m,* lecture *f,* repos *m*
Verbes : ai horreur, te battre, m'ennuie, nous promenions, rend
Adjectifs : épuisée, seule

—Edouard, il n'y a rien à faire ici. Je _____*1*.
—Veux-tu que je te laisse _____*2*?
—Non, non, chéri. Je veux tout simplement que tu trouves un remède à mon _____*3*.
—Si nous _____*4* un peu dans le parc?
—Non, mon amour. Nous avons tellement marché hier que je suis encore _____*5*! J'ai besoin de _____*6*.

---

l'ennui *m* boredom   /   **fuir** to flee   /   **par désœuvrement** for want of anything better to do

—Eh bien, nous pourrions prendre un livre ou un magazine et faire un peu de
_____7 .

—Non, non, non, mon ange. Le silence me _____8 folle! J'en _____9 ! Il me
faut du bruit!

—Veux-tu _____10 , alors? Nous pourrions crier à tue-tête *(shout our heads off)!*

—Oh, Edouard, tu plaisantes tout le temps!

—???!!!

Appréciation du texte

1. Quel portrait Balzac a-t-il tracé de Nina Fischtaminel? Est-elle injuste envers son mari? Le
déteste-t-elle? Reconnaît-elle les qualités de son mari? Fait-elle tout son possible pour que
son mariage réussisse? Vous est-elle sympathique en fin de compte *(in the final analysis)*?

2. La forme épistolaire favorise les confidences. Dans sa lettre, Nina révèle ses pensées intimes à sa mère. Toutes les données nous sont donc présentées de son point de vue à elle,
à la première personne. Résumez les détails qu'elle nous donne au sujet de son mari. Que
pensez-vous alors de monsieur de Fischtaminel? Comment imaginez-vous la mère de Nina?
D'après vous, quelle sorte de rapport existe entre Nina et sa mère?

Vocabulaire satellite

l' **intérêt** *m*   interest; self-interest
l' **ennui** *m*   boredom
la **fidélité**   faithfulness
  augmenter; diminuer   to grow; to
    lessen
  étouffer   to smother, suffocate
  tomber amoureux(-euse) (de)   to fall
    in love (with)
  offrir des bonbons, des fleurs   to
    give candy, flowers
  faire une surprise à quelqu'un   to
    surprise someone
  **il la considère comme faisant partie
  du décor**   he takes her for
    granted

s'ennuyer   to be bored
tromper quelqu'un   to cheat on
  someone
avare; généreux(-euse)   miserly;
  generous
dévoué; égoïste   devoted; selfish
gentil (gentille)   kind, nice
d'humeur égale; d'humeur changeante
  even-tempered; moody
prévenant (envers quelqu'un)   attentive (to someone), considerate
chacun   each one
libre (de faire)   free (to do)

Pratique de la langue

1. Sylvie et Thierry sont mariés depuis quatre ans. Avant de se marier, ils étaient inséparables :
là où on voyait l'un, on voyait l'autre. Mais maintenant Sylvie a besoin d'un peu plus de
liberté et d'indépendance. Thierry, lui, ne sent pas encore ce besoin. Imaginez et jouez
un dialogue où les deux époux discutent leur vie de couple marié.

2. Débat : «La base nécessaire du mariage est l'amour.» Faites voir les avantages et les inconvénients de ces différents types de mariage : 1. mariage d'amour 2. mariage d'argent, d'intérêt 3. mariage de raison, de convenance 4. mariage blanc, chaste 5. mariage à l'essai.
3. La lettre de Nina Fischtaminel fait partie d'un volume de Balzac qui s'intitule *Petites Misères de la vie conjugale.* Dressez une liste de quelques petites misères éventuelles (possibles) de la vie conjugale, puis comparez votre liste avec celle des autres étudiants.
4. Quel sera le sort de Nina Fischtaminel? Sa situation sera-t-elle différente dans dix ans? Préparez deux ou trois paragraphes où vous direz ce qui est arrivé à Nina et comment les choses se sont passées.
5. Nina préférerait que son mari soit jaloux plutôt que docile et passif. Imaginez une scène de ménage où un jeune couple se dispute pour une question de jalousie.
6. Aux yeux de la société, Nina Fischtaminel semble avoir fait un bon mariage. Quels sont, d'après vous, les éléments essentiels d'un bon mariage? Comparez votre réponse avec celle des autres étudiants.

Gabrielle Roy

Gabrielle Roy (1909–1983) was born in the central Canadian province of Manitoba. After completing her formal education, she taught school for eight years. From 1937 until the outbreak of World War II, she was in Europe—in England and France particularly—launching a career in journalism. She returned to Canada in 1939 and settled in Montreal. Six years later, she published her first novel, *Bonheur d'occasion,* an examination of the plight of ordinary people living in a modern city.

Bonheur d'occasion was a landmark in the history of French Canadian literature. It emancipated the novel from its restrictive ties to a stereotypical past and actually inaugurated the contemporary period of realism with its focus on present-day life in all of its complexities. Beginning with Gabrielle Roy, Canadian writers presented reality as they saw it, inserting their characters in well-observed and well-defined social and physical settings.

Bonheur d'occasion is still considered by many to be Gabrielle Roy's masterpiece. It was quickly translated into several languages—the English title is *The Tin Flute*—and gained universal acceptance. It deals with the misery of the downtrodden in Saint-Henri, a working-class district of Montreal. The people feel trapped in their environment, weary of life, powerless to influence events that are beyond their comprehension or even to effect a change in their own private destiny. The desperateness of their situation is seen in the fact that, ironically, World War II is viewed as their only chance for a deliverance that may transform their meager existence.

In the following excerpt, Rose-Anna, the mother and heart and soul of the Lacasse family, learns of the latest development in the war and pauses to consider the implications for her and her family. In the midst of her anguish as the mother of a soldier, she discovers the vital link which she has with all the other mothers of the world.

Orientation: Psychological Action

The interest in this passage is primarily psychological as the author explores the instinctive reactions and thoughts of the mother of a soldier receiving recent news about the war. Outwardly, only two things happen: first, Rose-Anna sees from a distance the headlines announcing the German invasion of Norway; second, she crosses the street to get her own copy of the paper. Psychologically, on the other hand, much more takes place. The second paragraph of the text describes the range of Rose-Anna's reactions and feelings, from initial stupor, to immediate thoughts of danger, to anger, to hatred of the aggressor. The third paragraph gives rise to a strong visual image of working-class women all over the world united in a common march against the war that takes their husbands and sons from them. The final paragraph focuses on the ultimate conflict between Rose-Anna's solidarity with the other women of the world and the personal obligations that she feels toward the son who needs her. Rose-Anna hardly hesitates: her protective feelings for her son win out.

La Femme : mère

Rose-Anna descendait du tram°, rue Notre-Dame, lorsque, devant les Deux Re-
cords°, elle aperçut° un bulletin de nouvelles tout frais imprimé°. Un petit groupe
d'hommes et de femmes s'y pressaient. Et de loin, par delà° les têtes penchées° et
les épaules° écrasées° comme par l'étonnement, Rose-Anna vit danser sur le jaune
5 de l'affiche° des lettres en caractères gras° :
     LES ALLEMANDS ENVAHISSENT° LA NORVEGE°. BOMBES SUR OSLO°.
     Elle resta hébétée° un moment, l'œil dans le vide°, et tirant la courroie° de son
sac. Elle ne sut° pas d'abord d'où et comment lui était venu le coup qui la paralysait.
Puis, dressée° au malheur, sa pensée vola à Eugène°. De quelque façon inexplicable
10 et dure, elle crut° sur l'instant que le sort° de son fils dépendait de cette nouvelle.
Elle relut les gros caractères, syllabe par syllabe, formant à demi les mots du bout de
ses lèvres. Sur le mot "Norvège", elle s'arrêta pour réfléchir. Et ce pays lointain,
qu'elle ne savait situer que vaguement, lui parut lié° à leur vie d'une manière définitive et incompréhensible. Elle n'examina, ne calcula, ne pesa° rien; elle oublia
15 qu'Eugène l'assurait, dans sa dernière lettre, qu'il resterait au moins six mois au
camp d'entraînement. Elle voyait des mots qui s'allongeaient° devant elle lourds° de
danger immédiat. Et cette femme, qui ne lisait jamais que son livre d'heures°, fit° une
chose extraordinaire. Elle traversa rapidement la chaussée° en fouillant° déjà dans
son réticule°; et, à peine° arrivée sur le trottoir d'en face°, elle tendit trois sous° au
20 vendeur de journaux et déplia° aussitôt la gazette humide qu'il lui avait remise°. S'ap-
puyant° au mur d'un magasin, elle lut quelques lignes, poussée, entraînée° par des
ménagères° qui sortaient de la fruiterie, et retenant son sac comme elle le pouvait
sous son bras serré° contre elle. Au bout d'un moment, elle plia le journal d'un geste
absent°, et leva devant elle des yeux lourds de colère. Elle haïssait° les Allemands.
25 Elle, qui n'avait jamais haï personne dans sa vie, haïssait ce peuple inconnu d'une
haine implacable. Elle le haïssait, non seulement à cause du coup° qu'il lui portait°,
mais à cause du mal qu'il faisait à d'autres femmes comme elle.
     D'un pas d'automate°, elle prit le chemin de la rue Beaudoin. Elle les
connaissait bien soudain toutes ces femmes des pays lointains, qu'elles fussent°

---

le tram streetcar   /   **les Deux Records** = *le nom d'un café*   /   **apercevoir** = *voir, remarquer*   /
tout frais imprimé freshly printed   /   **par delà** beyond   /   **penché** = *incliné*   /   **l'épaule** *f*
shoulder   /   **écrasé** crushed   /   **l'affiche** *f* posted notice   /   **en caractères gras** in boldface   /
envahir = *entrer violemment dans*   /   **la Norvège** Norway   /   **Oslo** = *la capitale de la Norvège*   /
hébété = *stupéfait, immobile de surprise*   /   **l'œil dans le vide** = *ne regardant rien*   /   **la courroie**
strap   /   **sut** = *savoir (passé simple)*   /   **dressé** = *habitué, formé*   /   **Eugène** = *son fils dans l'armée*   /
crut = *croire (passé simple)*   /   **le sort** = *la destinée*   /   **lié** = *attaché, joint*   /   **peser** to weigh   /
s'allonger = *devenir plus long*   /   **lourd** heavy   /   **livre d'heures** = *livre de prières*   /   **fit** = *faire
(passé simple)*   /   **la chaussée** pavement, road   /   **fouiller** to rummage   /   **le réticule** small
purse   /   **à peine** scarcely   /   **en face** opposite   /   **le sou** cent   /   **déplier** to unfold   /
remettre = *donner*   /   **s'appuyer** to lean   /   **entraîné** dragged along   /   **la ménagère** housewife   /   **serré** = *pressé*   /   **d'un geste absent** = *sans réfléchir*   /   **haïr** = *détester*   /   **le coup**
blow   /   **porter** to strike (a blow)   /   **d'un pas d'automate** = *comme un robot*   /   **qu'elles fussent**
whether they be

30 polonaises°, norvégiennes ou tchèques ou slovaques. C'étaient des femmes comme
    elle. Des femmes du peuple. Des besogneuses°. De celles qui, depuis des siècles,
    voyaient partir leurs maris et leurs enfants. Une époque passait, une autre venait; et
    c'était toujours la même chose : les femmes de tous les temps agitaient la main ou
    pleuraient dans leur fichu°, et les hommes défilaient°. Il lui sembla qu'elle mar-
35 chait par cette claire fin d'après-midi, non pas seule, mais dans les rangs, parmi des
    milliers de femmes, et que leurs soupirs° frappaient son oreille, que les soupirs las°
    des besogneuses, des femmes du peuple, du fond des siècles montaient jusqu'à
    elle. Elle était de celles qui n'ont rien d'autre à défendre que leur homme et leurs
    fils. De celles qui n'ont jamais chanté aux départs. De celles qui ont regardé les dé-
40 filés° avec des yeux secs° et, dans leur cœur, ont maudit° la guerre.

    Et pourtant, elle haïssait les Allemands plus que la guerre. Ce sentiment la trou-
    bla. Elle chercha à° le chasser comme une mauvaise pensée. Puis, il l'effraya°, car
    elle vit° tout à coup en elle une raison de consentir à son sacrifice. Elle voulut
    se reprendre°, se défendre de la haine comme de la pitié. «On est en Canada°, se
45 disait-elle en brusquant° le pas; c'est bien de valeur° ce qui se passe là-bas, mais
    c'est pas de notre faute.» Elle reniait° farouchement° ce cortège° triste qui accom-
    pagnait sa démarche°. Mais elle ne pouvait aller assez vite pour s'en dégager°.
    Une foule innombrable l'avait rejointe, venant mystérieusement du passé, de tous
    les côtés, de très loin et aussi de très près, semblait-il, car des visages nouveaux sur-
50 gissaient° à chaque pas, et ils lui ressemblaient. Pourtant, c'étaient des malheurs
    plus grands que les siens qu'elles supportaient, ces femmes d'ailleurs°. Elles pleu-
    raient leur foyer° dévasté; elles arrivaient vers Rose-Anna, les mains vides et, en la
    reconnaissant, esquissaient° vers elle un geste de prière. Car, de tout temps°, les
    femmes se sont reconnues dans le deuil°. Elles suppliaient° tout bas°, elles tenaient
55 leurs bras levés comme pour demander un peu d'aide. Rose-Anna allait d'un pas
    pressé. Et chez° cette femme simple se livrait° un grand combat. Elle vit le dé-
    sespoir de ses soeurs, elle le vit bien, sans faiblesse, elle le regarda en face et en
    comprit toute l'horreur; puis, elle mit le sort de son enfant dans la balance, et il
    l'emporta°. Eugène lui parut aussi délaissé°, aussi impuissant° que Daniel°. C'était

---

polonais Polish / **besogneux,-euse** = *qui travaille dur* / **le fichu** small shawl / **défiler** to
march off / **le soupir** sigh / **las, lasse** = *fatigué* / **le défilé** parade / **sec, sèche** = *aride
(sans larmes)* / **maudire** to curse / **chercher à** = *essayer de* / **effrayer** = *faire peur à* /
vit = *voir (passé simple)* / **se reprendre** = *se corriger* / **en Canada** (Canadian French) = *au
Canada* / **brusquer** = *accélérer, rendre plus rapide* / **c'est bien de valeur** (Canadian French) =
c'est bien dommage / **renier** to disavow / **farouchement** = *avec violence* / **le cortège** procession / **la démarche** walk / **se dégager** = *se séparer* / **surgir** = *se montrer soudainement* /
ailleurs elsewhere / **le foyer** home / **esquisser** = *commencer* / **de tout temps** = *depuis toujours* / **le deuil** mourning / **supplier** = *implorer* / **tout bas** = *doucement, sans bruit* /
chez = *dans l'esprit de* / **se livrer** to be waged / **l'emporter** to prevail / **délaissé** = *aban-
donné* / **impuissant** = *faible, sans force* / **Daniel** = *un autre enfant de Rose-Anna, plus jeune et plus
maladif*

60 la même chose; elle les voyait tous deux ayant besoin d'elle. Et son instinct de gardienne remontant en elle, elle retrouva toute son énergie, elle retrouva son but° et
écarta° toute autre pensée.

Gabrielle Roy, Bonheur d'occasion (1945)

Qu'en pensez-vous?

Etes-vous d'accord ou non avec les déclarations suivantes? Justifiez votre réponse.

1. Les dernières nouvelles de la guerre sont bonnes.
2. La nouvelle de l'invasion allemande produit un choc immédiat chez Rose-Anna.
3. Elle pense presque immédiatement à son neveu.
4. Rose-Anna connaît très bien la Norvège.
5. Rose-Anna achète tout de suite son journal quotidien, comme elle le fait chaque jour.
6. En lisant le journal Rose-Anna est remplie de haine.
7. Elle a l'impression que les femmes des autres pays sont comme elle et qu'elle les connaît.
8. En marchant Rose-Anna a l'impression qu'elle est accompagnée d'une multitude de femmes.
9. Elle est contente de se trouver au milieu de ces femmes.
10. Rose-Anna sait que les malheurs des autres femmes sont pires que les siens.
11. Elle retrouve son énergie quand elle pense à Daniel et à Eugène.

Nouveau Contexte

Complétez le dialogue suivant en choisissant les termes appropriés (employez chaque terme une seule fois). Puis, jouez le dialogue.

Noms : foyer *m,* malheur *m,* nouvelles *f,* visage *m*
Verbes : se mettre en colère, paraît, pleure
Adjectifs : impuissant, lourde

—Comme la vie est _____*1* de contradictions!
—Tu as raison. On rit un moment et, l'instant d'après, on _____*2* .
—Il est sûr, pourtant, que les bonnes _____*3* nous font toujours plaisir.
—Ah oui! A ce moment-là, ce n'est pas difficile d'être heureux, d'avoir le _____*4* gai.
—Mais quand il nous arrive un _____*5* ...
—On se sent faible et _____*6* . On est d'abord tenté de _____*7* contre le mauvais sort.
—Oui, à ce moment-là, on voudrait se trouver dans son _____*8* , entouré de ceux qu'on aime.
—C'est vrai. Mais parlons d'autre chose. Cette discussion me _____*9* trop sérieuse!

---

le but = *l'objectif*   /   **écarter** to cast aside

Appréciation du texte

1. L'action dans ce passage est intérieure, psychologique. Résumez les pensées et les sentiments de Rose-Anna pendant ces quelques moments. Analysez les sentiments contradictoires qu'elle éprouve.
2. Peut-on considérer Rose-Anna comme une sorte de femme universelle?

Vocabulaire satellite

la **force** strength
la **faiblesse** weakness
la **capacité** capability
l' **égalité** *f* equality
le **droit** right, privilege
le **devoir** duty
  doux (douce); dur gentle; harsh
  sensible; insensible sensitive;
    insensitive
  égal equal
  gagner sa vie to earn one's living
  s'occuper de to take care of

élever des enfants to raise children
partager les responsabilités to share
  responsibilities
faire la cuisine, la lessive, le ménage
    to do the cooking, the wash, the
    housework
faire la queue to get in line
s'engager dans l'armée to enlist in
    the army
être militaire de carrière to be a
    career soldier

Pratique de la langue

1. Mme Delière et Mme Michard sont voisines. Elles ont deux enfants chacune; Mme Delière a deux fils tandis que Mme Michard a deux filles. Elles s'entendent sur presque tout sauf sur la question du service militaire. Mme Michard croit que seuls les jeunes gens devraient avoir des obligations militaires. Mme Delière, par contre, pense que les jeunes filles devraient avoir les mêmes devoirs que les jeunes gens. Ecrivez le dialogue de ces deux dames et présentez-le devant la classe.
2. Débat : «Il n'y a plus de rôle séparé pour la mère et pour le père; il n'y a que le rôle unique de parent.» Ceux qui soutiennent qu'il y a toujours des rôles séparés devront identifier ces rôles. Ceux, au contraire, qui disent qu'il n'y a plus de distinction entre les deux devront expliquer comment la situation a changé.

Simone de Beauvoir

Simone de Beauvoir (1908–1986) gained universal acclaim as a champion of the feminist movement. Long before the movement achieved momentum in the 1960s, she had published her celebrated philosophical essay, *Le Deuxième Sexe* (1949), attacking the myth of woman's inferiority. She showed that many of the problems encountered by women as individuals stem from the fact that they are living in a male-dominated society which expects them to adhere to a restrictive code of behavior. She consistently maintained that there was more in life for women than the traditional roles, that there was more than one way for women to live.

Simone de Beauvoir was not simply a theorist of the feminist movement. Her personal philosophy of liberation, activity, and fulfillment led to a remarkable series of accomplishments that earned her wide-ranging respect while in no way compromising her femininity. In 1929 she received the *agrégation* in philosophy, placing second behind Jean-Paul Sartre in this highly competitive postgraduate examination. From this point on, these two incisive thinkers—both of whom, in time, became eminent existentialist[L1] philosophers—cultivated a unique professional and personal relationship that lasted until Sartre's death in 1980.

Simone de Beauvoir taught philosophy until 1943, when her first novel, *L'Invitée,* was published. She then wrote several works of fiction, the best-known of which, *Les Mandarins,* received the coveted Prix Goncourt in 1954. While she also produced a steady stream of philosophical essays and criticism, much interest has been focused on her memoirs and autobiographical works, where her considerations range beyond the limits of her own personal situation to encompass the prevailing beliefs and conditions of her time.

[1]Words marked with the superscript[L] are explained in the *Index littéraire* on pp. 229–232.

The following excerpt is from *Mémoires d'une jeune fille rangée* (*Memoirs of a Dutiful Daughter,* 1958), the first of four autobiographical volumes, in which the author looks back on her childhood and adolescence up to the time when she became a university student.

Orientation: Thematic Vocabulary

In the following passage, Simone de Beauvoir recalls an incident which set her to thinking, at age fifteen, about the ideal couple. What constitutes the perfect union? What type of man would complement her physically, temperamentally, and spiritually?

Before beginning your reading, familiarize yourself with the following thematic vocabulary found in this selection:

rêver (de) to dream (about)	**éprouver** to feel
proche close	**s'imposer** to impose oneself
rencontrer to meet	**la sensibilité** sensitivity
un modèle model	**instruit** educated
un compagnon companion	**mettre en commun** to share
épouser to marry	**se marier** to get married
un trait trait, feature	**un égal** equal

Mariage ou célibat?

L'été de mes quinze ans, à la fin de l'année scolaire, j'allai deux ou trois fois canoter° au Bois° avec Zaza et d'autres camarades. Je remarquai° dans une allée un jeune couple qui marchait devant moi; le garçon appuyait° légèrement sa main sur l'épaule de la femme. Emue°, soudain, je me dis qu'il devait être doux° d'avancer à
5 travers la vie avec sur son épaule une main si familière qu'à peine en sentait-on le poids°, si présente que la solitude fût° à jamais conjurée°. «Deux êtres° unis» : je rêvais sur ces mots. Ni ma soeur, trop proche°, ni Zaza, trop lointaine° ne m'en avaient fait pressentir° le vrai sens. Il m'arriva souvent par la suite°, quand je lisais dans le bureau, de relever la tête et de me demander : «Rencontrerai-je un
10 homme qui sera fait pour moi?» Mes lectures ne m'en avaient fourni aucun modèle. Je m'étais sentie assez proche d'Hellé, l'héroïne de Marcelle Tinayre°. «Les filles comme toi, Hellé, sont faites pour être les compagnes des héros» lui disait son père. Cette prophétie m'avait frappée; mais je trouvai plutôt rebutant° l'apôtre°

___

canoter to go boating / **Bois** = *le Bois de Boulogne, à Paris* / **remarquer** to notice / **appuyer** = *presser, appliquer* / **ému** = *touché* / **il devait être doux** it must have been pleasant, it was no doubt pleasant / **le poids** weight / **fût** = *être (imparfait du subjonctif)* / **conjuré** = *exorcisé, banni* / **l'être** *m* being / **proche** close / **lointain** distant / **pressentir** to have an inkling of, suspect / **par la suite** = *après* / **Marcelle Tinayre (1872–1948)** = *écrivain français qui dans ses œuvres a traité de grandes questions religieuses et sociales, en particulier du féminisme* / **rebutant** = *déplaisant* / **l'apôtre** *m* apostle

roux° et barbu qu'Hellé finissait par épouser. Je ne prêtais à mon futur mari aucun
15 trait défini. En revanche°, je me faisais de nos rapports une idée précise : j'éprou-
verais° pour lui une admiration passionnée. En ce domaine, comme dans tous les
autres, j'avais soif de° nécessité. Il faudrait que l'élu° s'imposât° à moi, comme
s'était imposée Zaza, par une sorte d'évidence°; sinon je me demanderais :
pourquoi lui et pas un autre? Ce doute était incompatible avec le véritable amour.
20 J'aimerais, le jour où un homme me subjuguerait par son intelligence, sa culture,
son autorité.

Sur ce point, Zaza n'était pas de mon avis°; pour elle aussi l'amour impliquait°
l'estime et l'entente°; mais si un homme a de la sensibilité° et de l'imagination, si
c'est un artiste, un poète, peu m'importe°, disait-elle, qu'il soit peu instruit° et
25 même médiocrement intelligent. «Alors, on ne peut pas tout se dire!» objectais-je.
Un peintre, un musicien ne m'aurait pas comprise tout entière, et il me serait de-
meuré en partie opaque. Moi je voulais qu'entre mari et femme tout fût mis en
commun; chacun devait remplir, en face de l'autre, ce rôle d'exact témoin° que
jadis° j'avais attribué à Dieu. Cela excluait qu'on aimât° quelqu'un de différent :
30 je ne me marierais que si je rencontrais, plus accompli que moi, mon pareil°, mon
double.

Pourquoi réclamais°-je qu'il me fût supérieur? Je ne crois pas du tout que j'aie
cherché en lui un succédané° de mon père; je tenais à° mon indépendance; j'ex-
ercerais un métier, j'écrirais, j'aurais une vie personnelle; je ne m'envisageai jamais
35 comme la compagne° d'un homme : nous serions deux compagnons°. Cependant, l'idée que je me faisais de notre couple fut indirectement influencée par les
sentiments que j'avais portés° à mon père. Mon éducation, ma culture, et la vision
de la société, telle qu'elle était, tout me convainquait que les femmes appartiennent à une caste inférieure; Zaza en doutait parce qu'elle préférait de loin° sa mère
40 à M. Mabille°; dans mon cas au contraire, le prestige paternel avait fortifié cette
opinion : c'est en partie sur elle que je fondais mon exigence°. Membre d'une espèce privilégiée, bénéficiant au départ° d'une avance considérable, si dans l'absolu
un homme ne valait pas plus que moi, je jugerais que relativement, il valait moins :
pour le reconnaître comme mon égal, il fallait qu'il me dépassât°.

Simone de Beauvoir, *Mémoires d'une jeune fille rangée* (1958)

---

roux redheaded / **en revanche** = *en compensation* / **éprouver** = *sentir* / **j'avais soif de** =
j'avais besoin de / **l'élu** *m* the chosen one / **s'imposât** = *imparfait du subjonctif* / **l'évidence** *f*
obviousness / **l'avis** *m* = *l'opinion* / **impliquer** = *supposer* / **l'entente** *f* = *l'accord, l'harmonie* / **la sensibilité** sensitivity / **peu m'importe** it matters little to me / **peu instruit** not
very educated / **le témoin** witness / **jadis** = *autrefois, dans le passé* / **aimât** = *imparfait du
subjonctif* / **mon pareil** = *une personne comme moi* / **réclamer** = *insister* / **le succédané** =
le substitut / **tenir à** = *être très attaché à* / **la compagne** helpmate / **le compagnon** partner /
porter to bear / **de loin** = *de beaucoup* / **M. Mabille** = *le père de Zaza* / **l'exigence** *f*
demand / **au départ** = *depuis le commencement* / **dépassât** = *fût supérieur à (imparfait du
subjonctif)*

Qu'en pensez-vous?

Etes-vous d'accord ou non avec les déclarations suivantes? Justifiez votre réponse.

1. La narratrice est émue lorsqu'elle voit un jeune couple dans le Bois de Boulogne. *– oui*
2. Elle se demande si elle rencontrera un homme dont elle tombera amoureuse. *– oui*
3. Elle imagine précisément l'homme idéal. *– non (lectures)*
4. Elle ne pourra aimer qu'un homme pour lequel elle éprouve une grande admiration. *– oui*
5. Pour la narratrice il n'y a pas de place pour le doute dans l'amour. *– oui*
6. Zaza pourrait aimer un artiste. *– oui · peu importe*
7. La narratrice peut aimer un artiste aussi. *– non*
8. Elle veut trouver quelqu'un qui soit différent d'elle-même. *– double*
9. Elle veut être la compagne de l'homme qu'elle aimera. *– compagnons*
10. Ses idées sur les hommes ont été influencées par sa famille. *Sa tiunte envers son père*
11. En fin de compte, la narratrice cherche un homme supérieur à elle. *– vrai*

Nouveau Contexte

Complétez le dialogue suivant en choisissant les termes appropriés (employez chaque terme une seule fois). Puis, jouez le dialogue.

Noms : couple *m*, épaule *f*
Verbes : me demande, peu importe, rêve, me sens
Adjectifs : doux, roux, véritable

—Christine, je _____ *1* un peu mélancolique.
—Viens, Jean-Pierre, appuie ta tête sur mon _____ *2* .
—Ah, c'est si _____ *3* d'être ici près de toi!
—Chut! Ferme tes yeux et _____ *4* un peu. Dis-moi ce que tu vois.
—Je vois un jeune _____ *5* heureux. La jeune fille est très jolie. Elle a les yeux verts et les cheveux _____ *6* . Elle a un beau sourire. Et le jeune homme n'est plus mélancolique!
—Est-ce le _____ *7* amour?
— _____ *8* ! Ils sont heureux pour le moment.
—Mais je _____ *9* si ça va durer.
—Chut! Laissons les choses telles qu'elles sont!

Appréciation du texte

1. Dans son choix d'un futur mari, la narratrice semble-t-elle guidée par des considérations intellectuelles ou par des mouvements du cœur? Citez quelques-uns de ses arguments. Lesquels semblent les plus importants?
2. Résumez ce que la narratrice entend finalement par l'expression «deux êtres unis.»

Vocabulaire satellite

le **célibat** celibacy
les **rapports** *m* relationship
la **sensibilité** sensitivity, sensibility
le **coup de foudre** love at first sight
  (lit., clap of thunder)
  marié; célibataire married; single
  raisonnable reasonable
  honnête honest
  instruit educated
  doux, douce gentle, sweet
  sensible sensitive, sensible
  passionné passionate, fond
  uni united

intime close, intimate
éprouver (un sentiment) to feel (an
  emotion)
sortir avec quelqu'un to go out with
  someone
se marier (avec) to get married, to
  marry
épouser to marry
poursuivre une carrière to pursue a
  career
avoir une activité professionnelle to
  have a career

Pratique de la langue

1. Quelles sont les qualités que vous recherchez chez votre futur mari (votre future femme)? Voulez-vous quelqu'un de semblable à vous ou de différent? Voulez-vous quelqu'un qui vous soit supérieur, inférieur ou égal?
2. «Si on veut vraiment poursuivre une carrière, le célibat est le seul état de vie possible.» Etes-vous d'accord ou non? Pourquoi?
3. Organisez un débat sur le sujet suivant : lequel profite le plus de la vie, le (la) célibataire ou la personne mariée?
4. Une femme très libérée et une femme très traditionaliste se rencontrent à une soirée. Elles commencent à parler du mariage, du rôle de la femme et du mari dans le mariage. Naturellement, elles ne s'entendent pas parfaitement. Ecrivez ce dialogue et présentez-le devant la classe.
5. Simone de Beauvoir tient à son indépendance. Peut-on être marié et indépendant à la fois? Si oui, expliquez comment se manifeste l'indépendance à l'intérieur d'un mariage.

Sujets de discussion ou de composition

1. Quelle est la meilleure manière de choisir son futur mari (sa future femme)? Faut-il attendre le coup de foudre ou faut-il procéder de façon plus logique?
2. A débattre : «La fidélité dans le mariage n'est plus essentielle.»
3. «Dans notre société contemporaine, la seule différence entre une femme et un homme est la différence physique.» Etes-vous d'accord ou non? Pourquoi?
4. «La femme d'aujourd'hui ne s'intéresse plus à la maternité. Elle n'a pas la générosité qui caractérisait la mère d'autrefois. Son cœur est ailleurs.» Trouvez-vous cette observation juste? Pourquoi ou pourquoi pas?
5. La femme et l'homme modernes ont chacun une activité professionnelle. Que doivent-ils faire s'il leur devient impossible d'exercer leur métier ensemble dans la même ville?

3

La Famille

42

Molière

Jean-Baptiste Poquelin (1622–73), known by his pseudonym Molière, is one of the great names in the history of comedy. The director of his own theater company at an early age, and one of its leading actors as well, he spent a twelve-year apprenticeship in the provinces, and had begun to stage some of his own plays as early as 1653. Once his troupe was firmly established in Paris in 1658, Molière began to write regularly. The first in an imposing series of successes was his one-act comedy, *Les Précieuses ridicules* (1659). Among the many plays that followed were *L'Ecole des femmes* (1662), *Don Juan* (1665), *Le Misanthrope* (1666), *L'Avare* (1668), *Le Tartuffe* (1669), *Le Bourgeois gentil-homme* (1670), *Les Femmes savantes* (1672), and *Le Malade imaginaire* (1673). Ironically, it was while playing the title role in this last play that Molière was stricken and died.

Molière revolutionized French comic theater, freeing it from restricting conventions and giving it a stature hitherto reserved for tragedy alone. In his plays the characters on stage ceased to be the stereotypes of slapstick farce[L] and were instead drawn from real-life studies. Molière was a penetrating observer of human nature who, true to the tenets of classicism[L], depicted the mores of his time with emphasis on the universal traits common to all people everywhere. He never neglected humor but knew that comedy, to have lasting value, must do more than simply induce laughter. Molière utilized comedy for the meaningful study of humanity, bringing full light to bear on human foibles, on ridiculous characters who act contrary to reason and common sense.

In *L'Avare,* Molière depicts the universal traits of a miser and uncovers the social consequences of avarice. Harpagon is an old widower obsessed by this vice. He is so dominated by his parsimony, his actions are so motivated by the one overriding consideration of finances, that whatever qualities he may possess as a father, as a lover, or as the head of a household are simply eroded. Irony of ironies, Harpagon falls in love with Mariane, a young woman of modest means. His rival for Mariane's hand turns out to be none other than his own son, Cléante. To make matters worse, Harpagon loses his mind when he believes that someone has stolen his moneybox. In the end, however, he recovers his money and is relieved and more than willing to give up his romantic interest for the one treasure that he longs to embrace permanently, his wealth.

In the following scene from the first act of *L'Avare,* the father unveils marriage plans for himself, for his son Cléante, and for his daughter Elise. The three proposals reveal the insidious effects of Harpagon's basic character flaw, as the value of each is measured by the ultimate criterion, profit.

Orientation: The Art of Comedy

This scene from the first act of *L'Avare* illustrates the comic artistry of Molière. Early on, the father, Harpagon, reassures his son and daughter that he knows exactly what they need as they contemplate marriage. He then turns to his son Cléante and asks him his opinion of the young Mariane whom Cléante has been courting secretly. Cléante's reaction could not be more positive, his endorsements more ringing. Responding eagerly to a long string of questions concerning Mariane, Cléante supports this selection wholeheartedly, under the misapprehension that Mariane is to become his wife. Harpagon unwittingly sets his son up for a huge disappointment. The dramatic interest of the first half of the scene thus rests on a misunderstanding. We spectators, however, are able to follow developments with detachment and amusement, since we are in on the secret from the very beginning.

It is then Elise's turn. Harpagon has chosen for his daughter a fifty-year-old man who will bring one very important consideration to the marriage: a willingness to accept Elise without a dowry (*sans dot!*). This time we are entertained by a comedy of words and gestures as Elise rejects every one of her father's arguments, softening her objections with a series of polite curtsies. Harpagon, for his part, contradicts his daughter's assertions, repeating them nearly word for word sarcastically. Moreover, in his own derisive fashion, he too bows in mocking reply to Elise's gestures of feigned reverence. This symmetry of gesture and word between Elise and Harpagon ironically accentuates their basic opposition.

At the end of the scene, Elise thinks that she has found a favorable solution to her impasse when Harpagon asks her to abide by the decision of a third party, Valère, whom Harpagon takes for an impartial observer but who in reality is already linked romantically to Elise. Like her brother, Elise will have the tables turned on her as Valère will side with Harpagon for the moment in an effort to ingratiate himself with

Harpagon and gain eventual acceptance. Thus we see, in this one passage from *L'Avare*, how Molière employs a range of comic devices including words, gestures, and situations.

Un Beau Parti°

HARPAGON	Que veulent dire° ces gestes-là?
ELISE	Nous marchandons°, mon frère et moi, à qui parlera le premier; et nous avons tous deux quelque chose à vous dire.
HARPAGON	Et moi, j'ai quelque chose aussi à vous dire à tous deux.
5 CLEANTE	C'est de mariage, mon père, que nous désirons vous parler.
HARPAGON	Et c'est de mariage aussi que je veux vous entretenir°.
ELISE	Ah! mon père!
HARPAGON	Pourquoi ce cri? Est-ce le mot, ma fille, ou la chose qui vous fait peur?
CLEANTE	Le mariage peut nous faire peur à tous deux, de la façon que vous pouvez l'entendre°; et nous craignons° que nos sentiments ne soient pas d'accord avec votre choix.
10	
HARPAGON	Un peu de patience. Ne vous alarmez point. Je sais ce qu'il faut à tous deux°, et vous n'aurez ni l'un ni l'autre aucun lieu de vous plaindre° de tout ce que je prétends° faire. Et, pour commencer par un bout° *(à Cléante)*, avez-vous vu, dites-moi, une jeune personne appelée Mariane, qui ne loge pas loin d'ici?
15	
CLEANTE	Oui, mon père.
HARPAGON	*(à Elise)* Et vous?
ELISE	J'en ai ouï° parler.
20 HARPAGON	Comment, mon fils, trouvez-vous cette fille?
CLEANTE	Une fort° charmante personne.
HARPAGON	Sa physionomie°?
CLEANTE	Toute honnête et pleine d'esprit.
HARPAGON	Son air et sa manière?
25 CLEANTE	Admirables, sans doute.
HARPAGON	Ne croyez-vous pas qu'une fille comme cela mériterait assez que l'on songeât° à elle?
CLEANTE	Oui, mon père.
HARPAGON	Que ce serait un parti souhaitable°?

un beau parti a fine match / **veulent dire** = *signifient* / **marchander** = *ici, hésiter avant de prendre une décision* / **entretenir** = *parler* / **de la façon... entendre** = *selon la manière dont vous pouvez le comprendre* / **craindre** = *avoir peur* / **ce qu'il faut à tous deux** = *ce dont vous avez tous deux besoin* / **avoir lieu de se plaindre** = *avoir raison de se lamenter* / **prétendre** = *avoir l'intention de* / **le bout** end / **ouïr** *(archaïque)* = *entendre* / **fort** = *très* / **la physionomie** appearance / **songer** = *penser (songeât : imparfait du subjonctif)* / **souhaitable** = *désirable*

30   CLEANTE   Très souhaitable.

      HARPAGON   Qu'elle a toute la mine de° faire un bon ménage?

      CLEANTE   Sans doute.

      HARPAGON   Et qu'un mari aurait satisfaction avec elle?

      CLEANTE   Assurément.

35   HARPAGON   Il y a une petite difficulté : c'est que j'ai peur qu'il n'y ait pas avec elle tout le bien qu'on pourrait prétendre°.

      CLEANTE   Ah! mon père, le bien n'est pas considérable° lorsqu'il est question d'épouser une honnête° personne.

      HARPAGON   Pardonnez-moi, pardonnez-moi! Mais ce qu'il y a à dire, c'est que, si
40   l'on n'y trouve pas tout le bien qu'on souhaite, on peut tâcher° de re-gagner cela sur autre chose.

      CLEANTE   Cela s'entend°.

      HARPAGON   Enfin je suis bien aise° de vous voir dans mes sentiments, car son

---

qu'elle a toute la mine de = *que tout semble indiquer qu'elle saura* / **tout le bien qu'on pourrait prétendre** = *toutes les richesses qu'on pourrait désirer* / **considérable** = *à prendre en considération* / **honnête** decent / **tâcher** = *essayer* / **s'entend** = *se comprend* / **aise** = *content*

45 maintien° honnête et sa douceur m'ont gagné l'âme et je suis résolu
de l'épouser, pourvu que j'y trouve quelque bien.

CLEANTE Euh?

HARPAGON Comment?

CLEANTE Vous êtes résolu, dites-vous... ?

50 HARPAGON D'épouser Mariane.

CLEANTE Qui, vous? Vous?

HARPAGON Oui, moi, moi, moi! Que veut dire cela?

CLEANTE Il m'a pris tout à coup un éblouissement°, et je me retire d'ici.

HARPAGON Cela ne sera rien. Allez vite boire dans la cuisine un grand verre
55 d'eau claire. Voilà de mes damoiseaux flouets° qui n'ont non plus de
vigueur que des poules°! C'est là, ma fille, ce que j'ai résolu pour
moi. Quant à° ton frère, je lui destine une certaine veuve° dont ce
matin on m'est venu parler°; et, pour toi, je te donne au seigneur°
Anselme.

60 ELISE Au seigneur Anselme?

HARPAGON Oui. Un homme mûr°, prudent et sage, qui n'a pas plus de cinquante
ans, et dont on vante° les grands biens.

ELISE (*faisant une révérence*) Je ne veux point me marier, mon père, s'il vous
plaît.

65 HARPAGON (*contrefaisant° sa révérence*) Et moi, ma petite fille, ma mie°, je veux
que vous vous mariiez, s'il vous plaît.

ELISE (*faisant encore la révérence*) Je vous demande pardon, mon père.

HARPAGON (*contrefaisant Elise*) Je vous demande pardon, ma fille.

ELISE Je suis très humble servante au seigneur Anselme; mais (*faisant encore
70 la révérence*), avec votre permission, je ne l'épouserai point.

HARPAGON Je suis votre très humble valet (*contrefaisant Elise*); mais, avec votre
permission, vous l'épouserez dès ce soir.

ELISE Dès ce soir?

HARPAGON Dès ce soir.

75 ELISE (*faisant encore la révérence*) Cela ne sera pas, mon père.

HARPAGON (*contrefaisant encore Elise*) Cela sera, ma fille.

ELISE Non.

HARPAGON Si.

ELISE Non, vous dis-je.

80 HARPAGON Si, vous dis-je.

ELISE C'est une chose où vous ne me réduirez° point.

---

le maintien bearing, deportment / **un éblouissement** a dizzy spell / **un damoiseau flouet** (*archaïque*) = *jeune homme efféminé et sans vigueur* / **la poule** hen / **quant à** as for / **la veuve** = *femme qui a perdu son mari* / **on m'est venu parler** = *on est venu me parler* / **le seigneur** lord / **mûr** mature / **vanter** to extol / **contrefaire** = *imiter* / **ma mie** = *m'amie, mon amie* / **réduire** to reduce

HARPAGON		C'est une chose où je te réduirai.
ELISE		Je me tuerai plutôt que d'épouser un tel mari.

HARPAGON   Tu ne te tueras point, et tu l'épouseras. Mais voyez quelle audace! A-t-
85   on jamais vu une fille parler de la sorte à son père?

ELISE   Mais a-t-on jamais vu un père marier sa fille de la sorte?

HARPAGON   C'est un parti où il n'y a rien à redire°, et je gage° que tout le monde
            approuvera mon choix.

ELISE   Et moi, je gage qu'il ne saurait° être approuvé d'aucune personne
90   raisonnable.

HARPAGON   (*apercevant° Valère° de loin*) Voilà Valère. Veux-tu qu'entre nous deux
            nous le fassions juge de cette affaire?

ELISE   J'y consens.

HARPAGON   Te rendras-tu° à son jugement?

95   ELISE Oui. J'en passerai par ce qu'il dira.

HARPAGON   Voilà qui est fait°.

Molière, L'Avare (1668)

Qu'en pensez-vous?

Etes-vous d'accord ou non avec les déclarations suivantes? Justifiez votre réponse.

1. Elise et Cléante envisagent avec appréhension leur conversation avec leur père.
2. Harpagon rassure ses enfants dès le début.
3. Selon Harpagon, il y a une petite difficulté dans le choix de Mariane.
4. Harpagon a beaucoup réfléchi avant de choisir Mariane comme future épouse pour son fils.
5. Harpagon est prêt à épouser Mariane sans condition.
6. Cléante est surpris d'apprendre que son père est son rival pour la main de Mariane.
7. Le seigneur Anselme a été choisi pour Elise parce qu'il est jeune et riche.
8. Elise est très contente du choix fait par son père.
9. Pour régler la dispute, Elise acceptera volontiers le jugement de Valère.

Nouveau Contexte

Complétez le dialogue suivant en choisissant les termes appropriés (employez chaque terme une seule fois). Puis, jouez le dialogue.

Nom : choix *m*
Verbes : approuveras, craindre, fait peur, il me faut, me marier, s'il te plaît, tâche de, veux dire
Adjectifs : mûre, souhaitables, telle

—Papa, _____*1* une femme. J'ai trente-neuf ans! J'ai besoin de _____*2* .

—_____*3* te calmer, mon fils. Tu n'as rien à _____*4* . Il reste encore beau-
     coup de partis _____*5* .

redire to find fault with / **gager** to wager / **saurait** = *pourrait* / **apercevoir** to notice /
Valère = *fiancé secret d'Elise* / **se rendre à** to bow to / **voilà qui est fait** so be it

—Je veux faire un bon _____6 , papa. L'idée du divorce me _____7 .

—Sois tranquille, Gustave. Je te prépare déjà un mariage que tu _____8 .

—Qu'est-ce que tu _____9 , papa? Explique-toi, _____10 .

—On m'a parlé l'autre jour d'une jeune avocate brillante, _____11 , gentille, et célibataire.

—Est-ce qu'une _____12 femme voudra de moi, mon père?

—Nous verrons, mon fils, nous verrons!

Appréciation du texte

1. Molière traite le thème du conflit entre le père et ses deux enfants en insistant alternativement sur l'accord et le désaccord qui existent entre ces personnages. Selon vous, pourquoi Cléante est-il tellement d'accord avec son père pendant presque tout leur dialogue? Quelle parole initiale d'Harpagon a fait naître l'optimisme de Cléante? Remarquez la longue durée de cette attitude positive avant que s'exprime le désaccord fondamental. Chez Elise, par contre, le mouvement va en sens inverse : tout son dialogue avec son père exprime leur désaccord jusqu'à ce qu'ils tombent d'accord pour choisir Valère comme arbitre. Comptez le grand nombre de répliques où un personnage contredit l'autre en reprenant les mêmes termes.

2. Dans ce passage, Molière traite, d'une façon comique, un sujet qui est essentiellement déplaisant. Le spectateur peut apprécier l'aspect comique de la situation parce qu'il a cet avantage sur les personnages de connaître toute l'intrigue. Dans le dialogue de Cléante et d'Harpagon, quelles sont les paroles qui font sourire? En quoi consiste leur humour? Dans le dialogue Elise-Harpagon, faites voir comment Molière fait rire en employant un procédé de contraste entre la symétrie des réponses et le désaccord des personnages. Montrez comment la politesse et les gestes des personnages ajoutent à l'humour de la situation.

Vocabulaire satellite

l' **argent** *m*   money
la **monnaie**   change
les **soucis financiers**   financial worries
le **poste**, le **travail**, l' **emploi** *m*   job
le **cadeau**, le **présent**   gift
prêter   to lend
emprunter (à)   to borrow (from)
gagner sa vie   to earn one's living
assurer son confort, son bien-être   to assure one's comfort, one's well-being
faire une grosse bêtise   to do something very foolish

manquer de maturité   to lack maturity, to be immature
faire le bonheur de quelqu'un   to make somebody happy
se disputer tout le temps   to argue all the time
s'accorder bien, mal   to get along well, badly
mûr   mature
inattendu, inespéré   unexpected
prévisible   predictable
comme prévu   as expected

Pratique de la langue

1. Imaginez et jouez un dialogue où une jeune fille ou un jeune homme demande la permission de ses parents pour épouser la personne de ses rêves. Les parents ont déjà choisi un autre parti pour leur enfant. Ils essaient d'expliquer les avantages de leur point de vue et de répondre aux arguments présentés par leur enfant.

2. Préparez et jouez un dialogue (amusant? tragique?) où un personnage cherche à obtenir une faveur d'un(e) avare. Voici quelques possibilités :
   a. un père ou une mère et son fils ou sa fille
   b. un patron (une patronne) et un(e) employé(e)
   c. un frère et une soeur (ou deux frères, deux soeurs)
   d. une situation de votre choix.

3. Imaginez un mariage entre une personne âgée et une jeune personne. Préparez et jouez une scène qui illustre le bonheur ou le malheur de leur situation.

4. Quelles sont, à votre avis, les qualités d'un père et d'une mère idéals?

5. Imaginez et jouez un dialogue dans lequel une jeune fille ou un jeune homme s'oppose aux désirs de ses parents. Présentez de bons arguments des deux côtés.

Victor Hugo

The French consider Victor Hugo (1802–85) one of their greatest poets. The non-French reader tends to know Hugo as the author of the monumental social novel, *Les Misérables* (1862), or as the creator of the famous hunchback of Notre-Dame, Quasimodo, in the historical novel, *Notre-Dame de Paris* (1831). In fact, Victor Hugo was not only a poet and novelist but a dramatist as well, who first achieved notoriety through the theater.

Still, it is through his poetry that Victor Hugo gained his greatest literary recognition. Capitalizing on the greater freedom afforded him by the new romantic[L] concepts, Hugo developed grandiose imagery and rich rhythmical effects, while displaying an extraordinary grasp of the French language. He tried his hand at every conceivable poetic genre, running the gamut of poetic expression from the lyrical through the epic to the satirical. He remains an acknowledged master of poetic technique.

In the following poem, we gain insight into the intimate feelings of Victor Hugo, the parent. While traveling through southern France in September 1843, he casually picked up a newspaper and read of the death by drowning of his own beloved nineteen-year-old daughter, Léopoldine, and her young husband, who had been boating on the Seine. Four years later, on the anniversary of her death, he wrote "Demain, dès l'aube."

Orientation: Reading French Poetry

Poetry cannot be read in the same way as prose since the elements of verse, rhyme, and rhythm add a musical quality which must be properly rendered. For example, French

verses are of various lengths and are identified by the number of pronounced syllables: e.g., an octosyllabic verse contains eight syllables. Usually all the lines in a poem have the same number of syllables. More importantly, all of the syllables have the same phonetic value and should be pronounced equally, with no tonic stress or accent on any particular one.

In a twelve-syllable verse, such as is found in Hugo's poem, the voice normally pauses in the middle, i.e., after the sixth syllable (line 3 is a good example). At times, however, instead of a 6/6 split, the verse will be divided into three parts: 4/4/4 (see line 5). Other more unusual pauses are used for special effect (see line 8, where there is a significant pause after the first syllable). Since Hugo's poem is conversational in form, the rhythm is generally dictated by the sense of the ideas expressed.

Demain, dès l'aube°

Demain, dès l'aube, à l'heure où blanchit° la campagne,
Je partirai. Vois-tu, je sais que tu m'attends.
J'irai par la forêt, j'irai par la montagne,
Je ne puis demeurer loin de toi plus longtemps.

dès l'aube at the very break of day   /   **blanchir** = *devenir blanc*

5 Je marcherai les yeux fixés sur mes pensées,
  Sans rien voir au dehors, sans entendre aucun bruit,
  Seul, inconnu, le dos courbé°, les mains croisées,
  Triste, et le jour pour moi sera comme la nuit.

  Je ne regarderai ni l'or° du soir qui tombe,
10 Ni les voiles° au loin° descendant vers Harfleur°,
  Et quand j'arriverai, je mettrai sur ta tombe
  Un bouquet de houx° vert et de bruyère° en fleur.

Victor Hugo, *Les Contemplations* (1856)

Qu'en pensez-vous?

Etes-vous d'accord ou non avec les déclarations suivantes? Justifiez votre réponse.

1. Le narrateur va commencer son trajet de bonne heure.
2. Le narrateur connaît très bien la personne à qui il va rendre visite.
3. Le voyage du narrateur n'est pas long.
4. Le narrateur est impatient de retrouver l'autre personne.
5. Il va méditer en marchant.
6. Pendant son voyage il admirera les beautés de la nature.
7. Le voyage le rendra heureux.
8. Il va admirer le coucher du soleil.
9. La route le mènera le long d'une rivière.
10. Quand le narrateur arrivera, il offrira un bouquet de roses à sa fille.

Nouveau Contexte

Complétez le dialogue suivant en choisissant les termes appropriés (employez chaque terme une seule fois). Puis, jouez le dialogue.

Noms : aube *f,* bruit *m,* campagne *f,* heure *f*
Verbes : attendait, demeurais
Adjectifs : aucune, croisés, seule

—Quelles belles vacances je viens de passer! Je suis allée à la _____*1* pour quinze jours.
—Tu as l'air bien reposée. Deux semaines sans travail, sans pollution, sans le _____*2* de la ville!
—Le meilleur moment chaque jour, c'était la première _____*3*, l'_____*4*, où, assis sur une colline paisible, j'ai vu de magnifiques levers du soleil.
—Est-ce que tu étais _____*5*?
—Absolument! _____*6* conversation, rien pour déranger le calme de ce moment idéal au bord du lac.

courbé = *incliné* / **l'or** *m* gold / **la voile** sail / **au loin** = *à une grande distance* /
Harfleur = *petit port sur la Seine* / **le houx** holly / **la bruyère** heather

—Est-ce que tu _____ 7 là toute la matinée?

—La plupart du temps. Je savais que personne ne m' _____ 8 . Alors je restais là, les bras _____ 9 , sans rien faire, sans même co⁀ulter ma montre.

—Eh bien, nous sommes aujourd'hui lundi. Il est huit heures. Les vacances sont finies. Bienvenue au monde du travail!

Appréciation du texte

1. Dans ce poème Victor Hugo a employé des vers de douze syllabes. Lisez le poème à haute voix en prononçant bien les douze syllabes de chaque vers. N'oubliez pas qu'en poésie les *e* muets sont prononcés sauf à la fin du vers ou devant une voyelle. Dans le poème combien de syllabes y a-t-il dans les mots suivants: *l'aube, l'heure, campagne, marcherai, pensées, dehors, entendre, triste, sera, comme, regarderai, tombe, voiles, arriverai, bruyère*?

2. A la fin de la première strophe, quelle impression a le lecteur? De quel genre de rendez-vous s'agit-il? Est-ce que cette impression change dans la deuxième strophe? Si oui, à partir de quel vers? Quand est-ce que le lecteur reconnaît avec certitude la nature exacte du rendez-vous?

3. Etudiez la progression de la narration dans ce poème. Quelles expressions donnent une idée de la durée du voyage?

4. Comment l'idée du 5ᵉ vers est-elle mise en relief par les sons et le rythme du vers?

5. Dans le 12ᵉ vers, quelle est l'importance du houx *vert* et de la bruyère *en fleur*?

Vocabulaire satellite

les **relations amicales** *f* friendly relations

le **sentiment** feeling

la **tendresse** tenderness

la **caresse** caress

le **charme** charm

l' **attrait** *m* attraction, charm

le **mari** husband

la **femme** wife

le, la **bien-aimé(e)** beloved

le, la **petit(e) ami(e)** boyfriend, girlfriend

l' **amant(e)** lover

(mon, ma) chéri,e (my) darling

être amoureux, -euse (de) to be in love (with)

éprouver de l'amour pour quelqu'un to feel love for someone

tenir à quelqu'un to be fond of someone

être ami(e) avec quelqu'un to be friends with someone

prendre rendez-vous to make a date

sortir avec quelqu'un to go out with someone

offrir (des fleurs, des cadeaux) to give (flowers, gifts)

se marier (avec) to marry, to get married

être fidèle (infidèle) to be faithful (unfaithful)

tromper quelqu'un to cheat on someone

briser le cœur de quelqu'un to break someone's heart

Pratique de la langue

1. Dans la première strophe de *Demain, dès l'aube,* il s'agit d'un rendez-vous entre deux personnes. Racontez un rendez-vous mémorable que vous avez eu. Racontez votre anticipation de l'événement et les préparatifs que vous avez faits. Est-ce que tout s'est bien passé ou avez-vous été déçu(e)?
2. Y a-t-il différentes sortes d'amour? Si oui, qu'est-ce que ces amours ont en commun et comment peut-on les différencier?
3. Est-ce que l'amour est la même chose que l'amitié? Lequel des deux sentiments vous semble préférable? Pourquoi? Est-il possible d'avoir plusieurs amis intimes?
4. Ecrivez et présentez un dialogue où deux personnes observent un couple amoureux et remarquent les signes qui révèlent l'amour du couple.

Alphonse Daudet

Alphonse Daudet (1840–1897) was born in the city of Nîmes in southern France, a region prominently featured in many of his works. Daudet is an exuberant writer with a positive outlook. His stated aim was to be a merchant of happiness. Endowed with the sensitive soul of a poet, he was at the same time a realistic observer. What dominates his work is his charm, his imagination, his humor, and his wit. Daudet does not hide behind the objectivity of the writer; he prefers to show us what he feels about the facts that he has noted. He has the ability to move the reader, to arouse emotions. In his novels, short stories, plays, and poetry, Daudet draws unforgettable sketches of ordinary people in France between 1860 and 1890. He is best known today for his short stories (*Lettres de mon moulin,* 1869, and *Contes du lundi,* 1873) and his novels (*Le Petit Chose,* 1868, and *Tartarin de Tarascon,* 1872).

The following selection is from *Lettres de mon moulin.* At one point in time, Daudet spent many idle hours in an abandoned windmill in southern France. Although most of the stories in this collection were written between 1866 and 1869 in Paris and not in the windmill, the inspiration of Provence can nevertheless be felt throughout. In *Les Vieux,* Daudet tells the story of a miller who is asked to visit the elderly grandparents of his friend, Maurice. Maurice has been working in Paris for the past ten years and has been unable to get away. The miller somewhat reluctantly shuts down his mill for the day and sets out to do his friend's bidding. He has been told by his friend that he will be well received. He need only knock on the door, walk right in, and say: "Bonjour, braves gens, je suis l'ami de Maurice."

Orientation: Life of the Elderly

In this selection, Maurice's narrator-friend is going to be struck by the way of life and the outlook of the senior citizens to whom he is paying a visit. Notice how the reader's viewpoint is directed by a sympathetic narrator, who appreciates the habits of the elderly and presents them in a positive light. In anticipation of your reading, think of some of the things that you yourself have learned about the elderly through your own observation.

1. Do they enjoy having company? When they do have company, do they get excited or remain calm? Are they happy or disgruntled? Do they do most of the talking or do they prefer to listen? Do they want many details?
2. How do they communicate among themselves? Do they need a lot of words? Why or why not?
3. What are their eating habits like? Do they have copious meals? regular meals?
4. What kinds of things do they take pride in?

Les Vieux

—Bonjour, braves° gens, je suis l'ami de Maurice.

Oh! alors, si vous l'aviez vu, le pauvre vieux, si vous l'aviez vu venir vers moi les bras tendus°, m'embrasser, me serrer° les mains, courir égaré° dans la chambre en faisant° :

5 —Mon Dieu! mon Dieu!...

Toutes les rides° de son visage riaient. Il était rouge. Il bégayait° :

—Ah! monsieur... ah! monsieur...

Puis il allait vers le fond° en appelant :

—Mamette!

10 Une porte qui s'ouvre, un trot de souris° dans le couloir°... C'était Mamette. Rien de joli comme° cette petite vieille avec son bonnet à coque°, sa robe carmélite°, et son mouchoir brodé° qu'elle tenait à la main pour me faire honneur, à l'ancienne mode... En entrant, Mamette avait commencé par me faire une grande révérence, mais d'un mot le vieux lui coupa sa révérence en deux :

15 —C'est l'ami de Maurice...

Aussitôt la voilà qui tremble, qui pleure, perd son mouchoir, qui devient rouge, toute rouge, encore plus rouge que lui... Ces vieux! ça n'a qu'une goutte de sang dans les veines°, et à la moindre° émotion elle leur saute au visage...

—Vite, vite, une chaise... dit la vieille à la petite°.

20 —Ouvre les volets°... crie le vieux à la sienne°.

---

braves = *bonnes* / **tendu** outstretched / **serrer** to squeeze / **égaré** wild / **faisant** = *disant* / **la ride** wrinkle / **bégayer** to stammer / **le fond** back (of a room) / **la souris** mouse / **le couloir** hallway / **rien de joli comme** (there's) nothing prettier than / **le bonnet à coque** frilled cap / **carmélite** light brown (color of the habit of Carmelite nuns) / **brodé** embroidered / **ces vieux! ça... veines** these old people! all they've got is one drop of blood in their veins / **la moindre** = *la plus petite* / **la petite** = *la petite orpheline qui s'occupe de Mamette* / **le volet** shutter / **la sienne** = *sa petite*

Et, me prenant chacun par une main, ils m'emmènent en trottinant jusqu'à la fenêtre qu'on a ouverte toute grande pour mieux me voir. On approche les fauteuils, je m'installe entre les deux sur un pliant°, les petites bleues° derrière nous, et l'interrogatoire commence : «Comment va-t-il? Qu'est-ce qu'il fait? Pourquoi
25 ne vient-il pas? Est-ce qu'il est content?... »

Et patati! et patata!° Comme cela pendant des heures.

Moi, je répondais de mon mieux à toutes leurs questions, donnant sur mon ami les détails que je savais, inventant effrontément° ceux que je ne savais pas, me gardant° surtout d'avouer° que je n'avais jamais remarqué° si ses fenêtres fermaient
30 bien ou de quelle couleur était le papier de sa chambre.

—Le papier de sa chambre!... Il est bleu, madame, bleu clair, avec des guirlandes°...

—Vraiment? faisait la pauvre vieille attendrie°; et elle ajoutait° en se tournant vers son mari :
35 —C'est un si brave enfant!

—Oh! oui, c'est un brave enfant! reprenait l'autre avec enthousiasme.

Et, tout le temps que je parlais, c'étaient entre eux des hochements de tête°, de petits rires fins, des clignements° d'yeux, des airs entendus°, ou bien encore le vieux qui se rapprochait pour me dire :
40 —Parlez plus fort... Elle a l'oreille un peu dure.

Et elle de son côté :

—Un peu plus haut, je vous prie!... Il n'entend pas très bien...

Alors j'élevais la voix; et tous deux me remerciaient d'un sourire...

Tout à coup, le vieux se dresse° sur son fauteuil :
45 —Mais j'y pense, Mamette..., il n'a peut-être pas déjeuné!

Et Mamette, effarée°, les bras au ciel :

—Pas déjeuné!... Grand Dieu!... Vite le couvert°, petites bleues! La table au milieu de la chambre, la nappe° du dimanche, les assiettes à fleurs. Et ne rions pas tant, s'il vous plaît, et dépêchons-nous...
50 Je crois bien, qu'elles se dépêchaient. A peine le temps de casser° trois assiettes, le déjeuner se trouva servi.

—Un bon petit déjeuner! me disait Mamette en me conduisant à table, seulement° vous serez tout seul... Nous autres, nous avons déjà mangé ce matin...

Ces pauvres vieux! à quelque heure qu'on les prenne°, ils ont toujours mangé le
55 matin.

---

le pliant folding chair / **les petites bleues** the little girls in blue / **et patati! et patata!** and so on and so forth / **effrontément** shamelessly / **se garder de** to be careful not to / **avouer** = *admettre* / **remarquer** to notice / **la guirlande** garland / **attendri** = *touché* / **ajouter** to add / **le hochement de tête** nod / **le clignement** wink / **entendu** knowing / **se dresser** = *se mettre droit* / **effaré** alarmed / **le couvert** place setting / **la nappe** tablecloth / **casser** to break / **seulement** the only thing is / **à quelque heure qu'on les prenne** no matter when you catch them

Le bon petit déjeuner de Mamette, c'était deux doigts de lait, des dattes et une barquette°,...de quoi la nourrir° elle et ses canaris au moins pendant huit jours... Et dire qu'à moi seul je vins à bout de° toutes ces provisions!... Aussi° quelle indigna-tion autour de la table! Comme° les petites bleues chuchotaient° en se poussant du

60 coude°, et là-bas, au fond de leur cage, comme les canaris avaient l'air de se dire : «Oh! ce monsieur qui mange toute la barquette!»

Le repas terminé, je me levai pour prendre congé° de mes hôtes. Ils auraient bien voulu me garder encore un peu pour causer° du brave enfant, mais le jour baissait°, le moulin° était loin, il fallait partir.

65 Le vieux s'était levé en même temps que moi.

la barquette pastry / **de quoi la nourrir** enough to nourish her / **venir à bout de** to get through / **aussi** and so / **comme** how / **chuchoter** to whisper / **le coude** elbow / **prendre congé** to take leave / **causer** to chat / **le jour baissait** = *le soleil se couchait* / **le moulin** mill

—Mamette, mon habit°!... Je veux le conduire jusqu'à la place°.

Bien sûr qu'au fond d'elle-même Mamette trouvait qu'il faisait déjà un peu frais° pour me conduire jusqu'à la place; mais elle n'en laissa rien paraître. Seulement, pendant qu'elle l'aidait à passer les manches° de son habit, un bel habit 70 tabac d'Espagne° à boutons de nacre°, j'entendais la chère créature qui lui disait doucement :

—Tu ne rentreras pas trop tard, n'est-ce pas? Et lui, d'un petit air malin° :

—Hé! Hé!... je ne sais pas... peut-être.

...La nuit tombait quand nous sortîmes, le grand-père et moi. La petite bleue 75 nous suivait de loin pour le ramener; mais lui ne la voyait pas, et il était tout fier° de marcher à mon bras, comme un homme. Mamette, rayonnante°, voyait cela du pas de sa porte°, et elle avait en nous regardant de jolis hochements de tête qui semblaient dire : «Tout de même°, mon pauvre homme!... il marche encore.»

Alphonse Daudet, *Lettres de mon moulin* (1869)

Qu'en pensez-vous?

Etes-vous d'accord ou non avec les déclarations suivantes? Justifiez votre réponse.

1. Le vieillard ne remarque même pas l'arrivée de l'ami de Maurice.
2. La vieille est si pâle qu'elle a l'air malade.
3. Les vieux ont beaucoup de questions à poser.
4. L'ami de Maurice a une bonne réponse pour chaque question.
5. Les vieux savent communiquer entre eux sans paroles.
6. Malgré leur âge, les vieux entendent tout ce qu'on leur dit.
7. On prépare une très belle table pour le déjeuner.
8. Le narrateur et les vieux partagent un repas abondant.
9. Le narrateur est obligé de partir tout de suite après le repas.
10. Mamette et son mari sont tous les deux très fiers.

Nouveau Contexte

Complétez le dialogue suivant en choisissant les termes appropriés (employez chaque terme une seule fois). Puis, jouez le dialogue.

Noms : assiettes *f*, couverts *m*, hôtes *m*, manches *f*, nappe *f*, repas *m*
Verbes : ai remarqué, suis rentrée
Adjectifs : fière, rayonnante

—Je viens de prendre un _____*1* délicieux. J'ai fêté mon anniversaire chez mes grands-parents.
—Tes grands-parents sont si sociables. Il n'y a pas de meilleurs _____*2* .

---

l'habit *m* = *vêtement du dimanche* / **la place** square / **il faisait frais** the weather was cool / **passer les manches** to slip on the sleeves / **tabac d'Espagne** snuff-colored / **la nacre** mother-of-pearl / **malin** cunning, sly / **fier** proud / **rayonnant** radiant, beaming / **du pas de sa porte** from her doorway / **tout de même** still

—Grand-maman a dressé une table très élégante : d'abord, une _____ *3* blanche qu'elle avait brodée elle-même; puis des _____ *4* d'argent autour d' _____ *5* de porcelaine très fine.

—Ta grand-mère est si _____ *6* de sa réputation, n'est-ce pas, et elle a raison!

—Si tu l'avais vue dans sa belle robe longue sans _____ *7*. Elle était _____ *8* au bras de son mari.

—As-tu pris des photos?

—Hélas, non. Je n'avais pas mon appareil. Mais pendant la soirée j' _____ *9* beaucoup de choses intéressantes et, dès que je _____ *10* chez moi, j'ai noté mes observations afin de ne rien oublier.

—Tu as donc passé une très belle soirée. Encore une fois, bon anniversaire, mon amie!

Appréciation du texte

1. Alphonse Daudet est bien connu pour ses facultés d'observation. Enumérez au moins trois détails révélateurs qui contribuent d'une façon importante au portrait des deux vieillards.
2. Dans ce récit fait à la première personne, nous pénétrons non seulement la pensée des grands-parents mais aussi la réaction et les sentiments du narrateur-observateur. Citez dans le texte trois endroits où le narrateur nous fait connaître sa propre pensée ou son interprétation de ce qu'il voit et entend.

Vocabulaire satellite

sage   wise
le **fossé entre les générations**   generation gap
la **personne âgée**   elderly person
le **vieillard,** la **vieille dame**   old man, old lady
les **grands-parents maternels (paternels)**   maternal (paternal) grandparents
les **arrière-grands-parents**   great-grandparents
les **arrière-arrière-grands-parents**   great-great-grandparents
le **petit-fils,** la **petite-fille**   grandson, granddaughter

avoir l'esprit ouvert (fermé)   to have an open (closed) mind
se porter bien (mal)   to be in good (bad) health
gâter ses petits-enfants   to spoil one's grandchildren
offrir des cadeaux   to give gifts
garder les gosses   to baby-sit the kids
rendre visite   to pay a visit
asseoir un enfant sur ses genoux   to sit a child on one's knee
bercer un enfant   to rock a child

Pratique de la langue

1. Racontez aux autres membres de la classe l'histoire de votre famille. Dites d'où viennent vos ancêtres. A quelle époque commence cette histoire familiale et comment s'est-elle développée jusqu'à vous?

2. Les vieillards ont beaucoup vécu et ils ont beaucoup vu. Aussi aiment-ils répéter certaines anecdotes favorites. Partagez avec les autres étudiants une histoire particulièrement émouvante (amusante, effrayante, intéressante, bizarre) que vos grands-parents (ou même vos parents) vous ont racontée.

3. Mettez-vous dans la peau d'une personne âgée, soit de l'époque actuelle, soit d'un autre temps, et préparez un monologue dans lequel vous parlez de vous-même et de votre situation. Comme vieillard, quels sont vos intérêts? Qu'est-ce qui vous amuse? Quels sont les grands plaisirs de votre vie et quelles sont les choses qui vous déplaisent?

4. Vos grands-parents habitent un autre pays. Vous ne les avez pas vus depuis quinze ans. Ils ont maintenant tous les deux quatre-vingt-cinq ans et vous allez bientôt leur rendre visite. Vous voulez leur montrer que vous les aimez et que vous vous intéressez vraiment à eux. Imaginez et jouez cette conversation.

5. Dans certaines cultures les vieillards sont les personnes les plus honorées tandis que dans d'autres on ne les respecte pas. Dans notre société, quelle est l'attitude courante envers les personnes âgées? Comment s'expliquent ces sentiments? Approuvez-vous la situation actuelle ou voudriez-vous la changer?

6. Chaque génération a sa propre perspective. Aussi y a-t-il parfois un conflit entre les jeunes et les vieux. Imaginez et jouez un dialogue où un vieil homme (ou une vieille femme) et son petit-fils (ou sa petite-fille) discutent du fossé entre les générations et essaient chacun(e) de comprendre le point de vue de l'autre.

Sujets de discussion ou de composition

1. Les enfants d'autrefois grandissaient auprès de leurs parents et passaient souvent le reste de leur vie dans le même quartier ou dans la même ville que les autres membres de leur famille. Quels étaient les avantages et les inconvénients d'une telle situation? Est-ce que tout cela a changé depuis? Si oui, comment et pourquoi?

2. Faites le portrait de votre famille actuelle. Quel est le rôle de chacun des membres? Quelles sont les qualités qui contribuent à l'unité de la famille?

3. Peut-on concevoir une vie de famille intime où chacun des membres conserve pourtant son indépendance? Décrivez une telle situation.

4. Pour qu'il y ait une famille, faut-il qu'il y ait des enfants? Expliquez.

5. Croyez-vous que de nos jours c'est au détriment des enfants que père et mère ont tous deux un travail qui les éloigne *(takes them away)* de la maison? Est-ce que la vie de famille en souffre?

6. A débattre : «La famille n'est plus la base de la société.»

2ème

PARTIE

Modes de vie

Ville et Campagne

Albert Camus

Albert Camus (1913–60) was born of a French father and a Spanish mother in Algeria. This Mediterranean setting served as the backdrop for several of his major works. Camus was a respected journalist, essayist, and playwright. He is perhaps best remembered, however, for his novels: *L'Etranger* (1942), *La Peste* (1947) and *La Chute* (1956) as well as the short stories of *L'Exil et le royaume* (1957).

Camus at first was struck by the disparity between man's noblest aspirations and the disconcerting reality of life. In *L'Etranger,* for instance, the main character, Meursault, illustrates "le sentiment de l'absurde," the feeling of being a stranger in an irrational world, a feeling of profound solitude. Camus' thought evolved, however, from the negative concept of absurdity to a spirit of revolt against it, ultimately stressing not what separates people but rather what they can do collectively to create a viable existence. This is perhaps best illustrated by the character of Doctor Rieux in *La Peste* who, aware of his common bond with others, fights the ravages of the plague with the utmost devotion and altruism. In Camus' outlook, eventual dominance over one's fate remains ever out of reach; there will always be death and suffering. But following closely upon the rejection of an easy optimism and the acceptance of humanity's absurd destiny is the ability to join others in the grand struggle for justice and liberty.

The following excerpt from *L'Etranger* is taken from the novel's second chapter, where Camus describes the activities of Meursault on the very weekend after his mother's funeral. On Saturday Meursault, who lives on the outskirts of Algiers, decides

to go for a swim. There he chances upon Marie Cardona, who used to work in the same office with him. The two spend the day together and in the evening, at Marie's suggestion, they take in a movie, a hilarious French comedy. Later the couple return to Meursault's apartment, where Marie spends the night.

Orientation: Reflexive Verbs

Many French reflexive verbs are reflexive only in form; that is, the reflexive pronoun has lost its meaning and is not translatable. Notice how the following French reflexive verbs in Camus' text are rendered in English.

—**Alors, je me suis retourné dans mon lit.**
   So, I turned over in my bed.
—**Après le déjeuner, je me suis ennuyé un peu.**
   After lunch, I got a bit bored.
—**... je me suis mis au balcon**
   . . . I went and sat on the balcony.
—**... en s'appuyant des deux bras sur le dossier.**
   . . . leaning (with) both arms on the back of the chair.
—**J'ai senti mes yeux se fatiguer.**
   I felt my eyes getting tired.

Translate these other expressions from Camus' text. Observe how, in each instance, a French reflexive verb is rendered by a non-reflexive verb in English.

1. Quand je me suis réveillé...
2. Je me suis aussi lavé les mains.
3. C'est pourquoi ils partaient si tôt et se dépêchaient.
4. Peu après, le ciel s'est assombri.
5. Il (le ciel) s'est découvert peu à peu cependant.
6. ... les rues se sont animées.
7. Les lampes de la rue se sont alors allumées.
8. ... le quartier s'est vidé insensiblement.

Le Dimanche d'un citadin°

Quand je me suis réveillé, Marie était partie. Elle m'avait expliqué qu'elle devait° aller chez sa tante. J'ai pensé que c'était dimanche et cela m'a ennuyé° : je n'aime pas le dimanche. Alors, je me suis retourné dans mon lit, j'ai cherché dans le traversin° l'odeur de sel que les cheveux de Marie y avaient laissée et j'ai dormi

---

le citadin = *personne qui habite une ville* / **devait** was supposed to / **ennuyer** = *vexer* / **le traversin** bolster (long, narrow pillow)

5 jusqu'à dix heures. J'ai fumé ensuite des cigarettes, toujours couché, jusqu'à midi.
Je ne voulais pas déjeuner chez Céleste comme d'habitude parce que, certainement, ils m'auraient posé des questions et je n'aime pas cela. Je me suis fait cuire°
des œufs et je les ai mangés à même le plat°, sans pain parce que je n'en avais plus
et que je ne voulais pas descendre pour en acheter.

10   Après le déjeuner, je me suis ennuyé un peu et j'ai erré° dans l'appartement. Il
était commode° quand maman était là. Maintenant il est trop grand pour moi et
j'ai dû transporter dans ma chambre la table de la salle à manger. Je ne vis plus
que° dans cette pièce, entre les chaises de paille° un peu creusées°, l'armoire° dont
la glace° est jaunie, la table de toilette et le lit de cuivre°. Le reste est à l'abandon°.

15 Un peu plus tard, pour faire quelque chose, j'ai pris un vieux journal et je l'ai lu. J'y
ai découpé° une réclame° et je l'ai collée° dans un vieux cahier où je mets les
choses qui m'amusent dans les journaux. Je me suis aussi lavé les mains et pour
finir je me suis mis au balcon.

     Ma chambre donne sur° la rue principale du faubourg°. L'après-midi était beau.
20 Cependant, le pavé° était gras°, les gens rares et pressés° encore. C'étaient d'abord
des familles allant en promenade, deux petits garçons en costume marin°, la cu-
lotte° au-dessous du genou, un peu empêtrés° dans leurs vêtements raides°, et une
petite fille avec un gros nœud° rose et des souliers noirs vernis°. Derrière eux, une
mère énorme, en robe de soie° marron°, et le père, un petit homme assez frêle que
25 je connais de vue. Il avait un canotier°, un nœud papillon° et une canne à la main.
En le voyant avec sa femme, j'ai compris pourquoi dans le quartier on disait de lui
qu'il était distingué. Un peu plus tard passèrent les jeunes gens du faubourg,
cheveux laqués° et cravate rouge, le veston° très cintré°, avec une pochette° brodée°
et des souliers à bouts carrés°. J'ai pensé qu'ils allaient aux cinémas du centre.
30 C'était pourquoi ils partaient si tôt et se dépêchaient vers le tram en riant très fort.

     Après eux, la rue peu à peu est devenue déserte. Les spectacles étaient partout
commencés, je crois. Il n'y avait plus dans la rue que les boutiquiers° et les chats. Le
ciel était pur mais sans éclat°, au-dessus des ficus° qui bordent la rue. Sur le trottoir
d'en face, le marchand de tabac a sorti une chaise, l'a installée devant sa porte et
35 l'a enfourchée° en s'appuyant des deux bras sur le dossier. Les trams tout à l'heure
bondés° étaient presque vides. Dans le petit café: «Chez Pierrot», à côté du

---

faire cuire = *préparer* / **à même le plat** right from the pan / **errer** = *aller çà et là* / **commode** convenient / **je ne vis plus que** now I only live / **la paille** straw / **creusé** hollowed,
sunken / **l'armoire** *f* wardrobe / **la glace** = *le miroir* / **le cuivre** brass / **à l'abandon** in
a state of neglect / **découper** to cut out / **la réclame** advertisement / **coller** to paste /
donner sur to look out on / **le faubourg** suburb / **le pavé** pavement / **gras** slippery /
pressé in a hurry / **le costume marin** sailor suit / **la culotte** short pants / **empêtré** hampered / **raide** stiff / **le nœud** bow / **souliers noirs vernis** black patent leather shoes / **la
soie** silk / **marron** chestnut-colored / **le canotier** straw hat / **le nœud papillon** bow tie
(lit., butterfly knot) / **laqué** greased / **le veston** jacket / **cintré** tight at the waist / **la
pochette** pocket handkerchief / **brodé** embroidered / **à bouts carrés** with square tips /
le boutiquier shopkeeper / **l'éclat** *m* = *la brillance* / **le ficus** fig tree / **enfourcher** to
straddle / **bondé** = *rempli de monde*

marchand de tabac, le garçon balayait° de la sciure° dans la salle déserte. C'était vraiment dimanche.

J'ai retourné ma chaise et je l'ai placée comme celle du marchand de tabac
40 parce que j'ai trouvé que c'était plus commode. J'ai fumé deux cigarettes, je suis rentré pour prendre un morceau de chocolat et je suis revenu le manger à la fenêtre. Peu après, le ciel s'est assombri et j'ai cru que nous allions avoir un orage° d'été. Il s'est découvert° peu à peu cependant. Mais le passage des nuées° avait laissé sur la rue comme une promesse de pluie qui l'a rendue plus sombre. Je suis
45 resté longtemps à regarder le ciel.

A cinq heures, des tramways sont arrivés dans le bruit. Ils ramenaient du stade° de banlieue des grappes° de spectateurs perchés sur les marchepieds° et les rambardes°. Les tramways suivants ont ramené les joueurs que j'ai reconnus à leurs petites valises. Ils hurlaient° et chantaient à pleins poumons° que leur club ne péri-
50 rait° pas. Plusieurs m'ont fait des signes. L'un m'a même crié: «On les a eus°.» Et j'ai fait: «Oui», en secouant° la tête. A partir de ce moment, les autos ont commencé à affluer°.

La journée a tourné° encore un peu. Au-dessus des toits°, le ciel est devenu rougeâtre et avec le soir naissant°, les rues se sont animées. Les promeneurs reve-
55 naient peu à peu. J'ai reconnu le monsieur distingué au milieu d'autres. Les enfants pleuraient ou se laissaient traîner°. Presque aussitôt, les cinémas du quartier ont déversé° dans la rue un flot de spectateurs. Parmi eux, les jeunes gens avaient des gestes plus décidés° que d'habitude et j'ai pensé qu'ils avaient vu un film d'aventures. Ceux qui revenaient des cinémas de la ville arrivèrent un peu plus
60 tard. Ils semblaient plus graves. Ils riaient encore, mais de temps en temps, ils paraissaient fatigués et songeurs°. Ils sont restés dans la rue, allant et venant sur le trottoir d'en face. Les jeunes filles du quartier, en cheveux°, se tenaient par le bras. Les jeunes gens s'étaient arrangés° pour les croiser° et ils lançaient° des plaisanteries° dont elles riaient en détournant la tête. Plusieurs d'entre elles, que je con-
65 naissais, m'ont fait des signes.

Les lampes de la rue se sont alors allumées brusquement et elles ont fait pâlir les premières étoiles qui montaient dans la nuit. J'ai senti mes yeux se fatiguer à regarder ainsi les trottoirs avec leur chargement° d'hommes et de lumières. Les lampes faisaient luire° le pavé mouillé°, et les tramways, à intervalles réguliers, met-
70 taient leurs reflets sur des cheveux brillants, un sourire ou un bracelet d'argent.

---

balayer to sweep / **la sciure** sawdust / **l'orage** *m* = *la tempête* / **se découvrir** to clear up / **la nuée** cloud / **le stade** stadium / **la grappe** bunch / **le marchepied** step, running board / **la rambarde** hand-rail / **hurler** = *crier* / **à pleins poumons** at the top of their lungs / **périr** to perish / **On les a eus** We beat them / **secouer** = *agiter* / **affluer** = *arriver en grand nombre* / **tourner** = *changer* / **le toit** roof / **naissant** = *qui commençait* / **se laissaient traîner** let themselves be dragged along / **déverser** to pour out / **décidé** = *vigoureux* / **songeur** = *rêveur* / **en cheveux** = *sans chapeau* / **s'arranger** to arrange (to do something) / **croiser** = *rencontrer* / **lancer** = *jeter, envoyer* / **la plaisanterie** joke / **le chargement** load / **luire** = *briller* / **mouillé** wet

Peu après, avec les tramways plus rares et la nuit déjà noire au-dessus des arbres et des lampes, le quartier s'est vidé insensiblement, jusqu'à ce que le premier chat traverse lentement la rue de nouveau° déserte. J'ai pensé alors qu'il fallait dîner. J'avais un peu mal au cou d'être resté longtemps appuyé sur le dos de ma chaise. Je
75 suis descendu acheter du pain et des pâtes°, j'ai fait ma cuisine et j'ai mangé debout. J'ai encore voulu fumer une cigarette à la fenêtre, mais l'air avait fraîchi° et j'ai eu un peu froid. J'ai fermé mes fenêtres et en revenant j'ai vu dans la glace un bout de table où ma lampe à alcool voisinait° avec des morceaux de pain. J'ai pensé que c'était toujours un dimanche de tiré°, que maman était maintenant enterrée°,
80 que j'allais reprendre mon travail et que, somme toute°, il n'y avait rien de changé.

Albert Camus, *L'Etranger* (1942)

Qu'en pensez-vous?

Etes-vous d'accord ou non avec les déclarations suivantes? Justifiez votre réponse.

1. Meursault s'est levé de bonne heure parce qu'il avait beaucoup à faire.
2. Il vit dans une seule pièce bien ordonnée.
3. Meursault se passionne pour les actualités dans le journal.
4. De sa chambre, Meursault peut très bien voir ce qui se passe dans la rue.
5. Il voit d'abord un jeune couple qui se promène.
6. Les jeunes gens qui vont au cinéma sont très chic.
7. Chez le marchand de tabac et dans le petit café d'à côté, les gens sont très pressés.
8. Les joueurs reviennent du stade très tranquilles parce qu'ils ont perdu leur match.
9. Avec le soir naissant, les gens sont revenus dans les rues.
10. Les spectateurs des cinémas du quartier et de ceux de la ville semblent avoir vu le même film.
11. Les jeunes gens et les jeunes filles du quartier sont contents de se retrouver sur les trottoirs.
12. Les yeux de Meursault se fatiguent à regarder toutes les lumières dans la rue.
13. A la fin de la journée Meursault est allé dîner dans un restaurant avec des amis.
14. Meursault s'est beaucoup amusé ce dimanche.

Nouveau Contexte

Complétez le dialogue suivant en choisissant les termes appropriés (employez chaque terme une seule fois). Puis, jouez le dialogue.

Noms : appartement *m*, pièces *f*
Verbes : s'anime, donne sur, m'ennuyer, me mets
Adjectifs : commode, pressés, vide

de nouveau = *encore une fois* / **les pâtes** *f* pasta / **fraîchir** to cool / **voisiner** = *être à côté de* / **toujours un dimanche de tiré** another Sunday shot anyway / **enterré** buried / **somme toute** all in all

—Pierre, il faut que tu viennes voir mon nouvel _____ *1* . J'habite au dixième étage d'un grand immeuble.

—Combien de _____ *2* y a-t-il?

—Quatre, et elles sont immenses, Pierre. En fait, je n'ai pas assez de meubles. Ma salle de séjour, par exemple, est presque _____ *3* .

—Est-ce que l'immeuble est bien situé?

—Il est très _____ *4* , Pierre. Tu connais mon quartier. Il y a toutes sortes de boutiques et de salles de spectacles.

—Oui, tu n'as qu'à ouvrir ta porte et te voilà dans un quartier animé.

—Je ne peux jamais _____ *5* chez moi. J'ai un magnifique balcon qui _____ *6* la grande rue.

—Un balcon! Tu vas rester au balcon?

—Absolument! De mon balcon, je vois un quartier qui _____ *7* tous les soirs vers huit heures, huit heures et demie. D'abord il y a les gens _____ *8* qui se précipitent aux spectacles. Puis, il y a les amoureux qui, eux, ne se dépêchent jamais.

—Et tu ne vas pas sortir pour t'amuser?

—Je _____ *9* au balcon tous les soirs. Ça suffit.

—Tu es un peu fou, mon pauvre Jacques! Toute cette agitation finira par te tuer!

Appréciation du texte

1. Dites comment Meursault a passé son dimanche. Résumez sa journée en dressant une liste de ses activités du matin jusqu'au soir. Quelle est votre impression du dimanche de Meursault?

2. Le style de Camus dans cette œuvre est ambigu. La narration est écrite à la première personne. On s'attendrait donc à une présentation des opinions personnelles du narrateur. Le style, cependant, est remarquable par son objectivité. Il s'agit en fait d'une sorte de reportage, d'une suite de phrases déclaratives où les émotions du narrateur ne se révèlent qu'à peine. En relisant l'extrait, essayez de trouver des phrases qui font connaître les sentiments du narrateur ou, du moins, ses pensées.

Vocabulaire satellite

le **piéton**, la **piétonne** pedestrian
le **conducteur**, la **conductrice** driver
la **foule** crowd
le **clochard** bum
la **circulation intense** heavy traffic
l' **embouteillage** *m* traffic jam
le **vol** robbery
le **quartier** neighborhood
les **taudis** *m* slums
l' **immeuble** *m* apartment building

le, la **locataire** tenant
le, la **propriétaire** landlord, landlady
le **loyer** rent
le **logement** housing
en ville downtown
se déplacer to get around, to travel
garer la voiture to park the car (in a garage)
stationner to park

Pratique de la langue

1. Divisez-vous en groupes de deux et préparez un dialogue entre deux citadins: par exemple, un clochard et un agent de police, un piéton et un chauffeur de taxi, un(e) propriétaire et un(e) locataire, un vendeur et un client, un ouvrier et un patron, un banquier et un chômeur, etc.

2. Imaginez que vous êtes une des personnes suivantes et que vous allez passer la journée en ville. Décrivez votre journée.
    a. un étudiant
    b. un(e) millionnaire
    c. un(e) touriste
    d. un(e) criminel(le)
    e. une assistante sociale
    f. un(e) célibataire
    g. un(e) banlieusard(e) *(suburbanite)*

3. On résume souvent la vie de la ville par la formule «métro, boulot *(work)*, dodo *(sleep)*.» Cette formule est-elle juste? Pourquoi ou pourquoi pas?

4. Décrivez, pour les autres étudiants, votre ville favorite. Essayez de leur faire apprécier les beautés de cette ville et de leur dire pourquoi elle vous plaît.

5. Qu'est-ce que le dimanche représente pour vous? Est-ce que, comme Meursault, vous n'aimez pas le dimanche ou est-ce que le dimanche est pour vous un jour agréable? Que faites-vous ce jour-là?

Pierre de Ronsard

Pierre de Ronsard (1524–85) remains the best known poet of the French Renaissance[L], a literary movement which in French dominated the second half of the sixteenth century. Ronsard was the head of a school of poets known collectively as the *Pléiade*. Their aim was to give a rebirth *(renaissance)* to French letters after what they judged to be the inadequacies of the Middle Ages. They sought to illustrate the great potential of the French language, which they now deemed sufficiently emancipated from Latin to permit the creation of substantial literary masterpieces in the vernacular. Dante, Petrarch, and Boccaccio had just accomplished that feat in Italian, and Ronsard and his associates believed that the French language was likewise ready to produce its own series of outstanding works.

The writers of the French Renaissance were extremely harsh—indeed unjust—in their judgment of medieval literature. They chose to disregard what had already been written in France and turn instead to antiquity for models of literary perfection. They were determined to practice in French most of the literary genres which the ancient Greek and Latin writers had developed. The trick was to create, through original imitation, great French odes, elegies, hymns, satires, comedies, tragedies, and epics. As the

PIERRE RONSARD.
Prince des Poëtes François, du 16.e Siecle.
Né en Vendomois le 11 Sept. 1524. Mort en Touraine le 27 Dec. 1585.

The Granger Collection

complete man of letters of the Renaissance, Ronsard sought to express himself in as many different literary genres as possible, failing rather resoundingly as an epic poet (his attempt at the great French epic was never completed) but succeeding remarkably in such varied poetic genres as the ode and the elegy, and that newest poetic form which had just recently evolved from Italian poetry, the sonnet. Ronsard fancied himself the poet laureate of France and often wrote semi-official poetry (*Hymnes* and, especially, *Discours*) claiming to represent the views and feelings of the French royalty and the French people. His best poetry, however—that part of his work which retains its vitality even today, more than four hundred years after it was written—is his lyric poems, those shorter works in which he speaks unaffectedly, directly, naturally. Such a poem is the following ode[L] which he wrote in 1553 for Cassandra, a young Italian girl who had caught his fancy. The poet uses the simple, rustic charms of nature to illustrate the age-old theme of the destructiveness of time and the need to make the most of the present day.

Orientation: The Ode

The ode is a poetic form that originated with the ancient Greeks and was introduced in France at the time of the Renaissance, as the poets of the Pléiade turned to Greece and Rome for models of artistic perfection. Originally the ode was meant to be sung, or at least recited to musical accompaniment. It was a lyric poem, usually addressed to some person or thing, and characterized by lofty feeling, elaborate form, and dignified style. Two major influences on Ronsard's odes were the Greek Pindar, who in his poems had celebrated the victorious athletes of his country, and the Roman Horace, who inspired two of Ronsard's favorite themes, the flight of time *(tempus fugit)* and the subsequent necessity to make the most of the present day *(carpe diem)*.

Odes need not always be elaborate; they can sometimes be simple in form and style, as is shown by the following poem. The Horatian influence is evident as Ronsard, in an intimate tone, uses the example of the fleeting beauty of a rose to impress upon Cassandra the fact that she too will one day lose her fairness and must therefore seize the present day.

A sa maîtresse°

Mignonne°, allons voir si la rose
Qui ce matin avait déclose°
Sa robe de pourpre° au soleil,
A point° perdu, cette vêprée°,
5 Les plis° de sa robe pourprée
Et son teint° au vôtre pareil°.

Las°! voyez comme en peu d'espace°,
Mignonne, elle a dessus la place°,
Las, las! ses beautés laissé choir°;
10 O vraiment marâtre° Nature,
Puisqu'une telle fleur ne dure
Que du matin jusques° au soir!

Donc°, si vous me croyez, mignonne,
15 Tandis que° votre âge fleuronne°
En sa plus verte nouveauté,
Cueillez°, cueillez votre jeunesse:
Comme à cette fleur, la vieillesse
Fera ternir° votre beauté.

Pierre de Ronsard, *Amours* (1553)

---

sa maîtresse = *sa bien-aimée* / **mignon(-ne)** darling, sweetheart / **déclose** *(archaïque)* = *ouvert* / **le pourpre** = *rouge foncé* (crimson) / **a point perdu** = *n'a pas perdu* / **cette vêprée** *(archaïque)* = *ce soir* / **le pli** fold / **le teint** = *la couleur du visage* / **pareil** = *semblable* / **Las!** = *Hélas!* / **espace** = *temps* / **dessus la place** = *sur place* (on the spot) / **a laissé choir** = *a laissé tomber* / **marâtre** = *mauvaise mère* / **jusques** = *jusque* / **Donc** = *par conséquent* / **tandis que** = *pendant que* / **fleuronner** *(archaïque)* to flower / **cueillir** to pluck / **ternir** to fade, tarnish

Qu'en pensez-vous?

Etes-vous d'accord ou non avec les déclarations suivantes? Justifiez votre réponse.

1. Le poète invite sa bien-aimée à aller observer une rose magnifique.
2. Ce matin même *(very)*, les pétales de la rose étaient fermés.
3. La rose est jaune foncé *(deep)*.
4. La transformation de la rose a été rapide.
5. La rose, ce soir, n'est plus belle.
6. Le poète blâme la nature.
7. Le poète se sert de l'exemple de la rose pour inciter sa maîtresse à profiter de la vie et à lui manifester son amour.
8. Le poète pense qu'avec le temps son amie va devenir de plus en plus jolie.
9. Ce poème est optimiste et montre que chaque âge de la vie a ses plaisirs.
10. En lisant ce poème, la jeune fille comprendra que la vie est longue et que leur amour durera éternellement.

Nouveau Contexte

Complétez le dialogue suivant en choisissant les termes appropriés (employez chaque terme une seule fois). Puis, jouez le dialogue.

Noms : jeunesse *f,* pourpre *m,* teint *m*
Verbes : crois, ai cueilli, dure, perdent
Adjectifs : pareil, telle, ternie

—Maman, où est le bouquet de roses que j' _____ *1* hier matin?
—Il est toujours là, Nathalie. Tu ne le vois pas?
—Je vois un bouquet de fleurs dont la beauté est _____ *2* .
—Tu sais, Nathalie, les roses _____ *3* très vite leurs pétales.
—Mais ce n'est pas possible, maman. Mes fleurs à moi étaient d'une couleur extraordinaire, d'un _____ *4* splendide.
—Hé oui, mais la beauté d'une rose ne _____ *5* pas longtemps.
—C'est vraiment dommage. Une fleur d'une _____ *6* beauté devrait vivre éternellement, n'est-ce pas, maman?
—C'est _____ *7* pour nous, ma fille.
—Comment ça?
—Aujourd'hui, tu es d'une _____ *8* resplendissante. Tu as le _____ *9* frais. Tu es, comme on dit, à la fleur de l'âge.
—Et j'aimerais bien que les choses restent ainsi!
—Ce n'est pas possible, ma fille; _____ *10*-moi, ce n'est pas possible...

Appréciation du texte

1. Le poète compare la beauté de la jeune fille à celle de la rose. Remarquez comment, dans la première strophe, pour parler de la rose, il emploie des termes qui normalement se rapportent à une jeune fille. Et, dans la troisième strophe, pour parler de la jeune fille, il emploie des termes qui se rapportent à une fleur. Dressez les deux listes de termes.

2. Ce poème peut être considéré comme un petit drame en trois actes. Quelles sont, d'après vous, les trois parties de ce récit?

3. Faites une lecture du poème à haute voix. Faites bien attention de respecter le rythme de chaque vers en tenant compte du nombre de syllabes.

4. Appréciez le mélange de tons dans cette ode[L] :
    a. *exhortation.* Ronsard veut exhorter son amie à profiter de sa jeunesse. Quelle sorte de mots dans le poème expriment cette exhortation?
    b. *intimité.* Comment cette intimité se manifeste-t-elle? Quel mot, par exemple, est répété dans les trois strophes?
    c. *déception ou regret.* Comment Ronsard exprime-t-il sa déception ou son regret en observant la rose dans la deuxième strophe? Quel mot est utilisé plus d'une fois?
    d. *colère.* Dans la deuxième strophe, par quelle expression le poète communique-t-il sa colère?
    e. Expliquez, finalement, comment Ronsard établit tout de suite le ton dominant de chaque strophe par le premier mot qu'il emploie.

Vocabulaire satellite

le **champ** field	**nerveux, -euse** nervous
le **bois** wood	**insouciant** carefree
la **plage** beach	**avoir le cafard** to have the blues
au bord de la mer at the seashore	**avoir des ennuis, des soucis (familiaux, financiers, de santé)** to have (family, money, health) problems
la **tranquillité** peace, quiet	
l' **agitation** *f* disturbance, trouble	
tendu tense	**oublier ses ennuis, ses soucis** to forget one's problems
détendu relaxed	
inquiet, inquiète worried	**se reposer** to rest
tranquille undisturbed	**se décontracter** to relax
à l'aise comfortable	**réfléchir** to reflect, to think
mal à l'aise uneasy	

Pratique de la langue

1. Presque tout le monde a un endroit favori, un refuge où l'on aime se rendre lorsqu'on veut s'éloigner de la réalité quotidienne. Décrivez votre endroit préféré réel ou imaginaire et ce qui en fait le charme.

2. Ecrivez et présentez à la classe un poème original sur un endroit qui vous est cher.

3. Deux jeunes filles (ou deux jeunes gens, ou une femme et son mari, ou un groupe d'amis) sont en train de préparer leurs prochaines vacances. Les uns voudraient les passer à la ville tandis que les autres préféreraient se rendre à la campagne. Un groupe essaie de convaincre l'autre. Présentez les différents arguments sous forme de dialogue.

4. Où se rend-on le plus compte de la fuite du temps, en ville ou à la campagne? Donnez des exemples.

Arthur Rimbaud

Arthur Rimbaud (1854–91) was a child prodigy who wrote nearly all of his poetry while yet in his teens. His literary production encompasses roughly five years from 1869 to 1874.

From the very beginning, Rimbaud revolted against authority and spoke out against society and its constraints. He determined not to conform, refusing for instance to take the *baccalauréat,* the traditional entrance exam to the university. Instead he dreamed of embarking on a mission to discover an unknown world in his own way through his own revolutionary vision.

In 1871, at the urging of a friend, Rimbaud wrote to the poet Paul Verlaine and, not long thereafter, was invited by Verlaine to come to Paris. For the next year and a half the two poets shared a stormy but intense relationship in Paris as well as in Brussels and London. Rimbaud embarked upon a systematic attempt to become a visionary by deliberately inducing delirium in every conceivable manner, including alcohol, drugs, pain, and erotic passion. The experiment ended in Brussels when Verlaine, in a drunken stupor, wounded his traveling companion with a revolver.

Rimbaud described the bitter disappointments of this odyssey in his work, *Une Saison en enfer* (1873), in which he denounced his own nihilistic outlook and expressed disgust

The Granger Collection

at the degrading abuses to which he had subjected himself. Upon publication of this work, Rimbaud's literary career came to a virtual end. In subsequent years Rimbaud pursued a variety of occupations (tutor, soldier, quarryman, coffee buyer, gun sales-man) in a number of European and African countries. He died in Marseilles in 1891 at the age of thirty-seven.

Rimbaud has exerted a very important influence on French poetry, in both form and content. Taking the symbolism of Baudelaire yet a step further, he conceived a new po-etic language by creating bold and very unusual imagery. At the same time, in his ex-ploration of the unconscious he broke new ground that would be worked so fruitfully by the surrealists[L] from the 1920s onward.

The following poem depicts a quiet, peaceful country scene, an ideal refuge from the din of the city and hubbub of daily living. At its conclusion, however, man's bel-ligerence intrudes, destroying the pastoral serenity by bringing discord.

Orientation: The Sonnet

Rimbaud's poem, *Le Dormeur du val,* is a sonnet[L], i.e., a fourteen-line fixed form consist-ing of two quatrains followed by two tercets. The sonnet originated in Italy and was in-troduced in France by the poets of the *Pléiade,* particularly Du Bellay and Ronsard, who adopted the form developed by the fourteenth-century Italian poet, Petrarch.

Despite the restrictions imposed by its limited, fixed form, the sonnet has proven ca-pable of conveying all themes and expressing the full range of human emotion. Many poets attach special importance to the final verse, which is often used to enlighten the central theme or accentuate the principal emotion. The sonnet has retained its popu-larity through the ages, with the exception of the French Romantics who made the least use of it.

Rimbaud's *Le Dormeur du val* is an excellent example of how creative and innovative a poet can be within the confines of the sonnet. The theme of the poem is never stated outright but rather is merely suggested in clear, forceful images, as poetry alone is ca-pable of doing. Notice in particular the effectiveness of the final verse, which explains all of the previous verses and gives the sonnet its total impact.

Le Dormeur du val°

C'est un trou° de verdure° où chante une rivière
Accrochant° follement aux herbes° des haillons°
D'argent°; où le soleil, de la montagne fière°,
Luit° : c'est un petit val qui mousse° de rayons°.

---

le val = *vallée* / **le trou** = *cavité (ici, une vallée)* / **de verdure** = *avec des plantes et des arbres verts* / **accrocher** to hang / **l'herbe** *f* grass / **le haillon** rag / **l'argent** *m* silver / **fier** proud / **luire** = *briller* / **mousser** to foam / **le rayon** = *rai (de lumière)*

5 Un soldat jeune, bouche ouverte, tête nue,
  Et la nuque° baignant° dans le frais° cresson° bleu,
  Dort; il est étendu° dans l'herbe, sous la nue°,
  Pâle dans son lit vert où la lumière pleut.

  Les pieds dans les glaïeuls°, il dort. Souriant comme
10 Sourirait un enfant malade, il fait un somme°:
   Nature, berce°-le chaudement; il a froid.

   Les parfums ne font pas frissonner° sa narine°;
   Il dort dans le soleil, la main sur sa poitrine°
   Tranquille. Il a deux trous rouges au côté° droit.

Arthur Rimbaud (1870)

Qu'en pensez-vous?

Etes-vous d'accord ou non avec les déclarations suivantes? Justifiez votre réponse.

1. Le mouvement de la rivière se reflète dans l'herbe.
2. Les couleurs principales de la scène sont le blanc et le noir.
3. Les rayons du soleil illuminent le petit val.
4. Un jeune paysan dort dans l'herbe.
5. Sa nuque baigne dans l'eau de la rivière.
6. Le jeune homme est couché sur le sable au bord de l'eau.
7. Il sourit pendant qu'il dort.
8. Les fleurs autour de lui exhalent un doux parfum.
9. Le jeune homme a chaud parce qu'il dort au soleil.
10. Son sommeil est troublé par de mauvais rêves.
11. Il va se réveiller bientôt.

Nouveau Contexte

Complétez le dialogue suivant en choisissant les termes appropriés (employez chaque terme une seule fois). Puis, jouez le dialogue.

Noms : côté *m,* poitrine *f*
Verbes : berçaient, faisant un somme, frissonnais, souriais
Adjectifs : étendu, frais

PSYCHIATRE : Quelle est, à votre avis, la meilleure époque de la vie?
CLIENT : Indubitablement, c'est l'enfance.

---

la nuque nape (back of the neck) / **baigner** to soak / **frais** = *un peu froid* / **le cresson** watercress / **étendu** stretched out / **sous la nue** = *sous les nuages* / **le glaïeul** gladiolus / **faire un somme** to take a nap / **bercer** to rock, to cradle / **frissonner** = *trembler légèrement* / **la narine** nostril / **la poitrine** breast, chest / **le côté** side

PSYCHIATRE : Vous en avez de bons souvenirs?

CLIENT :   Ils sont encore tout _____ *1* dans mon esprit.

PSYCHIATRE : Par exemple?

CLIENT :   Par exemple, je me vois petit bébé insouciant, _____ *2* sur le lit de mes parents.

PSYCHIATRE : C'est là que vous vous reposiez en _____ *3* tous les jours?

CLIENT :   Oui, je dormais sur le dos ou sur le _____ *4* , bien tranquille dans la chambre de mes parents.

PSYCHIATRE : Vous étiez vraiment à l'aise?

CLIENT :   Tout à fait. Je _____ *5* tout le temps puisque je n'avais aucune inquiétude.

PSYCHIATRE : Est-ce que vos parents vous _____ *6* de temps en temps?

CLIENT :   Oui, pour me réconforter. Ils me protégeaient contre tout. Si, par exemple, je _____ *7* un peu, ma mère savait tout de suite que j'avais froid. Elle me prenait alors dans ses bras et me tenait contre sa _____ *8* pour me réchauffer.

PSYCHIATRE : Très intéressant... très intéressant...

Appréciation du texte

1. Comment comprenez-vous la dernière phrase du poème? La découverte du soldat aurait-elle été moins horrible s'il avait été plus âgé et s'il s'était trouvé dans un décor moins sublime? Pourquoi le dénouement est-il une surprise? Y a-t-il cependant des mots ou des détails qui annoncent ce dénouement? Lesquels?

2. Questions sur la forme du poème : Comment définissez-vous un sonnet[L]? Combien de syllabes y a-t-il dans chaque vers de ce poème de Rimbaud (cf. le poème de Victor Hugo, p. 51)? Quelle est la disposition de la rime dans les deux premières strophes (i.e., aabb? abba? abab?)?

3. Avez-vous remarqué l'allitération[L] du vers 12? En quoi consiste-t-elle? Quelles consonnes sont répétées? Quel est l'effet de cette allitération?

4. Résumez en vos propres mots la scène qui est décrite dans la première strophe du poème. Expliquez ce qui se passe.

Vocabulaire satellite

le, la **campagnard(e)**   country dweller
le **paysan,** la **paysanne**   farmer
le **champ**   field
la **terre**   earth
la **colline**   hill
  se détendre   to relax
  se baigner   to go swimming
  se promener   to stroll

  se perdre   to get lost
les **mœurs simples** *f*   simple customs, simple way of life
la **santé**   health
l' **ennui** *m*   boredom
le **loisir**   leisure
le **train de vie**   way of life, life style

Pratique de la langue

1. Faites un sondage d'opinion *(opinion poll)* parmi les étudiants :
   a. Demandez-leur s'ils aiment mieux habiter la ville ou la campagne.
   b. Demandez-leur de préciser pourquoi ils préfèrent l'une ou l'autre.
   c. Ecrivez au tableau les raisons de leur choix.
2. Préparez pour la classe un des dialogues suivants :
   a. un citadin et un paysan perdu en ville
   b. un fermier et son cousin de la ville, venu passer ses vacances à la ferme
   c. une paysanne et une actrice dont l'auto est tombée en panne *(broke down)* sur un chemin de campagne.
3. Ecrivez un petit poème au sujet de la nature et lisez-le aux autres membres de la classe. Si vous préférez ne pas compter les syllabes ou ne pas employer de rimes, vous pouvez écrire des vers libres *(free verse)*.
4. Quel rôle la nature joue-t-elle dans votre vie? Y pensez-vous souvent, quelquefois, jamais?
5. A débattre : «Malgré tout ce qu'on dit, la vie campagnarde finit par rendre les gens étroits d'esprit *(narrow-minded),* naïfs, ignorants, et abrutis *(slow-witted).*»
6. Faites une lecture à haute voix du poème de Rimbaud, *Le Dormeur du val.*

Sujets de discussion ou de composition

1. Jean-Jacques Rousseau (1712–78) a longtemps conseillé le retour à la nature, la fuite des villes malsaines. Selon lui, les villes nous corrompent *(corrupt),* tandis que la nature nous rend sains et vertueux. Etes-vous d'accord avec lui? Croyez-vous qu'il soit plus facile d'être bon à la campagne qu'en ville? Donnez les raisons de votre choix.
2. La vie de banlieue offre-t-elle un compromis acceptable : animation de la ville, charme de la campagne? Ou est-ce qu'elle représente un mode de vie effroyable, conformiste et bourgeois? Commentez.
3. Est-ce que le temps qu'il fait affecte votre humeur? Expliquez.
4. Comparez «A sa maîtresse» et «Le Dormeur du val.» Quelles ressemblances voyez-vous entre les deux poèmes? Quel est le rôle de la nature dans chaque œuvre? Est-ce que les deux thèmes sont semblables?

5

Les Classes sociales

Jacques Prévert

Jacques Prévert (1900–77) is one of the most widely known contemporary French poets. His works are savored by the general public as well as by students of literature. Prévert was nurtured in surrealism[L], which fostered his spirit of revolt and his ability to utilize linguistic resources for maximum effect.

Prévert's style strikes the reader as unique, yet natural. The simplicity of form and the frequent touches of humor complement the poet's extraordinary fantasy. Prévert does not hesitate to fabricate new words, to play on others, to use alliteration, to exploit colloquial terms, to knowingly introduce disorder to attract attention. He often questions clichés, wondering out loud how a word and its object were ever associated in the first place. One of his most effective devices—and one that betrays a surrealist influence—is the inventory or lengthy enumeration that lists unconnected items, leaving the reader free to make his own associations according to the mere juxtaposition of terms.

Prévert's themes, expressed at times violently and at times with irony, are illustrated through realistic scenes from everyday life. The following poem is an outstanding example.

Orientation: Free Verse

At first glance, Prévert's *La Grasse Matinée* is not a tightly structured poem. It does not present the fixed form, say, of a sonnet, nor are the verses even ordered in discernible, predictable stanzas. The rhythmic pattern, such as it is, offers many variations, and the rhyme scheme is, to say the least, loose. Prévert is expressing himself in free verse.

The main advantage of this poetic form is that it involves readers more actively in the poet's creative process. They are forced to read more carefully and elucidate the poem themselves. At times, they may perceive several possible interpretations of a single verse since they do not have the benefit of the usual punctuation signals. The poem's suggestive powers are thus significantly enhanced.

As you read *La Grasse Matinée,* try to insert your own punctuation marks—periods, commas, colons, semicolons, quotation marks, exclamation points—to indicate your personal rendition of the poem.

La Grasse Matinée°

Il est terrible
le petit bruit de l'œuf dur cassé° sur un comptoir d'étain°

faire la grasse matinée to sleep late. The poet is playing on the word *gras* (fat). Is this really a "fat" morning for the protagonist? / **cassé** cracked / **le comptoir d'étain** tin countertop

il est terrible ce bruit
quand il remue° dans la mémoire de l'homme qui a faim
5 elle est terrible aussi la tête de l'homme
la tête de l'homme qui a faim
quand il se regarde à six heures du matin
dans la glace° du grand magasin
un être° couleur de poussière°
10 ce n'est pas sa tête pourtant° qu'il regarde
dans la vitrine° de chez Potin°
il s'en fout° de sa tête l'homme
il n'y pense pas
il songe°
15 il imagine une autre tête
une tête de veau° par exemple
avec une sauce de vinaigre
ou une tête de n'importe quoi° qui se mange
et il remue doucement la mâchoire°
20 doucement
et il grince des dents° doucement
car° le monde se paye sa tête°
et il ne peut rien contre ce monde
et il compte sur ses doigts un deux trois
25 un deux trois
cela fait trois jours qu'il n'a pas mangé
et il a beau se répéter° depuis trois jours
ça ne peut pas durer
ça dure
30 trois jours
trois nuits
sans manger
et derrière ces vitres°
ces pâtés° ces bouteilles ces conserves°
35 poissons morts protégés par les boîtes°
boîtes protégées par les vitres
vitres protégées par les flics°

---

remuer to stir / **la glace** plate glass / **l'être** *m* being / **la poussière** dust / **pourtant** however / **la vitrine** store window / **Potin** name of a chain of grocery stores (Félix Potin) / **il s'en fout** *(vulgaire)* he couldn't care less / **songer** = *rêver, penser* / **le veau** veal *(La tête de veau avec une sauce vinaigrette est un plat populaire en France.)* / **n'importe quoi** anything at all / **la mâchoire** jaw / **grincer des dents** to grit one's teeth / **car** = *parce que* / **se payer la tête de quelqu'un** = *se moquer de lui* / **il a beau se répéter** = *il se répète en vain* / **la vitre** pane of glass / **le pâté** meat pie / **les conserves** *f* canned goods / **la boîte** tin can / **le flic** *(argot)* cop

flics protégés par la crainte°
que de barricades° pour six malheureuses sardines...
40 Un peu plus loin le bistro
café-crème° et croissants chauds
l'homme titube°
et dans l'intérieur de sa tête
un brouillard° de mots
45 un brouillard de mots
sardines à manger
œuf dur café-crème
café arrosé° rhum
café-crème
50 café-crème
café-crime arrosé sang°!...
Un homme très estimé dans son quartier
a été égorgé° en plein jour°
l'assassin le vagabond lui a volé°
55 deux francs
soit° un café arrosé
zéro franc soixante-dix°
deux tartines beurrées°
et vingt-cinq centimes pour le pourboire° du garçon°.
60 Il est terrible
le petit bruit de l'œuf dur cassé sur un comptoir d'étain
il est terrible ce bruit
quand il remue dans la mémoire de l'homme qui a faim.

Jacques Prévert, *Paroles* (1946)

Qu'en pensez-vous?

Etes-vous d'accord ou non avec les déclarations suivantes? Justifiez votre réponse.

1. L'homme qui a faim se rappelle le goût des œufs durs en entendant le bruit d'un oeuf qu'on casse.
2. L'homme se regarde dans la glace de la salle de bains à six heures du matin.
3. Quand il se regarde dans la vitrine de chez Potin, il imagine quelque chose de bon à manger.

la crainte = *la peur* / **que de barricades** what a great number of barricades / **le café-crème** = *café avec de la crème ou du lait* / **tituber** to stagger / **le brouillard** mist, fog / **arrosé** laced with / **le sang** blood / **a été égorgé** had his throat cut / **en plein jour** in broad daylight / **voler** (à) to steal (from) / **soit** that is / **zéro franc soixante-dix** = *zéro franc soixante-dix centimes* / **tartines beurrées** slices of buttered bread / **le pourboire** tip / **le garçon** waiter

4. L'homme compte sur ses doigts le nombre de repas qu'il va prendre aujourd'hui.
5. Les sardines dans le magasin sont bien protégées.
6. Devant le bistro l'homme pense à son petit déjeuner.
7. Parce qu'il a faim, il se met à délirer.
8. On a tué un homme en plein jour pour le voler.
9. La somme volée était importante.
10. Il est terrible, le petit bruit de l'œuf dur cassé sur un comptoir d'étain.

Nouveau Contexte

Complétez le dialogue suivant en employant les termes appropriés (employez chaque terme une seule fois). Puis, jouez le dialogue.

Noms : brouillard *m*, bruit *m*, crainte *f*, pourboire *m*
Verbes : ai eu beau, faire la grasse matinée, n'ai pas remué
Adjectif : arrosé

(Deux camarades de chambre)
—Ah! Ce que j'ai bien dormi! J'adore _____₁ le samedi.
—Je crois bien. Tu dormais encore profondément à onze heures! J'ai essayé de faire du _____₂ pour te réveiller. J' _____₃ augmenter le volume de la radio. Rien n'a marché!
—Je pense que je n'ai pas bougé de la nuit. Je _____₄ le petit doigt!
—As-tu l'esprit clair cet après-midi ou as-tu un petit _____₅ devant les yeux?
—Non, non, je me sens bien. Sois sans _____₆. Je me suis bien reposé.
—Et alors, tu veux un café?
—Oui, je veux bien.
—Un café _____₇ peut-être?
—Non, non, non! Tu me sers un café noir, s'il te plaît.
—D'accord, mon ami. Mais n'oublie pas mon _____₈ ; le service n'est pas compris!

Appréciation du texte

1. Une fable est un récit en vers ou en prose, destiné à illustrer un précepte, une morale. Peut-on considérer ce poème comme une espèce de fable? Où se trouve la morale dans ce poème? Enoncez cette morale avec vos propres mots.
2. Avez-vous l'impression que le poète est pour ou contre l'homme qui apparaît dans ce récit? Enumérez toutes les expressions dans le poème qui indiquent la sympathie de l'auteur pour son personnage ou son hostilité envers lui.
3. Expliquez l'emploi du mot *barricades* (vers 39) et montrez comment l'énumération des éléments dans les vers 34–39 et la répétition de la même structure nous préparent à cette hyperbole[L]. Contre qui ou contre quoi est-ce que tous ces éléments sont protégés? Pourquoi les sardines sont-elles malheureuses? Pourquoi le poète a-t-il choisi ce poisson plutôt qu'un autre? Quel est l'effet de tous les pluriels dans les vers 34–40?

Vocabulaire satellite

le, la **clochard(e)**   street person

la **classe ouvrière**   working class

l' **ouvrier,** l' **ouvrière**   blue-collar worker

l' **employé(e)**   white-collar worker

les **ressources** *f*   resources

le **chômeur,** la **chômeuse**   unemployed person

la **nourriture**   nourishment, food

le **logement**   lodgings, housing

sans argent   penniless

affamé   famished

avoir faim, soif   to be hungry, thirsty

n'avoir rien à manger   to have nothing to eat

avoir une faim de loup   to be ravenously hungry (lit., to have a wolf's hunger)

manquer de   to lack

mourir de faim   to starve

améliorer son sort   to improve one's fate

chercher du travail   to look for work

être au chômage   to be unemployed

nourrir   to nourish, to feed

loger   to lodge, to house

joindre les deux bouts   to make ends meet

tirer le diable par la queue   to be hard up

Pratique de la langue

1. Avec un(e) autre étudiant(e), écrivez et présentez devant la classe un dialogue entre un(e) clochard(e) et :
   a. un agent de police
   b. une petite fille
   c. un homme d'affaires
   d. un(e) étudiant(e)
   e. un(e) autre clochard(e).

2. A débattre : Ce n'est pas l'Etat qui doit s'occuper des clochards. Il vaut mieux laisser ce travail au secteur privé.

3. Faites le procès *(trial)* du vagabond dans le poème de Prévert. Un(e) étudiant(e) présentera les arguments du procureur *(prosecutor)* tandis qu'un(e) autre étudiant(e) représentera l'avocat(e) de la défense. Les autres étudiants seront les membres du jury. En annonçant le verdict de culpabilité ou d'acquittement, chacun(e) citera les raisons de son choix.

4. A débattre : Les vagabonds de nos villes ne sont pas des victimes de la société. La plupart ont décidé de leur propre sort et pourraient l'améliorer s'ils le voulaient.

5. Ecrivez votre propre poème sur une personne rejetée par la société (clochard, criminel, alcoolique, pauvre, etc.).

6. Lisez à haute voix, pour les autres membres de la classe, le poème de Prévert, *La Grasse Matinée*.

Emile Zola

Emile Zola (1840–1902), the major proponent and practitioner of naturalism[L] in France, was much impressed and much influenced by the scientific spirit of the second half of the nineteenth century. He set out to create a new literary genre, the *roman expérimental* (experimental novel), in which the writer would apply to his work the methods of clinical observation and scientific experimentation. Through his characters he wished to study "les tempéraments et les modifications profondes de l'organisme sous la pression des milieux et des circonstances."

Like Balzac in *La Comédie humaine,* Zola undertook a systematic study of human nature through a lengthy series of novels entitled *Les Rougon-Macquart : Histoire naturelle et sociale d'une famille sous le Second Empire.* From 1871 to 1893, in a realistic and occasionally crude style, he pursued through five generations the destiny of the Rougon side of the family with its history of mental disorders, and the Macquart side in its struggles with alcoholism. His novel *L'Assommoir* (1877), portraying the ravages of alcohol in a working-class family, was the first to attract widespread attention. His acknowledged masterpiece in the series, *Germinal* (1885), described in a powerful, epic manner the miserable life of coal miners who are forced to strike against their employers to improve their lot.

Zola became so engrossed in social reform that he was eventually won over to socialism. The celebrated Dreyfus case allowed him to play an active role in the affairs of the nation. In support of the French army captain unjustly accused of treason, Zola published his famous tract, *J'accuse* (1892), for which he was assessed a heavy fine and sentenced to a year in prison—a judgment that he escaped through a brief exile in England. His campaign on behalf of Dreyfus was successful: in the end, the officer was vindicated.

In his short story, *Les Epaules de la marquise,* Zola describes a day in the life of a marquise. The story contains a strong note of social commentary, as the narrator attempts to analyze the character's motivations.

Orientation: Perceiving Tone

A work of fiction must be read differently than an essay. Novelists do not usually convey their thought as directly as essayists, who tend to introduce arguments and express themselves factually, often in a series of declarative sentences. Writers of fiction, on the other hand, generally describe settings and narrate story lines. Many deliberately remove themselves from their work, seeking to produce as objective a presentation as possible. Nevertheless, in representing characters and situations in one way rather than another, writers make choices, choices that do have an effect on the reader's interpretation of the text.

In much of his work, Zola had definite aspirations to scientific objectivity. Most critics agree, however, that, in *Les Epaules de la marquise,* Zola is making a social statement.

His ideas and sentiments are not revealed in direct affirmations but rather in the tone of his narration. The story is told from the marquise's point of view. Readers might expect then to be sympathetic to the marquise. But her actions and words are presented by Zola in such a way that they achieve the opposite effect from what the marquise intends. It is essential that readers be aware of this use of irony[L] by Zola. Otherwise, given the paradoxical nature of this figure of speech, they may come away with a characterization that is exactly the opposite of what Zola intended.

As you read *Les Epaules de la marquise*, be alert to the author's description of the marquise. What elements has Zola chosen to emphasize? In what light does he present the marquise? What does she consider important? Does he contrast her to any other character? With what effect? Examine his selection of words and phrasing. Look also for any authorial intrusions in the text or any paragraphs where the narrator is interpreting the marquise's thoughts or actions. Are these to be taken at face value?

Les Epaules° de la marquise

La marquise dort dans son grand lit, sous les larges rideaux° de satin jaune. A midi, au timbre° clair de la pendule°, elle se décide à ouvrir les yeux.

La chambre est tiède°. Les tapis°, les draperies des portes et des fenêtres, en font un nid moelleux°, où le froid n'entre pas. Des chaleurs°, des parfums° traînent°.
5 Là, règne l'éternel printemps.

Et, dès qu'elle est bien éveillée°, la marquise semble prise d'une anxiété subite°. Elle rejette les couvertures, elle sonne° Julie.

—Madame a sonné?

—Dites, est-ce qu'il dégèle°?
10 Oh! bonne marquise! Comme elle a fait cette question d'une voix émue°! Sa première pensée est pour ce froid terrible, ce vent du nord qu'elle ne sent pas, mais qui doit souffler° si cruellement dans les taudis° des pauvres gens. Et elle demande si le ciel° a fait grâce°, si elle peut avoir chaud sans remords, sans songer° à tous ceux qui grelottent°.
15 —Est-ce qu'il dégèle, Julie?

La femme de chambre lui offre le peignoir du matin, qu'elle vient de faire chauffer° devant un grand feu.

—Oh! non, madame, il ne dégèle pas. Il gèle° plus fort, au contraire... On vient de trouver un homme mort de froid sur un omnibus.

---

l'épaule *f* shoulder / **le rideau** curtain / **le timbre** = *le son* / **la pendule** clock / **tiède** lukewarm / **le tapis** carpet / **un nid moelleux** a soft nest / **la chaleur** warmth / **le parfum** = *odeur agréable* / **traîner** to linger / **éveillé** awake / **subit** = *soudain* / **sonner** to ring for / **dégeler** to thaw / **ému** = *plein d'émotion* / **souffler** to blow / **le taudis** hovel, shack / **le ciel** heaven / **faire grâce** to show mercy / **songer à** = *penser à* / **grelotter** = *trembler de froid* / **faire chauffer** to warm / **geler** to freeze

20   La marquise est prise d'une joie d'enfant; elle tape ses mains l'une contre l'autre, en criant :

—Ah! tant mieux°! j'irai patiner° cette après-midi.

Julie tire les rideaux, doucement, pour qu'une clarté brusque ne blesse° pas la vue° tendre de la délicieuse° marquise.

25   Le reflet bleuâtre° de la neige emplit° la chambre d'une lumière toute gaie. Le ciel est gris, mais d'un gris si joli qu'il rappelle à la marquise une robe de soie° gris-perle qu'elle portait, la veille°, au bal du ministère. Cette robe était garnie de guipures° blanches, pareilles° à ces filets° de neige qu'elle aperçoit° au bord des toits°, sur la pâleur du ciel.

---

tant mieux so much the better; that's great / **patiner** to skate / **blesser** = *faire mal à, offenser* / **la vue** eyesight / **délicieux** charming, delightful / **bleuâtre** bluish / **emplir** to fill / **la soie** silk / **la veille** = *le soir avant* / **la guipure** lace / **pareil** = *semblable* / **le filet** edging, strip / **apercevoir** = *voir, remarquer* / **le toit** roof

30   La veille, elle était charmante, avec ses nouveaux diamants. Elle s'est couchée à cinq heures. Aussi° a-t-elle encore la tête un peu lourde°. Cependant°, elle s'est assise devant une glace°, et Julie a relevé° le flot blond de ses cheveux. Le peignoir glisse°, les épaules restent nues°, jusqu'au milieu du dos.

Toute une génération a déjà vieilli dans le spectacle des épaules de la marquise.
35 Depuis que, grâce à° un pouvoir fort°, les dames de naturel joyeux° peuvent se décolleter° et danser aux Tuileries°, elle a promené ses épaules dans la cohue° des salons officiels, avec une assiduité° qui a fait d'elle l'enseigne° vivante des charmes du Second Empire. Il lui a bien fallu° suivre la mode°, échancrer° ses robes, tantôt° jusqu'à la chute des reins°, tantôt jusqu'aux pointes de la gorge°; si bien que° la
40 chère femme, fossette° à fossette, a livré° tous les trésors de son corsage°. Il n'y a pas grand comme ça° de son dos et de sa poitrine qui ne soit connu de la Madeleine à Saint-Thomas-d'Aquin.[1] Les épaules de la marquise, largement étalées°, sont le blason° voluptueux du règne.

Cette après-midi, au sortir des° mains de Julie, la marquise, vêtue d'une délicieuse toilette polonaise°, est allée patiner. Elle patine adorablement.
45

Il faisait, au bois, un froid de loup°, une bise°, qui piquait° le nez et les lèvres de ces dames, comme si le vent leur eût soufflé° du sable° fin au visage. La marquise riait, cela l'amusait d'avoir froid. Elle allait, de temps à autre, chauffer ses pieds aux brasiers allumés° sur les bords du petit lac. Puis elle rentrait dans l'air glacé, filant°
50 comme une hirondelle° qui rase le sol°.

Ah! quelle bonne partie, et comme c'est heureux que le dégel ne soit pas encore venu! La marquise pourra patiner toute la semaine.

En revenant, la marquise a vu, dans une contre-allée° des Champs-Elysées, une pauvresse° grelottant au pied d'un arbre, à demi morte de froid.
55   —La malheureuse! a-t-elle murmuré d'une voix fâchée°.

Aussi = *C'est pourquoi* / **lourd** heavy / **Cependant** However / **la glace** = *le miroir* / **relever** to turn up / **glisser** to slide / **nu** naked / **grâce à** thanks to / **un pouvoir fort** a strong-arm, authoritarian regime / **de naturel joyeux** = *de disposition joyeuse* / **se décolleter** to wear a low-cut gown / **les Tuileries** *f* = *résidence de l'empereur Napoléon III (1852–70)* / **la cohue** crowd / **l'assiduité** *f* constancy / **l'enseigne** *f* = *l'emblème* / **il lui a bien fallu** = *elle a bien été obligée de* / **la mode** fashion, style / **échancrer** to cut low / **tantôt... tantôt** now . . . now / **la chute des reins** the small of the back / **la gorge** breast / **si bien que** so that / **la fossette** dimple / **livrer** = *donner, révéler* / **le corsage** bodice / **Il n'y a pas grand comme ça** There's precious little / **étalé** = *montré avec ostentation* / **le blason** coat of arms / **au sortir de** = *sortant de* / **vêtue d'une délicieuse toilette polonaise** dressed in a delightful Polish-style outfit / **un froid de loup** = *un froid très sévère* / **la bise** = *le vent du nord* / **piquer** to prick / **eût soufflé** had blown (pluperf. subj.) / **le sable** sand / **brasiers allumés** live coals / **filer** to dart / **l'hirondelle** *f* swallow / **raser le sol** to skim over the ground / **la contre-allée** side alley / **la pauvresse** = *la pauvre femme* / **fâché** distressed

[1]The area located between these two Right Bank churches coincided then—and still does—with the most fashionable section of Paris.

Et comme la voiture filait trop vite, la marquise, ne pouvant trouver sa bourse°, a jeté son bouquet à la pauvresse, un bouquet de lilas blancs qui valait bien cinq louis°.

Emile Zola, *Contes et nouvelles*

Qu'en pensez-vous?

Etes-vous d'accord ou non avec les déclarations suivantes? Justifiez votre réponse.

1. La marquise fait la grasse matinée. ✓ · elle se lève à midi.
2. La chambre de la marquise est confortable. ✓
3. Sa première pensée du jour semble être pour les pauvres. ✓
4. La marquise est remplie de tristesse quand elle apprend qu'un homme est mort de froid. F pativoa
5. La couleur du ciel rappelle à la marquise sa soirée de la veille. – ✓ (se robe grise)
6. Les épaules de la marquise sont le blason du règne. ✓
7. Puisqu'il fait si froid, la marquise a décidé d'aller faire du ski. pativoa
8. Elle déteste le froid. – ca l'amuse
9. La marquise a fait un acte de générosité envers la pauvre femme qu'elle a vue dans l'allée. F

Nouveau Contexte

Complétez le dialogue suivant en employant les termes appropriés (employez chaque terme une seule fois). Puis, jouez le dialogue.

Noms : chaleur *f,* couverture *f,* nid *m,* pendule *f,* rideaux *m,* tapis *m*
Verbe : rappelle

—Comme j'ai de la chance d'habiter ici! C'est si confortable! Je suis comme un oiseau dans son _____*1*. Même s'il fait froid dehors, il y a toujours assez de _____*2* à l'intérieur. Le froid ne peut pas pénétrer dans la maison avec ces larges _____*3* qui protègent les fenêtres. Et je peux aller nu-pieds d'une pièce à l'autre grâce à ces grands _____*4* qui couvrent le plancher. S'il m'arrive d'avoir froid, j'aime monter dans ma chambre et me mettre au lit sous ma _____*5* chauffante. Le lit est sans aucun doute l'endroit le plus confortable de la maison. Tiens! Voilà la _____*6* qui sonne minuit. Elle me _____*7* que c'est le moment de retrouver mon confort.
—Ça va, je comprends. Tu n'as pas besoin d'insister. Je pars. Bonne nuit, Gertrude!
—A demain, mon ami!

Appréciation du texte

1. Au début du récit, le narrateur ne dit pas que la marquise «ouvre les yeux» mais qu'elle «se décide à ouvrir les yeux.» Comment ce choix de mots affecte-t-il notre impression de la

la bourse purse   /   **qui valait bien cinq louis** which was worth a good five gold louis

marquise? Trouvez-vous que le narrateur se contente de raconter de façon objective ou fait-il connaître son attitude envers la marquise? Est-ce qu'il penche *(leans)* pour ou contre elle? Citez deux ou trois endroits où sa pensée s'exprime au moyen de l'ironie[L]. Ses observations vous semblent-elles subtiles?

2. Quel portrait de la marquise le narrateur trace-t-il? Quelle sorte de personne est-elle? Qu'est-ce qui la caractérise? Est-ce que son portrait est suffisamment nuancé? Enumérez les détails qui contribuent d'une manière précise à informer le lecteur. Trouvez-vous que la marquise est représentative de l'aristocratie?

3. La marquise songe-t-elle aux malheureux qui n'ont pas les mêmes avantages qu'elle? Citez au moins deux actions qui révèlent sa sensibilité ou son insensibilité.

Vocabulaire satellite

le **loisir**   leisure
les **distractions** *f*   recreation, diversion
la **misère**   misery
le, la **millionnaire**   millionaire
la **propriété**   estate
le **luxe**   luxury
les **œuvres charitables** *f*   works of
    charity
    s'enrichir   to get rich
    gagner beaucoup d'argent   to earn a
        lot of money

avoir tout ce qu'il faut   to have every-
    thing one needs
**manquer de vêtements, de nourriture,
    de logement**   to lack clothes,
        food, housing
ne manquer de rien   to lack nothing
avoir du temps libre   to have free
    time
s'amuser   to enjoy oneself, to have a
    good time

Pratique de la langue

1. A débattre : «Les riches ont la vie facile.»
2. A discuter : «Faut-il avoir de l'argent pour vivre heureux?» Pourquoi ou pourquoi pas?
3. Est-ce qu'il existe en Amérique du Nord de nos jours des classes sociales bien distinctes? Lesquelles? Faites la description de chaque classe et dites, si possible, quel rôle elle joue dans la société contemporaine.
4. Présentez un dialogue entre :
   a. deux marquises qui parlent des pauvres
   b. la marquise et sa domestique insolente
   c. la marquise et un clochard venu lui demander l'aumône *(alms)*
   d. un snob et un communiste
   e. deux assistantes sociales
5. Notre société contemporaine est-elle marquée par la philanthropie ou est-ce que les gens tendent actuellement vers l'égoïsme? Donnez des exemples concrets pour illustrer vos opinions. Est-ce que l'aide sociale fait partie intégrante de toute société ou est-ce qu'il y aurait moyen d'en éliminer la nécessité?

Jean de La Fontaine

In their study of human nature across the ages, writers have taken very many different approaches. The seventeenth-century moralist, Jean de La Fontaine (1621–95), chose a unique form of expression. La Fontaine is famous for his *Fables,* stories in which, following the lead of the Greek Aesop and the Roman Phaedrus, he used animals to portray human virtues and faults. In a few verses, a typical fable of La Fontaine tells a story involving animals—and sometimes humans as well—in a particular situation. The narration illustrates some mode of behavior, usually with a stated moral at the beginning or end of the poem. La Fontaine's aim was not to revolutionize the society of his day but merely to depict certain human attributes. His *Fables* have proven so enjoyable that they are routinely memorized by French children. Their charm, however, does not preclude their being appreciated on a higher intellectual plane as well.

In the history of humanity, the concept of power has been evoked all too readily by those whose aim it is to lord it over others. Far too often they have sought no further justification for their ruthless aggression than to allege that "might makes right." This age-old but ever-current theme is the subject of La Fontaine's fable, *Le Loup et l'Agneau.*

Orientation: Illustration of a Theme

The genre of the fable is unique. A story is told to illustrate a moral or precept, which is usually enunciated at the conclusion of the narration. In *Le Loup et l'Agneau,* La Fontaine chooses to begin his fable with the one-line moral. Thus, the theme is set forth from the outset, giving our passage an immediate focus. In order to measure the success with which La Fontaine illustrates his topic, we must keep in mind certain key considerations, viz., the appropriateness of the two characters chosen for the role; the revealing nature of their actions; the tone with which each addresses the other; the litigious tenor of the proceedings; the validity of the arguments and refutations presented. All of which prepares us to answer the social justice question posed at the beginning: does might indeed make right?

Le Loup° et l'Agneau°

La raison du plus fort est toujours la meilleure:
Nous l'allons montrer° tout à l'heure°.

Un Agneau se désaltérait°
Dans le courant d'une onde° pure;
5   Un Loup survient° à jeun°, qui cherchait aventure
Et que la faim en ces lieux attirait.
«Qui te rend si hardi° de troubler mon breuvage°?
Dit cet animal plein de rage :
Tu seras châtié° de ta témérité.
10   —Sire, répond l'Agneau, que Votre Majesté
Ne se mette pas en colère°;
Mais plutôt° qu'elle°considère
Que je me vas désaltérant°
Dans le courant
15   Plus de vingt pas° au-dessous d'°Elle;
Et que par conséquent, en aucune façon,
Je ne puis troubler sa boisson.
—Tu la troubles, reprit° cette bête cruelle;
Et je sais que de moi tu médis° l'an passé.

---

le loup wolf / **l'agneau** *m* lamb / **nous l'allons montrer** = *nous allons le montrer* / **tout à l'heure** = *tout de suite* / **se désaltérer** to quench one's thirst / **l'onde** *f* = *l'eau* (lit., wave) / **survenir** = *arriver brusquement* / **à jeun** with an empty stomach / **hardi** = *audacieux, intrépide* / **le breuvage** = *boisson* / **châtié** = *puni* / **que... ne se mette pas en colère** may Your Majesty not get angry / **plutôt** rather / **elle** = *Votre Majesté* / **je me vas désaltérant** = *je suis en train de me désaltérer* / **le pas** pace, step / **au-dessous de** below / **reprit** = *reprendre (passé simple)* = *répliquer* / **médire de** = *dire du mal de quelqu'un, dénigrer*

20 —Comment l'aurais-je fait si je n'étais pas né?
    Reprit l'Agneau, je tette° encor ma mère.
    —Si ce n'est toi, c'est donc ton frère.
    —Je n'en ai point.
    —C'est donc quelqu'un des tiens°;
25 Car vous ne m'épargnez guère°,
    Vous, vos bergers° et vos chiens.
    On me l'a dit : il faut que je me venge.»
    Là-dessus,° au fond des° forêts
    Le Loup l'emporte°, et puis le mange,
30 Sans autre forme de procès°.

La Fontaine, *Fables*, I (1668)

Qu'en pensez-vous?

Etes-vous d'accord ou non avec les déclarations suivantes? Justifiez votre réponse.

1. L'agneau avait faim.
2. Le loup est arrivé pour boire dans la rivière.
3. Le loup salue l'agneau.
4. L'agneau répond très poliment au loup.
5. La réponse de l'agneau est très logique.
6. L'agneau a médit du loup l'an passé.
7. Les parents de l'agneau n'épargnent guère le loup.
8. Le loup se venge de l'agneau.
9. La raison du plus fort est toujours la meilleure.

Nouveau Contexte

Complétez le dialogue suivant en employant les termes appropriés (employez chaque terme une seule fois). Puis, jouez le dialogue.

Noms : façon *f*, pas *m*, procès *m*
Verbes : attire, cherches, a emporté, me suis mis en colère, a rendu, me venger
Adjectifs : aucun, fort

—Qu'est-ce que tu _____ *1* , Michel?
—Le Club Passe-Temps. J'ai oublié où il se trouve. Est-ce loin?
—C'est à deux _____ *2* d'ici. Qu'est-ce qui t' _____ *3* au club?
—J'y vais pour retrouver ton ami Charles et _____ *4* parce que Charles
  m' _____ *5* fou la semaine dernière.

---

téter to suck at one's mother's breast / **les tiens** = *tes parents* / **vous ne m'épargnez guère** you hardly spare me / **le berger** = *personne qui garde les moutons* / **là-dessus** thereupon / **au fond de** deep within / **emporter** to carry off / **le procès** trial

—De quelle _____*6* ? Ce n'est pas possible. Charles? Tu te trompes, sans _____*7* doute.

—Non, il s'agit bien de Charles. Samedi dernier, la rage m' _____*8* . Je _____*9* et je suis sorti de chez lui furieux.

—Mais, pour régler cette question, n'est-il pas moins dangereux de convoquer Charles devant le juge et lui faire un _____*10* ?

—Ha, ha! Tu n'as rien compris. Charles est _____*11* et puissant mais je vais le battre... au poker, et reprendre l'argent qu'il a gagné la dernière fois que nous avons joué aux cartes!

Appréciation du texte

1. Ce poème est écrit en vers libres (*free verse*), c'est-à-dire que les vers ne sont pas tous de la même longueur. Il y a des vers de 12 syllabes, de 10 syllabes et de 8 syllabes. Il y a deux vers qui n'ont que 7 syllabes et un autre qui n'en a que 4. Donnez le nombre de syllabes dans chaque vers, en faisant bien attention aux *e* muets. (Pour les règles de la versification, voir Chapitre 3, p. 53.)

2. Dans ce poème la force logique de l'agneau s'oppose à la puissance physique du loup. Résumez les arguments de l'agneau. Comment le loup y répond-il?

Vocabulaire satellite

la **classe moyenne**   middle class
l' **industriel**, l'**industrielle**
   industrialist
le **patron**, la **patronne**   boss
le **cadre**   executive
le **médecin**   doctor
le, la **fonctionnaire**   civil servant
   aisé   well-off
   pratique   practical
   ambitieux, -euse   ambitious
   égoïste   selfish
   généreux, -euse   generous
   honnête; malhonnête   honest;
      dishonest

travailleur, -euse   hard-working
paresseux, -euse   lazy
vivre confortablement, sans inquiétude   to live comfortably, without worry
manquer de générosité   to lack generosity
ne penser qu'à soi   to think only of oneself
sauver les apparences   to keep up appearances

Pratique de la langue

1. Est-ce que, dans notre société contemporaine ou à travers l'histoire, le plus fort l'emporte (*prevails*) toujours sur le plus faible? Est-ce que les bons sont toujours victimes des méchants? N'y a-t-il pas de justice dans ce monde? Racontez un fait divers qui montre le triomphe du faible, du bon, ou du juste.

2. Imaginez un dialogue où il s'agit d'un conflit entre forces physiques et forces mentales. Lesquelles seront supérieures et l'emporteront? Choisissez parmi ces personnages :
   a. un voyou *(hoodlum)* et un professeur
   b. un boxeur et un(e) artiste
   c. un voleur et une ménagère
   d. deux frères (deux sœurs, ou un frère et une sœur)
   e. deux personnages de votre choix.
3. Ecrivez et présentez un dialogue où les personnages suivants discutent de questions sociales (travail, salaire, logement, nourriture, loisirs, politique, etc.) :
   a. un chauffeur de camion *(truck driver)* et le (la) propriétaire d'un salon de coiffure *(beauty parlor)*
   b. une danseuse et un(e) sportif (sportive)
   c. un représentant de la Croix-Rouge et un vendeur de voitures d'occasion *(used cars)*
   d. un(e) gagnant(e) à la loterie nationale et un industriel.

Sujets de discussion ou de composition

1. Quelles sont les qualités que notre société estime? Les approuvez-vous? Expliquez.
2. Quelle est votre définition personnelle du succès?
3. Y a-t-il dans notre société contemporaine des gens délaissés *(forsaken)*? De quoi manquent-ils? Comment peut-on les aider?
4. Un mariage entre deux personnes de cultures ou de races différentes peut-il réussir? Pourquoi ou pourquoi pas?

3ème PARTIE

Institutions et Influences

6

La France politique et économique

Antoine de Saint-Exupéry

The works of Antoine de Saint-Exupéry (1900–44) represent the personal experience of the author and his reflections on it. A pilot in the early days of aviation, Saint-Exupéry faced the dangers of the pioneer penetrating unexplored territories. From the isolated perspective of his cockpit, he became acutely aware of the bonds that unite all people, particularly in times of crisis. His first work, *Courrier-Sud* (1928), recalls his adventures as a commercial pilot flying between Toulouse, France, and Dakar in Senegal. The better-known *Vol de nuit* (1931) evokes the first night flights between Europe and South America, and the perils to which the pilots were subjected. In 1939 Saint-Exupéry published his most popular work, *Terre des hommes,* in which he meditates on what the airplane has taught us about ourselves, our capacities, our limitations, our responsibilities to our fellow humans, and our noble destiny. The book abounds in tense, dramatic scenes and lyric passages as the pilot narrates his dangerous ventures and, once the risk has been run, measures the meaning of his actions, the reasons for his choices. During World War II Saint-Exupéry served as a military pilot and, while on a mission in July 1944, disappeared without a trace. The circumstances of his death were probably foreshadowed in *Pilote de guerre* (1942), the musings of an aviator on a dangerous wartime assignment. Two other works were published posthumously: *Le Petit Prince* (1945) and *Citadelle* (1948).

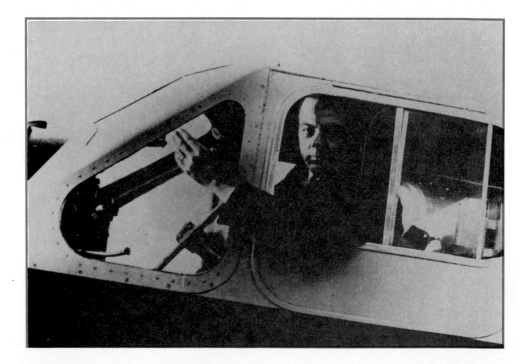

In *Le Petit Prince,* a work of fantasy, the narrator tells how his plane crashed in the desert and, as he was attempting to repair it, a child wise beyond his years approached him and began to recount his adventures. Back on the planet where he was a prince, the boy had been in love with a rose that was fickle and vain, so he had decided to travel. Before landing on earth he had gone to five different planets where he met, respectively, a king without subjects, a narcissist, a drunkard, a businessman, and a lamplighter.

The following excerpt tells of the little prince's visit to the businessman's planet.

Orientation: A Book for Children

Le Petit Prince is unique among the works of Saint-Exupéry. It is the only one of his books that ostensibly is written for children. And yet, in its deep meaning, it is no different than his previous works. The author reveals his essential thoughts through the adventures and questions of the little prince, who goes from one experience to another, learning a great deal and gradually clearing up the mysteries of the adult world. His questions are simple and direct, resulting from his constant observation of adults in their world. Like any other normal boy, he is relentless in his pursuit, producing an endless stream of "why's" and refusing to be satisfied with the usual adult "because's."

In this episode with the businessman, notice how the little prince's inquisitive mind uncovers the strange ideas and behavior of the adult, the adult's calculating mind, his inability to put aside his petty interests and awaken to a broader universe. By bringing us back to childhood, the author has us reexamine life through the curiosity of a young person viewing things for the first time. The findings are not always reassuring.

L'Homme d'affaires

La quatrième planète était celle du businessman. Cet homme était si occupé qu'il ne leva même pas la tête à l'arrivée du petit prince.

—Bonjour, lui dit celui-ci. Votre cigarette est éteinte°.

—Trois et deux font cinq. Cinq et sept douze. Douze et trois quinze. Bonjour.
5 Quinze et sept vingt-deux. Vingt-deux et six vingt-huit. Pas le temps de la rallumer°. Vingt-six et cinq trente et un. Ouf! Ça fait donc cinq cent un millions six cent vingt-deux mille sept cent trente et un.

—Cinq cents millions de quoi?

—Hein? Tu es toujours là? Cinq cent un millions de... je ne sais plus... J'ai telle-
10 ment de travail! Je suis sérieux, moi, je ne m'amuse pas à des balivernes°! Deux et cinq sept...

—Cinq cent un millions de quoi? répéta le petit prince qui jamais de sa vie n'avait renoncé à une question, une fois qu°'il l'avait posée.

éteint extinguished   /   **rallumer** to light again   /   **les balivernes** *f* = les choses frivoles   /   **une fois que** once

Le businessman leva la tête :

15   —Depuis cinquante-quatre ans que j'habite cette planète-ci, je n'ai été dérangé°
que trois fois. La première fois ç'a été, il y a vingt-deux ans, par un hanneton° qui
était tombé Dieu sait d'où. Il répandait° un bruit épouvantable°, et j'ai fait quatre
erreurs dans une addition. La seconde fois ç'a été, il y a onze ans, par une crise° de
rhumatisme. Je manque d'exercice. Je n'ai pas le temps de flâner°. Je suis sérieux,

20   moi. La troisième fois... la voici! Je disais donc cinq cent un millions...
—Millions de quoi?
Le businessman comprit qu'il n'était point° d'espoir° de paix :
—Millions de ces petites choses que l'on voit quelquefois dans le ciel.
—Des mouches°?

25   —Mais non, des petites choses qui brillent°.
—Des abeilles°?
—Mais non. Des petites choses dorées° qui font rêvasser° les fainéants°. Mais je
suis sérieux, moi! Je n'ai pas le temps de rêvasser.
—Ah! des étoiles?

30   —C'est bien ça. Des étoiles.
—Et que fais-tu de cinq cents millions d'étoiles?
—Cinq cent un millions six cent vingt-deux mille sept cent trente et un. Je suis
sérieux, moi, je suis précis.
—Et que fais-tu de ces étoiles?

35   —Ce que j'en fais?
—Oui.

déranger to disturb / **le hanneton** May fly / **répandre** to give off / **épouvantable** = *excessif,*
terrible / **une crise** attack / **flâner** to stroll, to loaf / **il n'était point** = *il n'y avait point* /
l'espoir *m* hope / **la mouche** fly / **briller** to shine / **l'abeille** ƒ bee / **doré** golden /
rêvasser = *se donner à des rêveries* / **le fainéant** idler, loafer

—Rien. Je les possède.

—Tu possèdes les étoiles?

—Oui.

40 —Mais j'ai déjà vu un roi qui...

—Les rois ne possèdent pas. Ils «règnent» sur°. C'est très différent.

—Et à quoi cela te sert-il° de posséder les étoiles?

—Ça me sert à être riche.

—Et à quoi cela te sert-il d'être riche?

45 —A acheter d'autres étoiles, si quelqu'un en trouve.

«Celui-là, se dit en lui-même le petit prince, il raisonne un peu comme mon ivrogne°.»

Cependant il posa encore des questions :

—Comment peut-on posséder les étoiles?

50 —A qui sont-elles? riposta°, grincheux°, le businessman.

—Je ne sais pas. A personne.

—Alors elles sont à moi, car j'y ai pensé le premier.

—Ça suffit?

—Bien sûr. Quand tu trouves un diamant qui n'est à personne, il est à toi.

55 Quand tu trouves une île qui n'est à personne, elle est à toi. Quand tu as une idée le premier, tu la fais breveter° : elle est à toi. Et moi je possède les étoiles, puisque jamais personne avant moi n'a songé à les posséder.

—Ça c'est vrai, dit le petit prince. Et qu'en fais-tu?

—Je les gère°. Je les compte et je les recompte, dit le businessman. C'est diffi-

60 cile. Mais je suis un homme sérieux!

Le petit prince n'était pas satisfait encore.

—Moi, si je possède un foulard°, je puis le mettre autour de mon cou et l'emporter°. Moi, si je possède une fleur, je puis cueillir° ma fleur et l'emporter. Mais tu ne peux pas cueillir les étoiles!

65 —Non, mais je puis les placer en banque.

—Qu'est-ce que ça veut dire?

—Ça veut dire que j'écris sur un petit papier le nombre de mes étoiles. Et puis j'enferme à clef° ce papier-là dans un tiroir°.

—Et c'est tout?

70 —Ça suffit!

«C'est amusant, pensa le petit prince. C'est assez poétique. Mais ce n'est pas très sérieux.»

---

régner sur to rule over / **à quoi cela te sert-il** what good does it do you / **l'ivrogne** *m,f* drunkard (encountered in the previous chapter of *Le Petit Prince;* cf. *Ensemble : Grammaire*, p. 16) / **riposter** = *répondre promptement* / **grincheux** ill-tempered, surly / **faire breveter** to have patented / **gérer** to manage / **le foulard** scarf / **emporter** to carry off / **cueillir** to pick / **enfermer à clef** to lock up / **le tiroir** drawer

Le petit prince avait sur les choses sérieuses des idées très différentes des idées des grandes personnes°.

75   —Moi, dit-il encore, je possède une fleur que j'arrose° tous les jours. Je possède trois volcans° que je ramone° toutes les semaines. Car je ramone aussi celui qui est éteint. On ne sait jamais. C'est utile à mes volcans, et c'est utile à ma fleur, que je les possède. Mais tu n'es pas utile aux étoiles.

Le businessman ouvrit la bouche mais ne trouva rien à répondre, et le petit
80   prince s'en fut°.

«Les grandes personnes sont décidément tout à fait extraordinaires», se disait-il simplement en lui-même durant le voyage.

Antoine de Saint-Exupéry, *Le Petit Prince* (1945)

Qu'en pensez vous?

Etes-vous d'accord ou non avec les déclarations suivantes? Justifiez votre réponse.

1. Le businessman reçoit le petit prince chaleureusement.
2. Le petit prince est obstiné quand il pose une question.
3. Le businessman n'a pas l'habitude d'être dérangé.
4. La première fois qu'il a été dérangé, c'était par un hanneton.
5. Le businessman aime se promener un peu tous les jours.
6. Il passe sa journée à compter les mouches et les abeilles.
7. Il a trouvé un moyen de devenir riche un jour.
8. Il explique au petit prince comment il peut posséder ses étoiles.
9. Le petit prince possède certaines choses de la même manière.
10. C'est le petit prince qui a le dernier mot dans cette conversation.

Nouveau Contexte

Complétez le dialogue suivant en employant les termes appropriés (employez chaque terme une seule fois). Puis, jouez le dialogue.

Noms : île *f*, ivrogne *m*
Verbes : s'amuse à, déranger, habite, n'a même pas levé, poser, rallumer, sert
Adjectif : éteinte

les grandes personnes grown-ups   /   **arroser** = *donner de l'eau à*   /   **le volcan** volcano   /   **ramoner** to sweep (a chimney)[1]   /   **s'en fut** = *s'en alla*

[1]Le petit prince habite une petite planète, l'astéroïde B 612, où il s'occupe de deux volcans en activité et d'un troisième qui est éteint. «S'ils sont bien ramonés, les volcans brûlent doucement et régulièrement, sans éruptions. Les éruptions volcaniques sont comme des feux de cheminée. Evidemment sur notre terre nous sommes beaucoup trop petits pour ramoner nos volcans. C'est pourquoi ils nous causent des tas d'ennuis *(lots of problems)*.»

—Louise, ton oncle Hector est un original!

—A qui le dis-tu! C'est le type même du professeur distrait.

—Quand il est absorbé dans son travail, il est impossible de le _____*1* .

—Tu peux lui _____*2* n'importe quelle question, il ne t'entendra pas. Ça ne _____*3* à rien de lui parler.

—Il _____*4* un autre monde. C'est comme s'il était seul sur une _____*5* déserte.

—Je viens de frapper à sa porte. Il _____*6* la tête! Il y avait dans son cendrier une cigarette _____*7* qu'il ne songeait pas du tout à _____*8* .

—Louise, ton oncle est une sorte d' _____*9* qui s'enivre de travail.

—Tu as raison. Il _____*10* travailler.

—Tout bien considéré, ce n'est pas un mauvais style de vie... pour lui.

—Non. Je suppose qu'il y a de pires choses dans la vie que le travail.

Appréciation du texte

1. Les deux personnages de cet épisode représentent deux mondes différents :
   a. Quel est le monde du businessman? Qu'est-ce qui caractérise son univers à lui? Y a-t-il une espèce de refrain qu'il répète et qui définit sa conduite? Quel est-il?
   b. Quel est le monde du petit prince? Peut-on définir ce monde par la façon dont le petit prince s'exprime? Etudiez chacune de ses paroles et dites comment elles reflètent son caractère. Quelles sortes de phrases emploie-t-il le plus souvent? Hésite-t-il longtemps avant de tutoyer le businessman?

2. «Le petit prince avait sur les choses sérieuses des idées très différentes des idées des grandes personnes.» L'auteur est-il pour le petit prince ou pour le businessman? S'agit-il ici d'une satire[L]? Si oui, qu'est-ce que l'auteur satirise?

Vocabulaire satellite

les **affaires** *f* business
l' **homme d'affaires** *m* businessman
la **femme d'affaires** businesswoman
l' **entreprise** *f* business, firm, concern
l' **industrie** *f* industry
la **maison** firm
la **compagnie** company
le **bureau** office
le **commerçant** merchant, shopkeeper
le, la **concurrent(e)** competitor

la **concurrence** competition
la **tension** pressure
réussir, avoir du succès to succeed
faire banqueroute to go bankrupt
énervant nerve-racking
sans scrupules unscrupulous
consciencieux, -euse conscientious
honnête honest
malhonnête dishonest
paresseux, -euse lazy
travailleur, -euse hard-working
ambitieux, -euse ambitious

Pratique de la langue

1. Faites une lecture dramatique de cette scène du *Petit Prince*.
2. Ecrivez et présentez votre propre dialogue entre un homme (ou une femme) d'affaires et :
   a. un poète
   b. un(e) journaliste
   c. un chômeur (une chômeuse)
   d. un(e) secrétaire
   e. un président-directeur général.
3. Quelle est votre attitude personnelle vis-à-vis du monde des affaires? Etes-vous séduit(e) *(attracted)* ou rebuté(e) *(repulsed)* par ce monde? Aimeriez-vous vous lancer dans les affaires? Présentez vos idées devant la classe.
4. Présentation orale : Faites le portrait d'un homme (ou d'une femme) d'affaires idéal(e). En quoi consiste son travail? Le (La) trouvez-vous admirable? Pourquoi?

Montesquieu

Charles-Louis de Secondat, baron de la Brède et de Montesquieu (1689–1755), is well known to students of literature as the author of *Les Lettres persanes* (1721), a masterpiece of social, political, and religious satire[L]. In his inimitable witty manner, the author takes a penetrating look at the French society of his day—a venture that involved certain risks for the writer. The autocratic reign of Louis XIV (1661–1715), with its strong emphasis on censorship, had just ended, and the French did not yet dare to criticize their institutions openly. Wisely, Montesquieu had his book published anonymously in Amsterdam. For added protection—and in an effort, no doubt, to make his work more entertaining—he devised the central scheme of two traveling Persians, Usbek and Rica, who spend some eight years in France and communicate their fresh oriental impressions to the folks at home by means of informative letters. Ostensibly, the author could in no way be held responsible for the critical views of these foreigners. Furthermore, Montesquieu had the letters discuss mundane squabbles in the harem, which, in the absence of Usbek and Rica, had been left in charge of the head eunuch. This was another shield for the author: how could anyone take seriously any matter treated in such a frivolous book?

Among students of political science, Montesquieu's reputation rests on his authorship of *L'Esprit des lois* (1748). This work, the culmination of twenty years of research and writing, established its author as one of the most original thinkers of his age and as an advocate of social reform. It was to guarantee individual rights and liberties that Montesquieu, the first of the great *philosophes*[L], determined to study the nature of law. In the process he developed several important theories: he was, for instance, the first to stress the effect of climate on people, and the need to adjust laws accordingly. His philosophy of the separation of powers in government influenced to no small degree the framing of the American Constitution.

In *L'Esprit des lois* Montesquieu studied various forms of government and the basic principle on which each rested. He pointed out how, in a despotic state, the despot follows his own whims and governs without laws or hindrances of any sort. In a monarchy one person—the monarch—rules, but his actions are controlled by a set of laws. In the republic, on the other hand, sovereign power resides with the people, and the stability and excellence of this form of government depend on the virtue of the citizens.

Several of Montesquieu's political theories, elaborated in *L'Esprit des lois,* were foreshadowed in his earlier work, *Les Lettres persanes.* In the following two excerpts from *Les Lettres persanes,* Montesquieu develops the political allegory[L] of the Troglodytes, a mythical people who experimented with various forms of government and ultimately chose to establish a republic. The author chronicles the development of the Troglodytes and how they became aware of the need to rely on their own moral goodness.

Orientation: Expressing Ideas through Stories

The eighteenth century in France was the age of the *philosophes.* Writers in this Age of Enlightenment sought to educate their readers by encouraging the discussion of ideas. They raised all of the important issues of the day in an effort to provoke thought and improve society's lot through the use of reason. They believed in necessary change and progress, and their literature was practical in nature, devoted to the elaboration of great concepts. Such writings could, in theory, suffer from a major drawback: they could dwell in the realm of the theoretical and thus not make very inspiring and interesting reading. An able author, however, could capture the imagination and the mind of the reader by expressing ideas in narrative form, by telling a good story to illustrate a specific thesis.

In the following passage, Montesquieu is trying to show how a republican form of government relies on the morality of its citizens. To give his abstract concepts a concrete application, Montesquieu uses the example of the Troglodytes, a people whose evolution he traces from their basically evil beginnings to an experientially acquired maturity.

Le Malheur des Troglodytes°

Il y avait en Arabie un petit peuple appelé Troglodyte, qui descendait de ces anciens Troglodytes qui, si nous en croyons les historiens, ressemblaient plus à des bêtes qu'à des hommes. Ceux-ci n'étaient point si contrefaits° : ils n'étaient point velus° comme des ours°; ils ne sifflaient° point; ils avaient deux yeux; mais ils
5   étaient si méchants° et si féroces qu'il n'y avait parmi eux aucun principe d'équité ni de justice.

Ils avaient un roi d'une origine étrangère, qui, voulant corriger° la méchanceté° de leur naturel°, les traitait sévèrement. Mais ils conjurèrent° contre lui, le tuèrent et exterminèrent toute la famille royale.
10   Le coup° étant fait, ils s'assemblèrent pour choisir un gouvernement, et, après bien des° dissensions, ils créèrent des magistrats. Mais, à peine° les eurent-ils élus° qu'ils leur devinrent° insupportables, et ils les massacrèrent encore.

Ce peuple, libre de ce nouveau joug°, ne consulta plus que° son naturel sauvage°; tous les particuliers° convinrent° qu'ils n'obéiraient plus à personne; que
15   chacun veillerait° uniquement à ses intérêts, sans consulter ceux des autres.

Cette résolution unanime flattait° extrêmement tous les particuliers. Ils disaient : «Qu'ai-je affaire° d'aller me tuer à travailler pour des gens dont je ne me soucie° point? Je penserai uniquement à moi; je vivrai heureux. Que m'importe° que les autres le° soient? Je me procurerai tous mes besoins, et, pourvu que° je les aie, je ne
20   me soucie point que tous les autres Troglodytes soient misérables.... »

Un des principaux habitants avait une femme fort° belle; son voisin en devint

---

Troglodyte cave dweller / **contrefait** deformed / **velu** hairy / **l'ours** *m* bear / **siffler** to hiss, to whistle / **méchant** = *enclin à faire du mal aux autres* / **corriger** to correct / **la méchanceté** = *la tendance à faire le mal* / **le naturel** = *le caractère* / **conjurer** to conspire / **le coup** deed / **bien des** = *beaucoup de* / **à peine** scarcely / **eurent-ils élus** = *avaient-ils élus* / **devinrent** = *devenir (passé simple)* / **le joug** yoke, bondage / **ne consulta plus que** was now guided only by / **sauvage** wild, unsociable / **le particulier** = *l'individu* / **convenir** = *se mettre d'accord* / **veiller à** to watch over / **flatter** = *plaire à* / **Qu'ai-je affaire** What business do I have / **se soucier de** to care about / **Que m'importe** What do I care / **le** = *heureux* / **pourvu que** provided that / **fort** = *très*

amoureux et l'enleva°. Il s'émut° une grande querelle, et, après bien des injures° et
des coups°, ils convinrent de s'en remettre à° la décision d'un Troglodyte qui, pendant que la République subsistait, avait eu quelque crédit°. Ils allèrent à lui et
25 voulurent lui dire leurs raisons. «Que m'importe, dit cet homme, que cette femme
soit à vous ou à vous? J'ai mon champ à labourer°; je n'irai peut-être pas employer
mon temps à terminer vos différends° et travailler à vos affaires, tandis que° je né-
gligerai les miennes. Je vous prie de me laisser en repos et de ne m'importuner
plus de vos querelles.» Là-dessus° il les quitta et s'en alla travailler sa terre. Le ravis-
30 seur°, qui était le plus fort, jura° qu'il mourrait plutôt que° de rendre° cette
femme, et l'autre, pénétré de l'injustice de son voisin et de la dureté° du juge, s'en
retournait désespéré, lorsqu'il trouva dans son chemin une femme jeune et belle,
qui revenait de la fontaine. Il n'avait plus de femme; celle-là lui plut°, et elle lui plut
bien davantage° lorsqu'il apprit que c'était la femme de celui qu'il avait voulu
35 prendre pour juge, et qui avait été si peu sensible° à son malheur. Il l'enleva et
l'emmena dans sa maison....

Cependant° une maladie cruelle ravageait la contrée. Un médecin habile y arriva du pays voisin et donna ses remèdes si à propos° qu'il guérit° tous ceux qui se
mirent° dans ses mains. Quand la maladie eut cessé°, il alla chez tous ceux qu'il
40 avait traités demander son salaire; mais il ne trouva que des refus. Il retourna dans
son pays, et il y arriva accablé° des fatigues d'un si long voyage. Mais bientôt après
il apprit que la même maladie se faisait sentir de nouveau et affligeait° plus que jamais cette terre ingrate. Ils allèrent à lui cette fois et n'attendirent pas qu'il vînt°
chez eux. «Allez, leur dit-il, hommes injustes! Vous avez dans l'âme un poison plus
45 mortel que celui dont vous voulez guérir; vous ne méritez pas d'occuper une place
sur la Terre, parce que vous n'avez point d'humanité, et que les règles de l'équité
vous sont inconnues. Je croirais offenser les Dieux, qui vous punissent, si je m'op-
posais à la justice de leur colère°.»

Qu'en pensez vous?

Etes-vous d'accord ou non avec les déclarations suivantes? Justifiez votre réponse.

1. Les Troglodytes modernes sont pareils aux anciens Troglodytes.
2. Ils sont gouvernés d'abord par un roi.
3. Ils se décident à n'accepter aucune autorité.

---

enlever to carry off / **il s'émut** there arose / **l'injure** *f = l'insulte* / **le coup** blow / **s'en remettre à** to rely on / **avoir crédit** = *inspirer de la confiance* / **labourer** = *cultiver* / **le différend** difference of opinion, disagreement / **tandis que** = *pendant que* / **là-dessus** thereupon / **le ravisseur** ravisher, kidnapper / **jurer** to swear / **plutôt que** rather than / **rendre** to give back / **la dureté** = *la sévérité, la rigueur* / **plut** = *plaire (passé simple)* / **bien davantage** much more / **peu sensible** insensitive / **Cependant** Meanwhile / **à propos** judiciously / **guérir** to cure / **mirent** = *mettre (passé simple)* / **eut cessé** = *avait cessé* / **accablé** overbur-dened / **affliger** to afflict / **vînt** = *venir (imparfait du subjonctif)* / **la colère** anger

4. Au début, tout le monde vit chacun pour soi.
5. Chacun respecte les biens de son voisin.
6. Les deux habitants sont allés trouver un juge très honorable pour régler leur dispute.
7. Le juge a été bien récompensé de sa sagesse.
8. Le médecin qui a guéri les Troglodytes est devenu riche.
9. Les Troglodytes ont été obligés de retourner chez le médecin.
10. Le médecin croit que les Troglodytes ont une maladie beaucoup plus grave que le mal physique qui les afflige.

Nouveau Contexte

Complétez le dialogue suivant en employant les termes appropriés (employez chaque terme une seule fois). Puis, jouez le dialogue.

Noms : bêtes *f*, principe *m*, règles *f*
Verbes : corriger, que m'importe, ne pas négliger, ressemblent à
Adjectifs : accablés, désespérés, méchant

Deux grands pédagogues, M. Sévère et M. Laissez-Faire, échangent leurs points de vue sur l'éducation des enfants.

M. SÉVÈRE :   Moi, je pense que les enfants sont comme des animaux, comme de petites
_____ *1* qu'il faut dompter *(tame)*.

M. LAISSEZ-FAIRE : Quelle idée insupportable! A mon avis, les enfants sont les intermédiaires
entre Dieu et les hommes; ils _____ *2* des anges.

M. SÉVÈRE :   Non! Ils sont d'un naturel _____ *3* . Il faut _____ *4* leurs dé-
fauts et leur faire respecter les _____ *5* . La sévérité! Voilà le
_____ *6* fondamental qui doit gouverner leur éducation.

M. LAISSEZ-FAIRE : Vous vous trompez horriblement, mon cher collègue. Si les enfants sont
toujours _____ *7* d'injures et de reproches, ils vont perdre l'espoir et
seront des adultes _____ *8* .

M. SÉVÈRE :   Moi, je ne m'inquiète pas du bonheur immédiat d'un enfant.
_____ *9* qu'il soit heureux ou non maintenant? L'essentiel, c'est de
_____ *10* sa formation aujourd'hui; comme ça demain il deviendra un
citoyen idéal.

M. LAISSEZ-FAIRE : Quelqu'un comme vous, n'est-ce pas, M. Sévère?

Orientation: Contrast of Ideas

Ideas are not static entities. They evolve and go through progressive changes as they are tested. In the first selection, Montesquieu illustrated how the Troglodytes learned a negative lesson through experience, viz., that self-interest did not work as the fundamental principle for their society. Now, in a more positive vein, the Troglodytes must slowly discover which truth can effectively form the basis of their daily living. Growing out of a tiny nucleus of two families, public interest will uproot the selfishness of the previous generation and become the absolute rule of conduct that will inform all decisions.

But, even when the situation appears to have developed ideally, nothing stands still. In theory, all is well and could not be better. Virtue seems to have been confirmed as the solid principle on which the government of the Troglodytes will rest. In practice, however, the demands of virtuous living begin to weigh on the Troglodytes, leading them to seek an adjustment in their form of government. They call upon a wise old man in their midst to assume a position of authority over them. In an admirable final discourse, the sage penetrates the intent of the Troglodytes and points out to them that solutions that are perfect in theory are not automatically applicable in real life. No solution is that simple. Virtue too has its complexities and must be constantly worked at. Thus, the discussion of ideas necessarily goes on!

Le Bonheur des Troglodytes

De tant de familles, il n'en resta que deux° qui échappèrent aux° malheurs de la Nation. Il y avait dans ce pays deux hommes bien singuliers : ils avaient de l'humanité; ils connaissaient la justice; ils aimaient la vertu. Autant liés° par la droiture° de leur cœur que par la corruption de celui des autres, ils voyaient la désolation générale et ne la ressentaient° que par la pitié; c'était le motif° d'une union nou-
5 velle. Ils travaillaient avec une sollicitude commune pour l'intérêt commun; ils

---

il n'en resta que deux there remained but two   /   **échapper à** to escape, to avoid   /   **autant liés** linked as much   /   **la droiture** integrity   /   **ressentir** to feel   /   **le motif** motive

n'avaient de différends que° ceux qu'une douce et tendre amitié faisait naître°; et, dans l'endroit du pays le plus écarté°, séparés de leurs compatriotes indignes° de leur présence, ils menaient° une vie heureuse et tranquille. La terre semblait pro-

10   duire d'elle-même, cultivée par ces vertueuses mains.

Ils aimaient leurs femmes, et ils en étaient tendrement chéris°. Toute leur attention était d'élever° leurs enfants à la vertu. Ils leur représentaient° sans cesse les malheurs de leurs compatriotes et leur mettaient devant les yeux cet exemple si triste; ils leur faisaient surtout sentir que l'intérêt des particuliers se trouve toujours dans l'in-

15   térêt commun; que vouloir s'en séparer, c'est vouloir se perdre; que la vertu n'est point une chose qui doive nous coûter°; qu'il ne faut point la regarder comme un exercice pénible°; et que la justice pour autrui° est une charité pour nous.

Ils eurent° bientôt la consolation des pères vertueux, qui est d'avoir des enfants qui leur ressemblent. Le jeune peuple qui s'éleva° sous leurs yeux s'accrut° par

20   d'heureux mariages : le nombre augmenta; l'union fut toujours la même, et la vertu, bien loin de s'affaiblir° dans la multitude, fut fortifiée, au contraire, par un plus grand nombre d'exemples....

Je ne saurais° assez te parler de la vertu des Troglodytes. Un d'eux disait un jour : «Mon père doit demain labourer son champ°; je me lèverai deux heures avant lui,

25   et, quand il ira à son champ, il le trouvera tout labouré.»

Un autre disait en lui-même : «Il me semble que ma sœur a du goût° pour un jeune Troglodyte de nos parents°; il faut que je parle à mon père, et que je le détermine à faire ce mariage....»

Ou bien : «Il y a un champ qui touche celui de mon père, et ceux qui le cul-

30   tivent sont tous les jours exposés aux ardeurs° du Soleil; il faut que j'aille y planter deux arbres, afin que ces pauvres gens puissent aller quelquefois se reposer sous leur ombre°.... »

Comme le Peuple grossissait° tous les jours, les Troglodytes crurent° qu'il était à propos de se choisir un roi. Ils convinrent qu'il fallait déférer° la couronne° à celui

35   qui était le plus juste, et ils jetèrent tous les yeux° sur un vieillard vénérable par son âge et par une longue vertu. Il n'avait pas voulu se trouver à cette assemblée; il s'était retiré dans sa maison, le cœur serré de tristesse°.

Lorsqu'on lui envoya les députés pour lui apprendre le choix qu'on avait fait de lui : «A Dieu ne plaise°, dit-il, que je fasse ce tort° aux Troglodytes, que l'on puisse

---

ils n'avaient de différends que their only disagreements were   /   **faire naître** = *créer, produire*   /   **écarté** remote   /   **indigne** unworthy   /   **mener** to lead   /   **chéri** = *beaucoup aimé*   /   **élever** to raise, to train   /   **représenter** = *montrer*   /   **coûter** = *être difficile*   /   **pénible** painful   /   **autrui** = *les autres*   /   **eurent** = *avoir (passé simple)*   /   **s'élever** to rise   /   **s'accroître** = *devenir plus nombreux, augmenter*   /   **s'affaiblir** = *devenir faible*   /   **je ne saurais** = *je ne pourrais pas*   /   **labourer son champ** to plough his field   /   **le goût** liking   /   **de nos parents** of our kin   /   **l'ardeur** *f* intense heat   /   **l'ombre** *f* shade   /   **grossir** = *augmenter*   /   **crurent** = *croire (passé simple)*   /   **déférer** to confer   /   **la couronne** crown   /   **ils jetèrent tous les yeux** they all cast their eyes   /   **le cœur serré de tristesse** his heart heavy with sadness   /   **A Dieu ne plaise** Heaven forbid   /   **le tort** harm, wrong

40 croire qu'il n'y a personne parmi eux de plus juste que moi! Vous me déférez la
couronne, et, si vous le voulez absolument, il faudra bien que je la prenne. Mais
comptez que je mourrai de douleur d'avoir vu en naissant les Troglodytes libres et
de les voir aujourd'hui assujettis°.» A ces mots, il se mit à° répandre un torrent de
larmes°. «Malheureux jour! disait-il; et pourquoi ai-je tant vécu°?» Puis il s'écria°
45 d'une voix sévère : «Je vois bien ce que c'est, ô Troglodytes! votre vertu commence à vous peser°. Dans l'état où vous êtes, n'ayant point de chef, il faut que
vous soyez vertueux malgré vous : sans cela vous ne sauriez subsister, et vous
tomberiez dans le malheur de vos premiers pères. Mais ce joug° paraît trop dur;
vous aimez mieux être soumis° à un prince et obéir à ses lois, moins rigides que vos
50 mœurs°. Vous savez que, pour lors°, vous pourrez contenter votre ambition, acquérir des richesses et languir° dans une lâche° volupté, et que, pourvu que vous
évitiez° de tomber dans les grands crimes, vous n'aurez pas besoin de la vertu.» Il
s'arrêta un moment, et ses larmes coulèrent° plus que jamais. «Et que prétendez°-
vous que je fasse? Comment se peut-il que je commande quelque chose à un
55 Troglodyte? Voulez-vous qu'il fasse une action vertueuse parce que je la lui commande, lui qui la ferait tout de même° sans moi et par le seul penchant° de la nature? O Troglodytes! je suis à la fin de mes jours; mon sang° est glacé° dans mes
veines; je vais bientôt revoir vos sacrés aïeux°. Pourquoi voulez-vous que je les af-
flige°, et que je sois obligé de leur dire que je vous ai laissés sous un autre joug que
60 celui de la Vertu?»

Montesquieu, *Les Lettres persanes* (1721)

Qu'en pensez-vous?

Etes-vous d'accord ou non avec les déclarations suivantes? Justifiez votre réponse.

1. Il y avait dans cette société deux hommes exceptionnels.
2. Ils vivaient en harmonie avec leurs compatriotes.
3. Ils travaillaient tellement qu'ils n'avaient pas le temps de s'occuper de l'éducation de leurs enfants.
4. En faisant la leçon à leurs enfants, ils distinguaient toujours l'intérêt particulier de l'intérêt général.
5. La vertu de ce nouveau peuple s'affaiblissait à mesure que le nombre de personnes augmentait.
6. Il y avait dans cette nouvelle société de nombreux exemples d'actes vertueux.
7. Les Troglodytes ont eu beaucoup de peine à choisir un roi.

assujetti = *subjugué, dominé* / **se mettre à** = *commencer à* / **répandre des larmes** to shed tears / **vécu** = *participe passé (vivre)* / **s'écrier** to cry out / **peser** to weigh, to be burdensome / **le joug** yoke, bondage / **soumis** subject / **les mœurs** *f* = *les usages, les coutumes* / **pour lors** then, thenceforth / **languir** to languish / **lâche** cowardly / **éviter** to avoid / **couler** to flow / **prétendre** = *vouloir* / **tout de même** anyhow / **le penchant** = *l'inclination, la disposition* / **le sang** blood / **glacé** frozen / **les aïeux** *m* = *les ancêtres* / **je les afflige** = *je leur fasse de la peine*

8. Le vieillard dit qu'il mourrait de douleur s'il devenait roi.
9. Il comprend pourquoi les Troglodytes veulent se choisir un roi.
10. Le vieillard craint d'aller rejoindre ses ancêtres.

Nouveau Contexte

Complétez le dialogue suivant en employant les termes appropriés (employez chaque terme une seule fois). Puis, jouez le dialogue.

Noms : larmes *f,* pitié *f,* vieillard *m*
Verbes : s'affaiblit, fais naître, ai mené, te mettre à, saurais, as vécu

—Comment vas-tu aujourd'hui, André?
—Quoi? Parle plus fort! Est-ce que ta voix _____*1* ?
—Je dis : «Ça va, André?»
—Oui, ça va, pour un _____*2* de 85 ans. J'_____*3* une vie très dure, tu sais.
—Oui, je sais. Tu as eu des moments pénibles sans doute, mais tu _____*4* bien _____*4* .
—Ah, je ne _____*5* te faire comprendre ma situation. Tu es trop jeune, toi.
—Tu ne vas pas _____*6* pleurer, hein! Pas de _____*7* de crocodile aujourd'hui, André.
—Tu ne peux pas avoir un peu de _____*8* pour moi?
—Ah non, je te connais trop bien. Tu _____*9* ma compassion et après tu te moques de moi.
—Eh bien, puisqu'il n'est pas permis de pleurer, amusons-nous! Tu viens avec moi au café? Je t'offre à boire.
—D'accord, mais ne marche pas trop vite, hein!

Appréciation du texte

1. L'histoire des Troglodytes est une allégorie[L] politique. A l'aide d'une suite d'éléments narratifs, Montesquieu explique les dangers auxquels sont exposées les sociétés à leur naissance et dans leur organisation. Quels sont les points essentiels sur lesquels il insiste dans son récit?
2. Montesquieu n'emploie pas de raisonnements très abstraits. Pour convaincre le lecteur, il préfère raconter l'histoire des Troglodytes. Quels sont les avantages de cette méthode narrative? L'auteur peut-il ainsi nous faire sentir aussi bien que comprendre le mérite de ses arguments? Peut-il nous persuader aussi bien que s'il avait écrit un essai?

Vocabulaire satellite

le **pays** country	le **pouvoir législatif** legislative power
le **gouvernement** government	le **pouvoir judiciaire** judicial power
le **pouvoir exécutif** executive power	la **démocratie** democracy

la **république**   republic
la **monarchie**   monarchy
l' **anarchie** *f*   anarchy
le **despotisme**   despotism
la **dictature**   dictatorship
le, la **citoyen, -ne**   citizen
le, la **concitoyen, -ne**   fellow citizen
le **peuple (français, américain)**   the (French, American) people
la **politique**   politics, policy

les **élections** *f*   elections
le **droit de vote**   right to vote
le **mandat**   mandate, term of office
la **liberté**   liberty, freedom
l' **égalité** *f*   equality
la **fraternité**   fraternity
être, arriver au pouvoir   to be in, to come to power
voter   to vote
élire   to elect

Pratique de la langue

1. Présentations orales :
   a. Montesquieu nous dit que la démocratie ne peut se maintenir sans la vertu des citoyens. A-t-il raison ou a-t-il tort? Pourquoi?
   b. Est-ce qu'une monarchie pourrait exister aux Etats-Unis? Pourquoi ou pourquoi pas?
   c. Tracez le portrait d'un homme (ou d'une femme) politique idéal(e).
   d. «Liberté, égalité, fraternité» : est-ce que ces trois mots représentent un idéal irréalisable?
2. A débattre : Le Président des Etats-Unis devrait avoir un mandat de sept ans comme le Président de la France.
3. Organisez un colloque sur «la meilleure forme de gouvernement.» Parmi les conférenciers *(speakers)* du colloque il y aura un ancien Marxiste russe, un Républicain américain, un Démocrate américain, un ancien dictateur sud-américain, un chef de tribu africain, un Troglodyte, etc.

Sujets de discussion ou de composition

1. Quelle est, à votre avis, la meilleure forme de gouvernement? Est-ce que cette forme de gouvernement pourrait être adoptée dans le monde entier? Pourquoi ou pourquoi pas?
2. A débattre : Le système démocratique est stupide. Le vote d'une personne illettrée qui ne lit jamais le journal quotidien compte autant que le vote du président d'une université.
3. Est-ce que le vote est un privilège ou un devoir? Devrait-on obliger tout le monde à voter? Pourquoi ou pourquoi pas?
4. Le petit prince dit que le businessman n'est pas utile aux étoiles; il ne fait que les compter. Quelle est l'utilité de l'homme ou de la femme d'affaires dans la société? Et quelle est l'utilité d'un petit prince?
5. Vrai ou faux : Les hommes sont mieux adaptés au monde des affaires que les femmes.
6. Quelle situation préférez-vous : du temps libre sans argent ou de l'argent sans temps libre? Expliquez votre choix.

Images de la France

CREDO DE VOLTAIRE.

On le croivoit composé en 1701. C'est pourtant sa profession de foi, sur laquelle il fondoit son espérance en 1763, lorsqu'il bâtissoit son église à Ferney.

» Je crois en un seul Dieu et je l'aime. Je crois qu'il illumine toute âme venant au monde ainsi que le dit St. Jean. J'entends par-là toute âme qui le cherche de bonne foi.

» Je crois en un seul Dieu, parce qu'il ne peut y avoir qu'une seule âme du grand tout.

» Je crois en Dieu, le père tout-puissant, parce qu'il est père commun de la nature, de tous les hommes qui sont également ses enfans. Je crois que celui qui les a fait tous naître également, leur a donné les mêmes principes de morale, et n'a mis aucune différence entre ses enfans, que celle du crime et de la vertu.

» Je crois que le Chinois juste et bien faisant, est plus précieux devant lui, qu'un docteur de Sorbonne pointilleux et arrogant.

» Je crois que Dieu, étant notre père commun, nous sommes tenus de regarder tous les hommes comme nos frères.

» Je crois que le persécuteur est abominable, et qu'il marche immédiatement après l'empoisonneur et le parricide.

» Je crois que les disputes de religion sont à la fois le fléau le plus ridicule et le fléau

Voltaire

The image that one has of a particular country is usually derived from several sources. One can travel through the country, making immediate observations. Or one can learn from the written remarks of other visitors. It is often interesting to compare the impressions of a foreigner with the self-perceptions of a native. In many cases, one finds that objective reality lies somewhere between the two subjective assessments.

François-Marie Arouet (1694–1778), known as Voltaire, was the most famous author of his age, a man who so completely dominated his century that he became a legend in his own time. A prolific writer, he tried his hand at almost every conceivable literary genre, including poetry, tragedy, comedy, history, and the epic. He is best known today as an author of *contes philosophiques,* and among these, *Candide* (1759). The *conte philosophique* was thus named because it examined the meaningful issues of the day not in the dry manner of a philosophical treatise, but in a lively narrative style, laced with wit and humor, that would appeal to great numbers of readers.

In *Candide* Voltaire deals with the theme of evil in the world and seeks to refute the philosophy of optimism as formulated by the German philosopher Leibnitz (1646–1716). This philosophy held that God is good, that of all the possible worlds he might have created, he must surely have chosen the best. Voltaire belies this by having his hero, Candide, encounter at every turn an impressive array of natural disasters, social evils, and personal misfortunes. Idle philosophical speculation, Voltaire intimates, can in no way solve these problems. The secret lies rather in accepting one's fate while striving continually to improve it.

CANDIDE,

O U

L'OPTIMISME,

TRADUIT DE L'ALLEMAND

D E

MR. LE DOCTEUR RALPH.

M D C C L I X.

The Granger Collection

Orientation: Voltairian Satire and Irony

In chapter 22 Candide visits Paris, thereby giving the author the opportunity to present a satirical view of the French capital with its vices and follies. Voltaire thus continues a long-standing tradition of social satire[L] that his countryman, Montesquieu, had so brilliantly exemplified some forty years earlier in *Les Lettres persanes* (see Chapter 6, page 108).

As a *philosophe,* Voltaire is deeply interested in the here and now, in every element of existence that affects people's immediate happiness. The description of Paris that he gives us reflects the Paris of his time, emphasizing, of course, those aspects to which he chooses to draw our attention. At the beginning of the selection, we see that things were the same then as they are now: there was a general excitement and resultant curiosity that drew foreigners to Paris. Candide is no exception; he too is caught up in the wave of anticipation.

In this passage, Voltaire focuses on several points with respect to the capital city: wealth and its attractions, medicine, certain religious practices, gambling, and the theater. As you read, try to determine what particular position is presented vis-à-vis each of these issues. Remember that Voltaire is celebrated for his irony, ready wit, and humor. Pay close attention to the way Voltaire uses reactions and impressions offered by the main characters—Candide, Martin, and the *abbé*—to satirize the vices of Paris. As each contributes his personal outlook, try to keep track of who is speaking and what his special vision may be.

Candide à Paris I

Tous les voyageurs que Candide rencontra dans les cabarets de la route lui disaient : «Nous allons à Paris». Cet empressement° général lui donna enfin l'envie° de voir cette capitale; ce n'était pas beaucoup se détourner° du chemin de Venise°.

Il entra par le faubourg° Saint-Marceau, et crut° être dans le plus vilain° village
5 de la Vestphalie°.

A peine° Candide fut-il dans son auberge°, qu'il fut attaqué d'une maladie légère, causée par ses fatigues. Comme il avait au doigt un diamant énorme, et qu'on avait aperçu dans son équipage° une cassette° prodigieusement pesante°, il eut aussitôt auprès de lui° deux médecins qu'il n'avait pas mandés°, quelques amis
10 intimes qui ne le quittèrent pas, et deux dévotes° qui faisaient chauffer° ses bouil-

---

l'empressement *m = l'ardeur, le zèle* / **l'envie** *f* urge / **se détourner** *= changer de direction, faire un détour* / **Venise** Candide, after many harrowing experiences and a lengthy separation, was to finally rejoin his beloved Cunégonde in Venice. / **le faubourg** suburb / **crut** *= croire (passé simple)* / **vilain** *= désagréable* / **Vestphalie** Westphalia, the German province where Candide was born / **à peine** scarcely / **l'auberge** *f* inn / **l'équipage** *m = l'équipement* / **la cassette** money box / **pesant** heavy / **auprès de lui** *= à ses côtés* / **mander** *= demander* / **les dévotes** devout ladies whose purpose was to see to it that the dying person experienced a good Christian death / **faire chauffer** to heat up

lons°. Martin° disait : «Je me souviens d'avoir été malade aussi à Paris dans mon premier voyage; j'étais fort° pauvre : aussi° n'eus-je ni amis, ni dévotes, ni médecins, et je guéris°.»

Cependant, à force de° médecines et de saignées°, la maladie de Candide devint

15 sérieuse. Un habitué° du quartier vint° avec douceur lui demander un billet° payable au porteur° pour l'autre monde : Candide n'en voulut rien faire. Les dévotes l'assurèrent que c'était une nouvelle mode; Candide répondit qu'il n'était point homme à la mode. Martin voulut jeter l'habitué par les fenêtres.

Le clerc jura° qu'on n'enterrerait point Candide°. Martin jura qu'il enterrerait

20 le clerc s'il continuait à les importuner. La querelle s'échauffa° : Martin le prit par

---

le bouillon broth / **Martin** Candide's traveling companion, a pessimistic counterpart to the naively optimistic Candide / **fort** = *très* / **aussi** and so, consequently / **guérir** to get well / **à force de** by virtue of, thanks to / **la saignée** blood-letting / **l'habitué** *m = une personne qui fréquente habituellement un lieu* / **vint** = *venir (passé simple)* / **le billet** = *billet de confession*. The last rites of the Church were refused at the time to those who did not possess this certificate attesting to their orthodox beliefs. / **le porteur** bearer / **jurer** to swear / **qu'on n'enterrerait point Candide** i.e., that Candide would not be buried in consecrated ground / **s'échauffer** to heat up

les épaules, et le chassa rudement; ce qui causa un grand scandale, dont on fit un procès-verbal°.

Candide guérit; et pendant sa convalescence il eut très bonne compagnie à souper chez lui. On jouait gros jeu°. Candide était tout étonné que jamais les as° ne
25 lui vinssent°; et Martin ne s'en étonnait pas.

Parmi ceux qui lui faisaient les honneurs de la ville, il y avait un petit abbé périgourdin°, l'un de ces gens empressés°, toujours alertes, toujours serviables°, effrontés°, caressants, accommodants, qui guettent° les étrangers à leur passage, leur content° l'histoire scandaleuse de la ville, et leur offrent des plaisirs à tout prix.
30 Celui-ci mena d'abord Candide et Martin à la comédie°. On y jouait une tragédie nouvelle. Candide se trouva placé auprès de quelques beaux esprits°. Cela ne l'empêcha° pas de pleurer à des scènes jouées parfaitement. Un des raisonneurs° qui étaient à ses côtés lui dit dans un entr'acte° : «Vous avez grand tort de pleurer, cette actrice est fort mauvaise; l'acteur qui joue avec elle est plus mauvais acteur en-
35 core; la pièce est encore plus mauvaise que les acteurs; l'auteur ne sait pas un mot d'arabe, et cependant la scène est en Arabie; et, de plus, c'est un homme qui ne croit pas aux idées innées°; je vous apporterai demain vingt brochures contre lui. —Monsieur, combien avez-vous de pièces de théâtre en France?» dit Candide à l'abbé; lequel répondit : «Cinq ou six mille. —C'est beaucoup, dit Candide; com-
40 bien y en a-t-il de bonnes? —Quinze ou seize, répliqua l'autre. —C'est beaucoup», dit Martin.

Candide fut très content d'une actrice qui faisait la reine Elisabeth, dans une assez plate° tragédie que l'on joue quelquefois. «Cette actrice, dit-il à Martin, me plaît beaucoup; elle a un faux air° de mademoiselle Cunégonde; je serais bien aise°
45 de la saluer.» L'abbé périgourdin s'offrit à l'introduire chez elle. Candide, élevé en Allemagne, demanda quelle était l'étiquette, et comment on traitait en France les reines d'Angleterre. «Il faut distinguer, dit l'Abbé; en province°, on les mène au cabaret : à Paris, on les respecte quand elles sont belles, et on les jette à la voirie° quand elles sont mortes. —Des reines à la voirie! dit Candide. —Oui, vraiment, dit
50 Martin; monsieur l'abbé a raison : j'étais à Paris quand mademoiselle Monime[1] passa, comme on dit, de cette vie à l'autre; on lui refusa ce que ces gens-ci appel-

---

le procès-verbal official report / **jouer gros jeu** to gamble heavily / **l'as** *m* ace / **vinssent** = *venir (imparfait du subjonctif)* / **l'abbé périgourdin** a priest from Périgord in southwestern France / **empressé** eager / **serviable** = *qui veut rendre service* / **effronté** = *impudent* / **guetter** to watch / **conter** to tell / **la comédie** = *le théâtre* / **le bel esprit** witty person, wit / **empêcher** to prevent / **le raisonneur** = *une personne qui discute* / **l'entr'acte** *m* intermission / **inné** innate / **plat** dull / **le faux air (de ressemblance)** a slight resemblance / **aise** = *content* / **en province** outside of Paris / **la voirie** dump

[1]A reference to Adrienne Lecouvreur, a prominent actress who had made her debut in the role of Monime in Racine's *Mithridate* and who, because she was an actress, had been refused burial in consecrated ground.

lent les honneurs de la sépulture°, c'est-à-dire de pourrir° avec tous les gueux° du quartier dans un vilain cimetière; elle fut enterrée toute seule de sa bande° au coin de la rue de Bourgogne; ce qui dut° lui faire une peine extrême, car elle pensait
55 très noblement. —Cela est bien impoli, dit Candide. —Que voulez-vous°? dit Martin; ces gens-ci sont ainsi faits. Imaginez toutes les contradictions, toutes les incompatibilités possibles, vous les verrez dans le gouvernement, dans les tribunaux, dans les églises, dans les spectacles de cette drôle de nation°. —Est-il vrai qu'on rit toujours à Paris? dit Candide. —Oui, dit l'abbé; mais c'est en enrageant° : car on s'y
60 plaint° de tout avec de grands éclats de rire°; même on y fait en riant les actions les plus détestables.

Qu'en pensez-vous?

Etes-vous d'accord ou non avec les déclarations suivantes? Justifiez votre réponse.

1. Candide veut aller à Paris parce que tout le monde lui en parle.
2. En arrivant à Paris, il est tout de suite impressionné par la beauté de la ville.
3. Candide tombe malade dès son arrivée à Paris.
4. Malheureusement il n'y a pas de médecin pour guérir Candide.
5. Il devient gravement malade.
6. On menace de ne pas enterrer Candide s'il meurt.
7. Pendant sa convalescence Candide gagne un peu d'argent en jouant aux cartes.
8. Candide fait la connaissance d'un abbé dévot qui essaie de le convertir.
9. La personne assise à côté de Candide au théâtre sait apprécier tous les aspects de la pièce.
10. Il y a une actrice en particulier qui plaît à Candide.
11. Martin raconte à Candide l'histoire glorieuse de Mlle Monime.
12. Le rire des gens de Paris est rempli de contradictions.

Nouveau Contexte

Complétez le dialogue suivant en employant les termes appropriés (employez chaque terme une seule fois). Puis, jouez le dialogue.

Noms : maladie *f,* peine *f,* pièce *f*
Verbes : ai envie de, enterre, guérir, me plaindre, plaît, rire

—J' _____*1* aller au théâtre ce soir. Tu m'accompagnes?
—Encore ce soir? Ton amour du théâtre est une véritable _____*2* .
—Eh bien, j'espère ne jamais _____*3* .
—Il n'y a pas de danger. Je crois qu'il faudra que tu sois morte et qu'on t' _____*4*
avant que tu perdes le désir d'assister à une _____*5* de théâtre.

---

la sépulture burial / **pourrir** to rot / **le gueux** beggar, wretch / **la bande** = *la troupe* /
dut = *devoir (passé simple)* / **que voulez-vous?** what do you expect? / **drôle de nation** strange
nation / **enrager** to be furious / **se plaindre (de)** to complain (about) / **l'éclat de rire**
burst of laughter

—Ce n'est pas ma faute. C'est une obsession. Ça me fait beaucoup de _____ *6* quand je suis obligée de rester à la maison.

—Caroline, quel est ton genre de spectacle préféré? Qu'est-ce qui te _____ *7* surtout?

—La comédie! Je vais au théâtre pour _____ *8* , pas pour pleurer.

—Je ne veux pas _____ *9* , chère amie, mais si nous continuons d'aller au théâtre tous les soirs, il ne s'agira plus de comédie mais de tragédie... pour ma bourse!

Orientation: The Dramatic Voltaire

Throughout his life, Voltaire had a great passion for the theater, both as a playwright and as a spectator. His dramatic sense is revealed not only in his plays but in many of his other works as well. In the following excerpt, for instance, Voltaire portrays two greedy big-city dwellers eager and able to take advantage of gullible strangers. The first, the marquise, plies her wiles on the unsuspecting Candide, teaching him a lesson in gallantry as she adroitly purloins his sparkling gems. Then, the slick *abbé* displays his guile, exhibiting psychological *savoir-faire* as he swindles yet more of the naive traveler's treasure.

As you read the details of these two schemes, try to appreciate the way in which Voltaire sets the stage for the outcome. See how he depicts the cunning of the perpetrators, particularly the *abbé* as he panders to Candide, scratching him where he itches, feigning an interest in Candide's unending quest for the lovely Cunégonde. The young man is no match for the smooth operator who stands ready to pounce on his prey at any moment! Candide will learn a very valuable lesson as he progresses on his journey of self-realization and eventual maturity.

Candide à Paris II

Candide has supper at the home of the marquise de Parolignac.

Après souper, la marquise mena Candide dans son cabinet°, et le fit asseoir sur un canapé°. «Eh bien! lui dit-elle, vous aimez donc toujours éperdument° mademoiselle Cunégonde de Thunder-ten-tronckh°? —Oui, madame», répondit Candide. La marquise lui répliqua avec un sourire tendre : «Vous me répondez
5 comme un jeune homme de Vestphalie; un Français m'aurait dit : «Il est vrai que j'ai aimé mademoiselle Cunégonde; mais, en vous voyant, madame, je crains de ne la plus aimer.» —Hélas! madame, dit Candide, je répondrai comme vous voudrez.

—Votre passion pour elle, dit la marquise, a commencé en ramassant° son mouchoir; je veux que vous ramassiez ma jarretière°. —De tout mon cœur», dit Can-
10 dide; et il la ramassa. «Mais je veux que vous me la remettiez°», dit la dame; et Can-

---

le cabinet study / **le canapé** sofa / **éperdument** madly / **Thunder-ten-tronckh** Voltaire makes fun of what he considers the harsh German language by lending such names to his characters and places. / **ramasser** to pick up / **la jarretière** garter / **remettre** to put on again

dide la lui remit. «Voyez-vous, dit la dame, vous êtes étranger; je fais quelquefois languir mes amants de Paris quinze jours, mais je me rends à vous° dès la première nuit, parce qu'il faut faire les honneurs de son pays à un jeune homme de Vestphalie.» La belle, ayant aperçu° deux énormes diamants aux deux mains de son
15 jeune étranger, les loua° de si bonne foi que des doigts de Candide ils passèrent aux doigts de la marquise.

Candide, en s'en retournant avec son abbé périgourdin, sentit quelques remords d'avoir fait une infidélité° à mademoiselle Cunégonde; monsieur l'abbé entra dans° sa peine; il n'avait qu'une légère part aux cinquante mille livres per-
20 dues au jeu° par Candide, et à la valeur des deux brillants moitié donnés, moitié extorqués°. Son dessein° était de profiter, autant qu'il le pourrait, des avantages que la connaissance de Candide pouvait lui procurer. Il lui parla beaucoup de Cunégonde, et Candide lui dit qu'il demanderait bien pardon à cette belle de son infidélité, quand il la verrait à Venise.

25 Le Périgourdin redoublait de politesses et d'attentions, et prenait un intérêt tendre à tout ce que Candide disait, à tout ce qu'il faisait, à tout ce qu'il voulait faire. «Vous avez donc, monsieur, lui dit-il, un rendez-vous à Venise? —Oui, monsieur l'abbé, dit Candide; il faut absolument que j'aille trouver mademoiselle

je me rends à vous = *je me donne à vous* / **apercevoir** to catch sight of / **louer** to praise / **avoir fait une infidélité** to have been unfaithful / **entrer dans** = *participer à* / **le jeu** gambling / **extorqué** extorted / **le dessein** = *l'intention*

Cunégonde.» Alors, engagé par le plaisir de parler de ce qu'il aimait, il conta, selon
30 son usage°, une partie de ses aventures avec cette illustre Vestphalienne.

«Je crois, dit l'abbé, que mademoiselle Cunégonde a bien de l'esprit, et qu'elle
écrit des lettres charmantes. —Je n'en ai jamais reçu, dit Candide; car, figurez-
vous° qu'ayant été chassé du château pour l'amour d'elle, je ne pus° lui écrire; que
bientôt après j'appris qu'elle était morte, qu'ensuite je la retrouvai, et que je la
35 perdis, et que je lui ai envoyé à deux mille cinq cents lieues° d'ici un exprès° dont
j'attends la réponse.»

L'abbé écoutait attentivement, et paraissait un peu rêveur. Il prit bientôt congé°
des deux étrangers, après les avoir tendrement embrassés. Le lendemain Candide
reçut à son réveil une lettre conçue° en ces termes :
40 «Monsieur mon très cher amant, il y a huit jours que je suis malade en cette ville;
j'apprends que vous y êtes. Je volerais dans vos bras si je pouvais remuer°. J'ai su°
votre passage à Bordeaux; j'y ai laissé le fidèle Cacambo° et la vieille, qui doivent
bientôt me suivre. Le gouverneur de Buenos-Ayres° a tout pris, mais il me reste
votre cœur°. Venez; votre présence me rendra la vie ou me fera mourir de plaisir.»
45 Cette lettre charmante, cette lettre inespérée°, transporta Candide d'une joie inexprimable; et la maladie de sa chère Cunégonde l'accabla° de douleur. Partagé
entre ces deux sentiments, il prend son or° et ses diamants, et se fait conduire avec
Martin à l'hôtel où mademoiselle Cunégonde demeurait. Il entre en tremblant
d'émotion, son cœur palpite, sa voix sanglote°; il veut ouvrir les rideaux du lit; il
50 veut faire apporter de la lumière. «Gardez-vous-en° bien, lui dit la suivante°; la lumière la tue°»; et soudain elle referme le rideau. «Ma chère Cunégonde, dit Candide en pleurant, comment vous portez-vous°? Si vous ne pouvez me voir, parlez-
moi du moins. —Elle ne peut parler, dit la suivante.» La dame alors tire du lit une
main potelée° que Candide arrose° longtemps de ses larmes, et qu'il remplit en-
55 suite de diamants, en laissant un sac plein d'or sur le fauteuil.

Au milieu de ses transports arrive un exempt° suivi de l'abbé périgourdin et
d'une escouade°. «Voilà donc, dit-il, ces deux étrangers suspects?» Il les fait incon-
tinent° saisir, et ordonne à ses braves de les traîner° en prison. «Ce n'est pas ainsi
qu'on traite les voyageurs dans le Dorado°, dit Candide. —Je suis plus manichéen°

---

selon son usage as was his wont   /   **figurez-vous** would you believe   /   **pus** = *pouvoir (passé*
simple)   /   **lieue** league (distance)   /   **l'exprès** *m* = *le message*   /   **prendre congé** to take
leave   /   **conçu** couched   /   **remuer** to move   /   **j'ai su** = *j'ai appris*   /   **Cacambo** Cacambo
and the old lady (*la vieille*) had been Cunégonde's traveling companions.   /   **le gouverneur de**
Buenos-Ayres Candide was forced by circumstances to leave Cunégonde with the governor; he had not
seen her since.   /   **il me reste votre cœur** I still have your heart   /   **inespéré** unexpected   /   **ac-**
cabler to overwhelm   /   **l'or** *m* gold   /   **sangloter** to sob   /   **se garder (de)** to refrain   /   **la**
suivante lady's maid   /   **tuer** to kill   /   **se porter** = *aller*   /   **potelé** plump   /   **arroser** to
bathe   /   **l'exempt** *m* l'agent de police   /   **l'escouade** *f* squad   /   **incontinent** = *tout de suite*   /
traîner to drag   /   **le Dorado** Candide had visited the utopian region of Eldorado.   /   **manichéen**
Manichaean. The disciples of Manichaeus attributed creation to two equally powerful principles, good
and evil, which remain in conflict for possession of the world.

60 que jamais, dit Martin. —Mais, monsieur, où nous menez-vous? dit Candide. —
Dans un cul de basse-fosse°», dit l'exempt.

Martin, ayant repris son sang-froid°, jugea que la dame qui se prétendait° Cunégonde était une friponne°, monsieur l'abbé périgourdin un fripon qui avait abusé
au plus vite de l'innocence de Candide, et l'exempt un autre fripon dont on pou-
65 vait aisément se débarrasser°.

Plutôt que de s'exposer aux procédures de la justice, Candide, éclairé par son
conseil, et d'ailleurs° toujours impatient de revoir la véritable Cunégonde, propose
à l'exempt trois petits diamants d'environ trois mille pistoles° chacun.

Voltaire, *Candide* (1759)

Qu'en pensez-vous?

Etes-vous d'accord ou non avec les déclarations suivantes? Justifiez votre réponse.

1. La marquise trouve que Candide répond à ses questions comme un homme du monde.
2. Candide ramasse le mouchoir de la marquise.
3. La marquise fait les honneurs de son pays au jeune Vestphalien.
4. Candide donne un cadeau à la marquise.
5. L'abbé périgourdin espère profiter des avantages que la connaissance de Candide lui donne.
6. L'abbé s'intéresse vivement aux aventures de Candide et de Cunégonde.
7. Candide reçoit régulièrement des lettres charmantes de Cunégonde.
8. Un jour Candide reçoit une lettre de Cunégonde qui le remplit de joie et de douleur.
9. Il finit par avoir une longue conversation intime avec Cunégonde.
10. La conversation se termine brusquement.
11. Martin conclut que Candide est entouré de fripons.
12. Candide doit paraître devant le juge.

Nouveau Contexte

Complétez le dialogue suivant en employant les termes appropriés (employez chaque terme une seule fois). Puis, jouez le dialogue.

Nom : canapé *m*
Verbes : se débarrasser de, as-tu fait sa connaissance, figure-toi, mener, paraissait, ai saisi
Adjectifs : charmante, inespérée, inexprimable

—Est-ce que tu connais Jean depuis longtemps? Quand _____ *1* ?
—L'année dernière. C'était une rencontre _____ *2* mais j' _____ *3* l'occasion.
—Heureusement!

le cul de basse-fosse dungeon / **le sang-froid** = *le calme* / **prétendre** to claim / **le fripon, la friponne** swindler / **se débarrasser de** to get rid of / **d'ailleurs** besides, moreover / **la pistole** old coin

—D'abord il _____*4* un peu timide mais ce n'est pas le cas.

—Est-ce que cette première impression a duré longtemps?

—Pas du tout! _____*5* qu'un mois plus tard il m'a fait asseoir sur le _____*6* et m'a présenté une bague de fiançailles.

—Quel bonheur _____*7* ! Et maintenant il t'a sur les bras et il ne pourra jamais _____*8* toi!

—Ah non! Nous allons _____*9* une vie _____*10* ensemble pour toujours!

Appréciation du texte

1. Faites le portrait de Candide d'après le texte. Dites quelles sont vos impressions de ce personnage et quels sont les détails qui vous ont aidé à former ces impressions. Candide est-il bien nommé?

2. Voltaire présente une image satirique de Paris et des Français. Montrez, par des exemples précis, en quoi consiste la satire[L] des éléments suivants :
   a. l'amour de l'argent
   b. la passion du jeu
   c. l'attitude blasée et l'esprit critique des Parisiens
   d. les bienfaits de la médecine

3. Que pensez-vous du personnage Martin? Quel rôle ses observations jouent-elles dans le récit?

Vocabulaire satellite

les **habitants** *m*   residents
l' **étranger, -ère**   stranger; foreigner
la **vie urbaine**   city life
la **province**   all of France but Paris; the provinces
la **banlieue**   suburbs, outskirts
le **quartier**   neighborhood
le **grand magasin**   department store
la **mode**   fashion
le **fleuve**   river (emptying into the sea)
le **pont**   bridge
l' **endroit** *m*   place
le **divertissement**   entertainment

le **spectacle**   show, sight
l' **esprit critique** *m*   critical spirit
l' **échange de vues** *m*   exchange of views
la **réflexion**   reflection, thought
ravi   delighted
galant   attentive to ladies
discuter (de)   to discuss
se disputer   to quarrel
contredire   to contradict
approuver   to approve of
désapprouver   to disapprove of

Pratique de la langue

1. Ecrivez et présentez un dialogue sur la situation suivante : un jeune paysan (une jeune paysanne) visite Paris pour la première fois. Il (Elle) hèle *(hails)* un taxi. Le chauffeur de taxi, qui a vécu toute sa vie à Paris, est très blasé. Exprimez l'enchantement du visiteur (de la visiteuse) et les réactions peu enthousiastes du citadin.

2. Voltaire dans *Candide* a parodié les romans d'aventures de son époque. Ecrivez et présentez une parodie^L de la scène où Candide retrouve sa chère Cunégonde. Si vous préférez, inspirez-vous de cette scène pour créer un dialogue original.

3. Un groupe d'amis échangent leurs impressions après un repas qu'ils ont pris ensemble (après un film qu'ils ont vu, après un spectacle auquel ils ont assisté). Il s'agit de gens qui ont l'esprit critique, qui aiment la discussion et les nuances, et qui n'hésitent pas à se contredire les uns les autres. Reproduisez leur conversation.

4. La marquise de Parolignac trouve que Candide parle «comme un jeune homme de Vestphalie». Un Français, dit-elle, se serait exprimé d'une manière galante. Imaginez une situation où une jolie Française arrive aux Etats-Unis. Exprimez la façon dont se manifeste la courtoisie des différents jeunes Américains que cette voyageuse rencontre en route :
   a. un cadre *(executive)* de New York
   b. un étudiant de Boston
   c. un magnat du pétrole de Houston
   d. un agriculteur de l'Iowa
   e. un cowboy de Cheyenne
   f. un acteur de Los Angeles

5. Présentations orales
   a. Si on vous demandait de désigner une ville que vous voudriez visiter un jour, est-ce que ce serait Paris? Pourquoi ou pourquoi pas?
   b. On dit qu'à Paris on rit toujours («le gai Paris»). Est-ce votre impression de Paris? Pourquoi? Si non, quels sont les autres aspects de la ville qui vous frappent?

6. Jean-Pierre est né à Paris et y a vécu toute sa vie. Il estime que sa ville natale est la plus belle ville du monde. Parlez-lui d'une des villes suivantes en essayant de lui en faire apprécier les mérites :
   a. Montréal
   b. New York
   c. Tokyo
   d. votre ville natale
   e. n'importe quelle autre ville du monde

Charles de Gaulle

Leader of the Free French movement *(la France libre)* during World War II and then chief architect of the current form of government in France, the Fifth Republic, Charles de Gaulle (1890–1970) was born in Lille. Destined for a career in the military, he graduated in 1912 from l'Ecole Militaire de Saint-Cyr and served in an infantry regiment under then colonel Pétain. During World War I he was wounded and taken prisoner in 1916, attempting no fewer than five escapes during his confinement. It was while he was a prisoner that he wrote his first book, *La Discorde chez l'ennemi,* published in 1924. After the war he taught military history at Saint-Cyr. In the 1930s, he published a series of works which showed him to be one of the most remarkable thinkers in the

French army, reflecting on military and political leadership, and making innovative recommendations for the army of the future.

In 1940 de Gaulle was appointed Undersecretary of State for War. His policy was to never yield to the enemy. However, on June 16 of that year, Marshal Pétain signed an armistice with Germany. De Gaulle resolved to follow his original plan and organize resistance, even if it had to be done from outside of France. On June 18, 1940, he issued his famous appeal to the French people, broadcast over the BBC from London, asking his compatriots to continue the war alongside the British. Little by little he rallied French African colonies to his point of view. He found an ally in Winston Churchill but failed to win over Franklin Roosevelt, who chose to work with the Vichy government of Marshal Pétain. At war's end, de Gaulle became head of the provisional government, but only for a brief time as, in his efforts to strengthen the executive branch, he found himself on a collision course with French politicians. He decided to retire and start work on his memoirs.

His *Mémoires de guerre* were published in three volumes: *L'Appel* (1954), *L'Unité* (1956), and *Le Salut* (1959). Meanwhile, the French people had turned to him in 1958, seeking some stability in their government. He answered their call and was elected President of the new Fifth Republic, which featured a strong chief of state elected for seven years. De Gaulle's goal was to reestablish France's prestige in the world community. During his presidency, he insisted on independence for France from all outside control. Accordingly, he forced NATO forces to leave French soil. He formed France's own nuclear strike force, detonating an atomic bomb in 1960. He settled the bitter Algerian problem by granting independence to France's former North African colony. He spoke out on international issues as well, condemning the American war in Vietnam, and supporting independence for the province of Quebec in Canada ("Vive le Québec libre!", he proclaimed in a speech in Canada in 1968). De Gaulle was reelected for a second term in 1965. But following a series of disastrous strikes in 1968, unable to resolve the problems of inflation, and having stirred up much resentment at his excessive nationalism, he decided to resign the presidency in 1969.

No one in the history of France had a more grandiose image of his country than Charles de Gaulle. The very first paragraph of his *Mémoires de guerre* reads in part: "Toute ma vie, je me suis fait une certaine idée de la France... A mon sens, la France ne peut être la France sans la grandeur." De Gaulle toiled uncompromisingly up to the moment of his death to answer this call to greatness.

The following texts are two radio broadcasts in which General de Gaulle, speaking from London over the BBC airwaves, asks the French people to continue the fight against Nazi Germany. The first speech was delivered on June 18, 1940, almost immediately after Marshal Pétain had signed an armistice with Germany. The second was broadcast a day later.

Orientation: The Political Speech

The following passages are two of the early speeches given by Charles de Gaulle during his public career. They were not delivered in person but were broadcast instead over the radio across the English Channel to the people of France. Articulated at a particular moment in history and addressing very specific issues, they were meant to convince de Gaulle's fellow countrymen of the need to persevere in battle and resist the enemy. Words were the only resource that the speaker had at his disposal to accomplish this task.

As you read, try to imagine the impact of the General's words on his audience. Analyze his powers of persuasion. How does he in fact appeal to his fellow Frenchmen? What type of message is he delivering and what elements does he use to touch and persuade his people?

Notice how he uses repetition for effect, repetition which in a written text might be judged excessive but which in an oral delivery becomes an asset enhancing the clarity and forcefulness of expression. Notice also the way that paragraphs—some consisting of a single sentence—produce a kind of dramatic effect. In short, although de Gaulle's style is carefully wrought, one can appreciate the stylistic differences that exist between a written passage and one destined for oral delivery.

Appel° du général de Gaulle aux Français

Les chefs° qui, depuis de nombreuses années, sont à la tête des armées françaises, ont formé un gouvernement.

Ce gouvernement, alléguant° la défaite de nos armées, s'est mis en rapport avec° l'ennemi pour cesser le combat.

l'appel *m* appeal / **le chef** leader / **alléguer** to allege / **se mettre en rapport avec** to contact

5   Certes, nous avons été, nous sommes, submergés par la force mécanique, terrestre et aérienne, de l'ennemi.

Infiniment plus que leur nombre, ce sont les chars°, les avions, la tactique des Allemands qui nous font reculer°. Ce sont les chars, les avions, la tactique des Allemands qui ont surpris nos chefs au point de les amener° là où ils en sont au-
10 jourd'hui.

Mais le dernier mot est-il dit? L'espérance° doit-elle disparaître? La défaite est-elle définitive? Non!

Croyez-moi, moi qui vous parle en connaissance de cause° et vous dis que rien n'est perdu pour la France. Les mêmes moyens° qui nous ont vaincus° peuvent
15 faire venir° un jour la victoire.

Car la France n'est pas seule! Elle n'est pas seule! Elle n'est pas seule! Elle a un vaste Empire derrière elle. Elle peut faire bloc° avec l'Empire britannique qui tient la mer et continue la lutte°. Elle peut, comme l'Angleterre, utiliser sans limites l'immense industrie des Etats-Unis.
20 Cette guerre n'est pas limitée au territoire malheureux de notre pays. Cette guerre n'est pas tranchée° par la bataille de France. Cette guerre est une guerre mondiale°. Toutes les fautes°, tous les retards°, toutes les souffrances, n'empêchent° pas qu'il y a, dans l'univers, tous les moyens pour écraser° un jour nos ennemis. Foudroyés° aujourd'hui par la force mécanique, nous pourrons vaincre
25 dans l'avenir° par une force mécanique supérieure. Le destin du monde est là.

Moi, général de Gaulle, actuellement° à Londres, j'invite les officiers et les soldats français qui se trouvent° en territoire britannique ou qui viendraient à s'y trouver, avec leurs armes ou sans leurs armes, j'invite les ingénieurs et les ouvriers° spécialistes des industries d'armement qui se trouvent en territoire britannique ou qui
30 viendraient à s'y trouver, à se mettre en rapport avec moi.

Quoi qu'il arrive°, la flamme de la résistance française ne doit pas s'éteindre° et ne s'éteindra pas.

Demain, comme aujourd'hui, je parlerai à la radio de Londres.

Appel radiodiffusé° de Londres par le général de Gaulle

A l'heure où nous sommes, tous les Français comprennent que les formes ordinaires du pouvoir° ont disparu°.

---

le char tank / **reculer** to retreat / **amener** to bring, to lead / **l'espérance** *f* hope / **en connaissance de cause** with full knowledge of the facts / **le moyen** means / **vaincre** to defeat, to vanquish / **faire venir** to bring about / **faire bloc** to unite / **la lutte** = *la bataille* / **tranché** settled / **mondial** world / **la faute** mistake / **le retard** delay / **empêcher** to prevent / **écraser** to crush / **foudroyé** struck down / **l'avenir** *m* = *le futur* / **actuellement** = *maintenant* / **se trouver** = *être* / **l'ouvrier** *m* = *le travailleur* / **quoi qu'il arrive** no matter what happens / **s'éteindre** to be extinguished / **radiodiffusé** broadcast / **le pouvoir** power / **disparaître** to disappear

Devant la confusion des âmes° françaises, devant la liquéfaction d'un gouvernement tombé sous la servitude ennemie, devant l'impossibilité de faire jouer° nos
5 institutions, moi, général de Gaulle, soldat et chef français, j'ai conscience de
parler° au nom de la France.

Au nom de la France, je déclare formellement ce qui suit° :

Tout Français qui porte° encore° des armes a le devoir° absolu de continuer la
résistance.

10 Déposer les armes, évacuer une position militaire, accepter de soumettre° n'importe quel morceau° de terre française au contrôle de l'ennemi, ce serait un crime
contre la patrie.

A l'heure qu'il est, je parle avant tout pour l'Afrique du Nord française, pour
l'Afrique du Nord intacte...

15 Dans l'Afrique de Clauzel, de Bugeaud, de Lyautey, de Noguès[1], tout ce qui a de
l'honneur a le strict devoir de refuser l'exécution des conditions ennemies.

Il ne serait pas tolérable que la panique de Bordeaux[2] ait pu traverser la mer.

Soldats de France, où que vous soyez°, debout°!

Qu'en pensez-vous?

Etes-vous d'accord ou non avec les déclarations suivantes? Justifiez votre réponse.

1. Les chefs français veulent continuer à combattre l'ennemi.
2. C'est le nombre des troupes ennemies qui a influencé les chefs français dans leur décision.
3. Selon de Gaulle, la guerre est perdue pour la France.
4. La France n'a plus d'alliés.
5. La défaite de la France marque la fin de la guerre.
6. Pour gagner la guerre, la France aura besoin de troupes plus nombreuses que les troupes
   allemandes.
7. De Gaulle cherche des combattants et des spécialistes pour l'aider à fonder la résistance
   française.
8. Ce sont des circonstances spéciales qui autorisent le général de Gaulle à parler au nom de
   la France.

les âmes *f* souls, people / **faire jouer** = *mettre en action* / **j'ai conscience de parler** I feel that
I am speaking / **suivre** to follow / **porter** to bear / **encore** still / **le devoir** = *l'obliga-
tion* / **soumettre** to subject / **n'importe quel morceau** any piece / **où que vous soyez** wherever you may be / **debout** stand up

[1]Clauzel, Bugeaud, Lyautey, Noguès : French military leaders who played major roles in
North Africa in the 19th and 20th centuries. Ironically, shortly after this speech, Noguès, a
contemporary of de Gaulle, withdrew his support for resistance and switched his allegiance
to Pétain.
[2]La panique de Bordeaux: As German troops invaded France, French officials took
refuge in Bordeaux. It was from there that Marshal Pétain announced the armistice and the
formation of the government that would be centered in Vichy.

9. Il déclare que la résistance est un crime contre la patrie.
10. La résistance va se concentrer à Bordeaux.

Nouveau Contexte

Complétez le dialogue suivant en employant les termes appropriés (employez chaque terme une seule fois). Puis, jouez le dialogue.

Noms : avenir *m,* chefs *m,* moyens *m,* ouvriers *m,* pouvoir *m*
Verbes : amène, empêchera, reculer
Adjectif : n'importe quelle

—Les _____ *1* de notre gouvernement ont besoin de se mettre en rapport avec le peuple.
—Qu'est-ce qui t' _____ *2* à dire ça, Joseph?
—Ils ne pensent qu'à la politique étrangère. Et cependant, ici dans notre pays, le peuple cherche les _____ *3* de vivre.
—Tu as raison. Les employés et les _____ *4* font _____ *5* sorte de travail pour gagner leur vie. Et pourtant, au lieu d'avancer, ils ont l'impression de _____ *6* .
—Il y a cependant une bonne chose. C'est bientôt le moment des élections, et là les gens ont le _____ *7* .
—Oui, rien ne les _____ *8* alors de surprendre les politiciens et de les mettre à la porte!
—On ne peut jamais prédire l' _____ *9* , hein?
—Oui. Voilà ce que les politiciens oublient!

Appréciation du texte

1. Le texte du général de Gaulle est un discours prononcé à la radio. C'est donc oralement que le général doit arriver à persuader ses auditeurs. Lorsqu'il veut insister sur un point en particulier, il a souvent recours à la répétition. Lisez le discours à haute voix et notez les endroits dans le texte où la répétition accentue la pensée ou augmente l'intensité des émotions.
2. Dans ces deux discours, le général de Gaulle lance un appel extraordinaire à ses compatriotes, les exhortant à ne pas abandonner le combat et à se joindre à lui dans la résistance. Qu'est-ce qui fait la force de ces discours, d'après vous? Quel a dû en être l'effet? Le général a-t-il été persuasif?

Vocabulaire satellite

le **pays**   country, land
la **patrie**   homeland
la **puissance**   power
le **chauvinisme**   chauvinism
la **xénophobie**   xenophobia

l' **isolement** *m*   isolation
le **citoyen,** la **citoyenne**   citizen
les **impôts** *m*   taxes
le, la **contribuable**   taxpayer
le, la **fonctionnaire**   public servant

l' **homme,** la **femme politique**
    politician
appartenir to belong
avoir honte to be ashamed
trahir to betray
défendre to defend

se battre to fight
fier, fière proud
fidèle loyal
respectueux, -euse des lois law-abiding
bien renseigné well informed

Pratique de la langue

1. Voici une occasion unique! Vous disposez de trois minutes pour présenter aux autres membres de la classe une idée qui vous est chère. Préparez un petit discours (sérieux? amusant? satirique?) et faites une présentation frappante.
2. Quelle idée vous faites-vous de votre pays? Lui attribuez-vous, comme le faisait le général de Gaulle pour la France, «une destinée éminente et exceptionnelle»? Dressez son bilan *(draw up its balance sheet)* : quelles sont ses réussites remarquables, qu'est-ce que l'avenir promet, et quels problèmes l'empêchent pour le moment de réaliser toutes ses possibilités? Comparez vos conclusions avec celles de vos camarades de classe.
3. Table ronde : Le général de Gaulle savait qu'un jour il allait rendre un service exceptionnel à la France. Quels rapports avez-vous actuellement avec votre pays? Quel rôle jouez-vous à présent et quel rôle comptez-vous jouer un jour?
4. «Dans le monde actuel, le nationalisme est un sentiment démodé. Il faut être citoyen du monde.» Traitez cette question sous forme de débat ou de dialogue.

Sujets de discussion ou de composition

1. Le sous-titre de *Candide* est *L'Optimisme.* Etant donné la situation actuelle dans le monde, quelle est votre attitude philosophique fondamentale? Etes-vous optimiste ou pessimiste?
2. Quelle image vous faites-vous de la France et des Français? Dressez une liste de caractéristiques prépondérantes et comparez votre liste à celles des autres étudiants. Sur quels points tombez-vous d'accord? Y a-t-il des contradictions? Discutez de ces désaccords et tâchez *(try)* de faire prévaloir votre point de vue.
3. Comment se forme-t-on une image d'un pays et de ses habitants? Quelles sont les sources d'information? Est-ce que toutes ces sources ont la même valeur? Comment avez-vous formé votre image de la France et des Français? Y a-t-il une part de stéréotype dans votre conception?
4. Ecrivez une petite scène qui illustre (de façon comique?) un ou plusieurs aspects de l'esprit français. Pour donner plus de relief à votre personnage principal, introduisez un ou deux autres personnages qui sont juste le contraire de votre héros (héroïne) français(e).

8

La Francophonie

The term *francophonie* designates the countries of the world where French is spoken regularly. Through the centuries, the expansion of French influence beyond the immediate territorial limits of France has not been confined by any means to the political arena. In an effort to develop lasting ties with their colonies, the French introduced their language and culture wherever they settled. As a result, French is spoken today on five continents, and literary works written in French appear outside of France not only in Belgium, Switzerland, and Luxembourg, but also in Canada (Quebec), the West Indies (Martinique, Guadeloupe, Haiti), Africa (Algeria, Morocco, Tunisia, and many sub-Saharan countries), and Asia (Lebanon, Vietnam). While many francophone writers may have been nurtured in Paris, they evolved and established an identity separate from other French writers by elaborating their own themes in their own chosen artistic manner. It is apparent that, henceforth, important developments in literature of French expression will no longer emanate exclusively from France.

The selections in this chapter are from the works of a Canadian and an African author. They illustrate, in the first case, a mature literature able to deal significantly with universal human preoccupations and, in the second, a discerning treatment of the tensions arising from the confrontation of two different cultures.

Un Canadien: Michel Tremblay

Canadian literature of French expression emerged very slowly after the English army under Wolfe had defeated the French under Montcalm in 1759. The first French Canadian novel worthy of the name did not appear until nearly a century later. It naturally took many more years for able writers to begin expressing a collective consciousness through purely Canadian themes.

The initial masterpiece of the French Canadian novel, *Maria Chapdelaine,* was written by Louis Hémon, who had come to Canada from France in 1911. Published in Montreal in 1916 and in Paris in 1922, it told the story of a people eking out a primitive living in the wilderness. The first major generation of French Canadian novelists appeared in the 1940s. Gabrielle Roy's *Bonheur d'occasion* (1945) marked the emancipation of the novel, henceforth free of the limited traditional themes of the past and able to concentrate on an objective depiction of modern life (cf. Chapter 2, pp. 31–35). As the French Canadian novel continues to grow, it is reflecting more and more the moral crises of a pluralistic society and is thus proving its own viability independent of the novel in France. Today in French Canada the novel and poetry constitute the most vital forms, while the theater, which came into its own only after 1945, is gaining an increasing audience.

One of the most prominent of contemporary French Canadian playwrights is Michel Tremblay, who was born in 1942 in a working-class neighborhood on Montreal's east side. Even as a young boy he dabbled in poetry and the theater. In 1966 he produced a collection of short stories entitled *Contes pour buveurs attardés.* Two years later, in Montreal,

he achieved his first important theatrical success with *Les Belles-sœurs,* a play which received subsequent high acclaim in Paris. From that point on, he continued to create original works on a regular basis while occasionally adapting the works of other writers such as Aristophanes, Tennessee Williams, and Paul Zindel. Perhaps his best-known play, in addition to *Les Belles-sœurs,* remains *A toi, pour toujours, ta Marie-Lou* (1971).

Michel Tremblay's theater focuses sharply on the working-class neighborhoods of Montreal, which he knows so well. It depicts the feelings of helplessness and frustration weighing heavily upon the people, nearly breaking their spirit as they find themselves unable even to communicate their plight effectively. The playwright assumes this task for them, aided in great part by the common, coarse quality of the everyday vernacular. Michel Tremblay, in fact, is a very controversial writer because of the language of his characters. In seeking to assure the linguistic authenticity of these characters, he has them speak the French Canadian dialect known as "le joual" rather than conventional French. This technique lends a particular poignancy to their expression but, at the same time, tends to alienate audiences or critics who approach the works with conditioned, standard expectations.

The following selection, in conventional French, is one of the short stories in the collection *Contes pour buveurs attardés.* It illustrates the extent to which French Canadian literature has embraced universal themes and has gained a broad appeal by dealing with recurring human problems.

Orientation: Characterization

The central character in this Michel Tremblay short story is the devil. He is the main vehicle for the presentation of the author's theme. Normally readers would not react favorably to such a spokesman. The devil is generally thought of as the chief evil spirit residing in a forbidding kingdom which no one wishes to inhabit. Tremblay, however, makes his character interesting, even attractive in some respects. As you read, be careful to gauge your own personal reaction to this central protagonist. Try to notice how the author has made him acceptable in two principal ways: by lending him human characteristics and by creating a familiar, congenial setting around him. In what ways does the devil reveal a sense of humor? What individual frustrations does he vent? What human actions does he perform? What type of style does the author use to create a light atmosphere for his story? Is there much dialogue? Are the sentences very formal?

Despite all this, the devil remains the devil. How does his fiendishness manifest itself? What catastrophic theme has he come to introduce? After he has played his more innocent pranks on the poor bewildered creatures whom he encounters initially, what grim business does he intend to take up with his ingenuous human audience?

Le Diable° et le Champignon° I

C'était un grand diable de diable. Comme tous les diables, il avait une queue°. Une drôle de queue. Une queue de diable, toute longue, et qui traînait par terre°. Et qui se terminait en pointe de flèche°. Bref, c'était un grand diable de diable avec une queue.

5   Il marchait sur la route et toutes les filles qu'il rencontrait s'enfuyaient° en tenant leurs jupes°. Lorsqu'elles étaient rendues chez elles, elles criaient : «J'ai vu le diable! Le diable est là, je l'ai vu! C'est vrai, je vous le dis!»

Et le diable continuait sa route. Les regardait s'enfuir en souriant.

Il arriva à une auberge°. «A boire!» cria le diable. On lui servit à boire. L'aubergiste avait peur. «Tu as peur du diable?» demanda le diable. «Oui,» répondit timidement l'aubergiste et le diable rit. «Ton vin est bon, aubergiste, je reviendrai!» L'aubergiste baissa la tête en s'essuyant° les mains sur son tablier° d'aubergiste. Blanc. Mais sale°. Avec dessus° des traces de sauces, de viandes, de légumes qu'on vient d'arracher° de terre, de charbon° aussi parce qu'il faut bien

15   allumer les fourneaux°, le matin. «Pour une fois, pensait l'aubergiste, j'eusse

---

le diable devil / **le champignon** mushroom / **la queue** tail / **traîner par terre** to drag on the ground / **la pointe de flèche** arrowhead / **s'enfuir** to run away / **la jupe** skirt / **une auberge** inn / **essuyer** to wipe / **le tablier** apron / **sale** dirty / **dessus** on (it) / **arracher** to pull up / **le charbon** coal / **le fourneau** stove

préféré° que mon vin fût moins bon!» Et le diable qui lisait dans les pensées comme tous les diables rit plus fort et même se tapa° sur les cuisses°.

Mais quelqu'un était entré dans l'auberge et le diable se tut°. C'était un garçon. Un garçon jeune avec une figure° belle. «D'où vient ce roulement de tambour°
20 que j'entends?» demanda le diable. «Je ne sais pas, répondit le garçon. Ce roulement de tambour m'accompagne partout depuis que je suis né sans que je sache d'où il vient. C'est toujours comme ça. Il est toujours avec moi.» Le diable s'approcha du garçon et s'assit à côté de lui sur un banc°. «Tu es soldat?» demanda le diable. Et à l'instant même le tambour s'arrêta. «Soldat? Qu'est-ce que c'est?» de-
25 manda à son tour le garçon. «Comment, s'écria le diable, tu ne sais pas ce que c'est qu'un soldat? Aubergiste, voilà un garçon qui ne sait pas ce que c'est qu'un soldat!» L'aubergiste, qui était retourné à sa cuisine, revint dans la salle et dit : «Moi non plus je ne sais pas ce que c'est qu'un soldat.»

—Mais voyons°, cria le diable, voyons, voyons! Un soldat, c'est quelqu'un qui fait
30 la guerre!

—La guerre? dit le garçon. Qu'est-ce que c'est?

—Tu ne sais pas ce que c'est que la guerre? demanda le diable.

—Non. C'est là un mot que je ne connais pas, répondit le garçon.

—C'est un mot tout nouveau pour nous, ajouta° l'aubergiste.

35 Alors le diable en furie hurla° en se tenant la tête à deux mains : «Aurais-je oublié° d'inventer la guerre?»

Sur la route, près de l'auberge, une petite fille chantait :

      «Une femme a ouvert la porte.

      Le diable a crié : «Mourez.»
40   La femme à l'instant est morte

      Et dans les enfers° est allée.»

—Je veux un morceau de charbon cria le diable. L'aubergiste lui en apporta un. «Il n'est pas assez gros. Il me faut° un gros morceau de charbon. Il me faut le plus gros morceau de charbon!» L'aubergiste lui donna alors le plus gros morceau de
45 charbon qu'il possédait. «Il n'est pas encore assez gros!» dit le diable. L'aubergiste répondit : «Il n'y en a pas de plus gros. C'est lui, le plus gros. Le plus gros que j'ai.»

—C'est bon, fit le diable°, contrarié°, puisque c'est le plus gros que tu as...

Alors le diable monta sur la table et fit ce discours : «Vous qui ignorez° ce que
50 c'est que la guerre, ouvrez bien grandes vos oreilles!» La salle de l'auberge était pleine à craquer°. Même que° l'aubergiste s'était vu obligé de faire asseoir des gens au plafond°. «Regardez sur ce mur, continua le diable. Avec ce mauvais morceau

---

j'eusse préféré = *j'aurais préféré* / **taper** to slap / **la cuisse** thigh / **se tut** stopped talking *(se taire, passé simple)* / **la figure** face / **le roulement de tambour** drum roll / **le banc** bench / **Mais voyons** Come now! / **ajouter** to add / **hurler** to howl, to scream / **aurais-je oublié** could I have forgotten / **les enfers** *m* hell / **Il me faut** = *J'ai besoin de* / **fit le diable** = *dit le diable* / **contrarié** = *fâché* / **ignorer** = *ne pas savoir* / **plein à craquer** full to bursting / **Même que** = *Si (pleine) que* / **le plafond** ceiling

de charbon, je vais vous montrer ce que c'est que la guerre!» Se précipitant alors
sur le mur, le diable se mit à° dessiner° farouchement°. Le dessin qu'il fit était le
55 dessin d'un champignon. Un immense champignon qui emplissait° le mur de
l'auberge. Quand il eut fini, le diable revint d'un bond sur la table et déclara :
«Voilà. Je vous ai dessiné une guerre. Une petite guerre, mon morceau de charbon
étant trop petit pour que je puisse vous en dessiner une grosse, une vraie.» Tout le
monde disparut en applaudissant et il ne resta plus dans l'auberge que le diable, le
60 garçon et l'aubergiste. «Mais c'est un champignon! dit le garçon en riant. Un vul-
gaire° champignon! Et un soldat, c'est quelqu'un qui cultive les champignons?
   —Tu ne comprends rien, dit le diable en faisant tourner sa queue, rien de rien°.
Ce champignon-là n'est pas un champignon ordinaire! Tu sais ce que c'est qu'un
fusil°?
65   —Oui, répondit le garçon.
   —Ah! voilà au moins une chose que je n'ai pas oublié d'inventer, c'est déjà ça°.
Tu as un fusil?
   —Oui.
   —Va me le chercher tout de suite. La guerre ne peut attendre. Elle a assez
70 tardé°!
   Le garçon s'en fut° chercher son fusil cependant que le diable buvait une autre
bouteille de vin (c'était un diable un peu ivrogne°).
   L'aubergiste regardait le champignon qui était sur le mur et se grattait la tête°
en pensant : «Quand même°, un si gros champignon... quelle économie!» Et il re-
75 tourna à sa cuisine.
   Le diable, lui, n'était pas content. «Imbécile, se disait-il, espèce d'imbécile°, de
triple buse°, de stupide, d'abruti° que je suis! Voilà pourquoi nos affaires allaient si
mal! J'avais oublié d'inventer la guerre! Ah! mais ils ne perdent rien pour attendre!
Je vais leur en tripoter une sucrée, de guerre°! Une vraie de vraie! Ah! ils ne savent
80 pas ce que c'est que la guerre! Foi de diable°, ils ne seront pas longs à l'apprendre!
Il va leur péter à la figure° la plus belle petite... »

Qu'en pensez-vous?

Etes-vous d'accord ou non avec les déclarations suivantes? Justifiez votre réponse.

1. Il est facile de reconnaître le diable.
2. Le diable se réjouit parce que les jeunes filles ont peur de lui.

---

se mettre à = *commencer à* / **dessiner** to draw / **farouchement** = *avec violence* / **emplir** to fill / **vulgaire** = *ordinaire* / **rien de rien** nothing whatever / **le fusil** gun, rifle / **c'est déjà ça** that's something at least / **tarder** to delay / **s'en fut** = *s'en alla* / **ivrogne** drunkard / **se gratter la tête** to scratch one's head / **Quand même** Nevertheless / **espèce d'imbécile** = *quel imbécile!* / **la buse** blockhead / **abruti** = *idiot* / **Je vais leur en tripoter une sucrée, de guerre!** I'll cook them up one beauty of a war! / **Foi de diable** By the devil! / **Il va leur péter à la figure** There's going to explode in their face

3. L'aubergiste est fier de la qualité de son vin.
4. Un bruit de flûte accompagne le jeune garçon partout où il va.
5. Le bruit augmente lorsque le diable lui parle.
6. Le diable est étonné de l'ignorance du garçon et de l'aubergiste.
7. Avec un morceau de charbon le diable leur montre ce que c'est que la guerre.
8. Le garçon et l'aubergiste sont les seuls à entendre la présentation du diable.
9. Tout le monde comprend et apprécie le dessin du diable.
10. Le diable reconnaît qu'il a été stupide.

Nouveau Contexte

Complétez le dialogue suivant en employant les termes appropriés (employez chaque terme une seule fois). Puis, jouez le dialogue.

Noms : queue *f,* roulement de tambour *m*
Verbes : a apporté, s'est approché de, il nous fallait, ignorais, me taire, traînait par terre
Adjectifs : drôle de, pleine à craquer

—Alors, Philippe, est-ce que Le Diabolique t'a plu?
—Enormément, Bertrand, énormément! C'est un restaurant très sympathique.
—Moi, ce que j'ai aimé, c'est les garçons et les serveuses habillés en diables avec leur _____*1* en pointe de flèche qui _____*2* derrière eux.
—Moi, j'ai aimé la réception qu'on nous a faite avec ce gros _____*3* . Tout le monde s'est retourné pour nous voir entrer.
—Quelle ambiance, hein! J'avais un peu peur à table quand notre diable de garçon _____*4* nous pour prendre notre commande.
—Moi aussi. Je ne savais pas si je devais parler ou _____*5* .
—Cependant, après qu'il nous _____*6* nos apéritifs, je me suis senti mieux.
—Oui, c'est exactement ce qu'_____*7* .
—Avant hier soir, j'_____*8* que ce genre de restaurant existait.
—Pourtant Le Diabolique est bien connu. La salle était _____*9* .
—C'est un _____*10* restaurant. Il n'y en a pas d'autre comme celui-là.
—Alors, on y retourne ce soir?
—Bien sûr!

Orientation: Characterization (cont'd)

The devil remains an intriguing character, displaying many of the emotions that we humans feel routinely. What frustrations does he continue to experience? The tone of the selection is somewhat different now. There is far less humor and, when it does occur, it does so almost in spite of the devil. Does he realize, for example, how funny he sounds when, exacerbated by the boy's *naïveté,* he reveals his frustration by observing : "Si je ne l'étais pas déjà, tu me ferais sûrement damner."

The full expansion of the theme takes place in this climax of Michel Tremblay's tale. The devil has come to introduce and promote war. In reading, notice the progression in the state of belligerence, the rapid escalation from an isolated incident that had to be provoked initially all the way up to the ultimate in destruction and annihilation. The devil shows his true spirit now: he is dead serious as he unleashes the mighty forces of evil that gradually build up to a point where they multiply uncontrollably in a geometric progression, culminating in the explosive demolishment of humankind.

Le Diable et le Champignon II

Déjà, le garçon était de retour° avec son fusil. Quand le diable vit le fusil du garçon, sa colère° redoubla. Comment°, c'était là un fusil? On le prenait pour un idiot, ou quoi? Tout rouillé°! Tout crotté°! Même qu'il y manquait° des morceaux°! Le diable s'empara° du fusil et le tordit°. Le garçon ouvrit grand les yeux et dit : «Oh!»

5   Le diable s'approcha du foyer°, prit le tisonnier° et en soufflant dessus° en fit le plus beau fusil qu'on avait jamais vu. Le garçon dit au diable : «Je peux le toucher?»

—Mais comment donc°, répondit le diable. Il est à toi. Je te le donne!» Le garçon le remercia. «Ne me remercie pas, cela me déçoit° toujours!»

10   Le garçon serrait° le fusil contre lui, et l'embrassait. Il se mit à danser en le tenant dans ses bras comme s'il se fût agi d'une femme°. «Tu l'aimes bien, le fusil, hein?» fit le diable. «Oh! oui,» répondit le garçon en dansant. Le diable l'arrêta d'un geste et le fit reculer° jusqu'au banc. «Comment appelle-t-on le pays voisin? Le pays qui touche au tien?» demanda-t-il au garçon. Ce dernier parut° fort° sur-
15   pris. «Le pays voisin? Mais il n'y a pas de pays voisin! Il n'y a qu'un pays, le monde. Le monde est un pays. Le mien.» Le diable flanqua deux gifles au garçon° qui tourna deux fois sur lui-même.

—A-t-on déjà vu gens aussi ignorants! rugit° le diable. Le monde, un pays? Mais vous êtes tous fous! Voyons... pour faire une guerre, il faut au moins deux pays. Di-
20   sons que le village qui se trouve de l'autre côté de la rivière est un autre pays. Un pays ennemi. Surtout, ne me dis pas que tu ignores ce que signifie le mot ennemi ou je te flanque deux autres claques°! Tu hais° les gens de l'autre village... tu les hais de tout ton cœur, tu entends?

—Mais ma fiancée...

25   —Et ta fiancée aussi! Elle, plus que les autres! Tu les hais tous et tu veux les tuer!»

être de retour to be back / **la colère** anger / **Comment** What! / **rouillé** rusty / **crotté** = *sale* / **Même qu'il y manquait** = *Il y manquait même* / **le morceau** piece / **s'emparer de** = *saisir* / **tordre** to wring, to twist / **le foyer** fireplace / **le tisonnier** poker / **souffler dessus** to blow on it / **comment donc** = *bien sûr* / **décevoir** = *désappointer* / **serrer** = *presser* / **comme s'il se fût agi d'une femme** = *comme si c'était une femme* / **reculer** to move back / **parut** = *paraître (passé simple)* / **fort** = *très* / **flanqua deux gifles au garçon** boxed the boy's ears twice / **rugir** to roar / **la claque** slap / **haïr** = *détester*

Le garçon bondit° sur ses pieds. «Avec mon fusil? cria-t-il. Mais c'est impossible! Nous ne nous servons de° nos fusils que pour tuer les oiseaux ou les animaux...

30   —Tu veux les tuer avec ton fusil parce que c'est comme ça que doit commencer la première guerre! Tu seras le premier soldat!

—Il faut donc tuer des gens pour faire la guerre? dit le garçon en regardant le champignon.

—Oui, c'est ça. Faire la guerre, c'est tuer des gens. Des tas° de gens! Tu verras comme c'est amusant!

35   —Et le champignon? demanda le garçon.

—Le champignon? Il viendra plus tard. Beaucoup plus tard. Tu seras peut-être mort, alors.

—Tué?

—Probablement.

40   —Dans la guerre?

—Oui.

—Alors, je ne veux pas être soldat. Ni faire la guerre.

Le diable monta sur la table et poussa un terrible hurlement° de diable. «Tu feras ce que je te dirai de faire!» cria-t-il ensuite au garçon.

45   L'aubergiste sortit de sa cuisine. Il tirait° derrière lui un immense chaudron°. «Je voudrais que vous me disiez où je pourrais trouver un champignon aussi gros que celui-là qui est sur le mur» dit-il en montrant le champignon. «Retourne à ta

---

bondir to bounce / **se servir de** = *employer* / **des tas** = *une quantité, une multitude* / **le hurlement** shriek / **tirer** to pull / **le chaudron** cauldron, kettle

cuisine, homme ignorant! hurla le diable. Ce n'est pas toi qui mangeras ce champignon, c'est lui qui te dévorera!»

50 Le diable descendit de la table, prit le garçon par les épaules°, le fit asseoir et lui dit : «Tu es un homme, je suppose que tu aimes te battre°... Non, ne m'interromps pas, j'ai compris. Tu ne t'es jamais battu, n'est-ce pas? Si je ne l'étais pas déjà, tu me ferais sûrement damner... Ecoute... Tu n'aimerais pas voir surgir° devant toi quelqu'un qui t'est antipathique depuis toujours... Il doit bien y avoir° quelqu'un

55 que tu n'aimes pas particulièrement... quelqu'un que tu pourrais haïr franchement° et avec qui tu pourrais te battre... Il ne t'est jamais arrivé° de sentir le besoin de haïr? Le besoin de te battre?» Le garçon répondit tout bas° : «Oui, j'ai déjà ressenti° ce besoin et j'aimerais me battre avec...

—Oui, qui? cria le diable.

60 —Le frère de ma fiancée qui s'oppose à notre mariage.

La porte de l'auberge s'ouvrit aussitôt et le frère de la fiancée parut. «Vas-y°, souffla° le diable à l'oreille du garçon, profite de l'occasion°! Personne ne vous verra ni ne vous entendra. Provoque-le... dis-lui des choses désagréables... la bataille viendra toute seule.»

65 Le garçon se leva, s'approcha du frère de sa fiancée et lui dit quelque chose à l'oreille. Le frère sursauta° et regarda le garçon avec de grands yeux interrogateurs. Alors le garçon lui cracha° à la figure. Les deux hommes sortirent de l'auberge pendant que le diable s'installait à la fenêtre.

Au bout de° deux minutes à peine, le garçon rentra dans l'auberge. Il était cou-
70 vert de poussière° et ses vêtements étaient éclaboussés de sang°. Il avait une lueur° au fond des yeux° et il souriait. «Je l'ai tué, cria-t-il, je l'ai tué et j'ai joui° de le voir mourir!»

Une fanfare° envahit° la cour° de l'auberge. Une fanfare de diables qui jouait des airs que les soldats aiment.

75 —Suivons la fanfare, dit le diable au garçon. Allons au village voisin apprendre° aux paysans que tu as tué leur fils... Ils sortiront leurs fusils... voudront t'attaquer... les tiens viendront te défendre... Allons-y°, soldat, la guerre nous attend!

La fanfare, le diable et le soldat partirent dans la direction du village d'à côté. Et la fanfare jouait de beaux airs, et le diable dansait, et le garçon riait... Alors le sol-
80 dat se multiplia : deux soldats, puis quatre soldats, puis huit, puis seize, puis

---

l'épaule *f* shoulder / **se battre** to fight / **surgir** to rise up, to appear / **il doit bien y avoir** there must indeed be / **franchement** = *sans hésitation* / **arriver** to happen / **tout bas** in a low voice / **ressentir** to feel / **Vas-y** Go ahead / **souffler** to whisper / **profite de l'occasion** make the most of the opportunity / **sursauter** to start up, to give a start / **cracher** to spit / **au bout de** = *après* / **la poussière** dust / **éclaboussé de sang** spattered with blood / **la lueur** glimmer, gleam / **au fond des yeux** deep in his eyes / **jouir de** = *prendre plaisir à* / **la fanfare** band / **envahir** to invade / **la cour** yard / **apprendre** = *informer* / **Allons-y** Let's go

trente-deux, puis soixante-quatre, puis cent vingt-huit, puis deux cent cinquante-
six, puis cinq cent douze, puis mille vingt-quatre, puis deux mille quarante-huit,
puis quatre mille quatre-vingt-seize... Il y eut des injures°, des insultes, puis des
coups°, puis des coups de fusil; on courait, on se cachait°, on attaquait, on se
85   défendait, on se tuait, on tombait, on se relevait, on retombait... Arrivèrent les
fusils; toutes sortes de fusils, des petits, des moyens°, des gros, des moins petits et
des plus gros, des plus petits et des moins gros; puis des canons, des mitraillettes°,
des avions munis° d'armes, des navires° munis d'armes, des autos, des trains, des
tracteurs, des autobus, des voitures de pompier°, des bicyclettes, des trottinettes°,
90   des voitures de bébés munis d'armes... La lutte° augmentait toujours, toujours, sans
jamais s'arrêter. Cela durait°, et durait, et durait, et durait...

Puis, un jour où le ciel était clair, le diable fit un petit signe de la main et le
champignon parut.

Michel Tremblay, Contes pour buveurs attardés (1966)

Qu'en pensez-vous?

Etes-vous d'accord ou non avec les déclarations suivantes? Justifiez votre réponse.

1. Quand le diable voit le fusil du garçon, il se met en colère.
2. Le diable fabrique un nouveau fusil pour le garçon.
3. Le garçon adore son nouveau fusil.
4. Le garçon ne sait pas le nom du pays voisin.
5. Le diable explique au garçon comment doit commencer la première guerre.
6. L'aubergiste comprend parfaitement le symbolisme du champignon.
7. Le garçon finit par trouver un ennemi.
8. La bataille entre le garçon et le frère de sa fiancée commence sans provocation.
9. Après que le garçon tue son adversaire, on entend de la musique.
10. Le nombre de soldats augmente, les armes augmentent, la lutte augmente.

Nouveau Contexte

Complétez le dialogue suivant en employant les termes appropriés (employez chaque terme
une seule fois). Puis, jouez le dialogue.

Verbes : s'agit-il, est arrivé, il doit y avoir, me battre, il faut, prends, as profité, sens
Adjectif : toute seule

—Georges, _____¹ que je te parle tout de suite.
—De quoi _____² , mon vieux?

---

des injures *f* abuse   /   **le coup** blow (*coup de fusil* = shot)   /   **se cacher** to hide   /   **moyen** medium, average   /   **la mitraillette** submachine gun   /   **muni** equipped   /   **le navire** ship   /   **la**
voiture de pompier fire engine   /   **la trottinette** scooter   /   **la lutte** = *la bataille*   /   **durer** to last

—J'ai envie de _____ 3 avec toi. Je _____ 4 le besoin de me venger.

—Te venger de quoi, mon ami?

—Tu sais bien de quoi je parle. Est-ce que tu me _____ 5 pour un idiot, Georges?

—Ecoute, Marc. J'ignore tout de cette affaire. Je vois que tu es fâché contre moi et _____ 6 une bonne raison. Dis-moi ce qui _____ 7 .

—Tu _____ 8 de notre amitié pour me voler ma petite amie!

—Qui, Suzanne?

—Oui, je l'ai vue hier soir au café et elle n'était pas _____ 9 !

—C'est vrai, Marc, c'est moi qui étais avec elle. Nous nous sommes réunis pour organiser une surprise-partie pour fêter ton anniversaire le mois prochain.

—Oh!

Appréciation du texte

1. D'après vous, quel thème est illustré dans ce petit récit? Résumez, en trois ou quatre phrases, ce dont il s'agit dans "Le Diable et le Champignon."

2. Etudiez le symbolisme du champignon. Qu'est-ce qu'il représente pour l'aubergiste? pour les autres gens dans l'auberge? et pour vous? Est-ce que ce symbolisme est évident dès le début du récit ou est-ce qu'il frappe le lecteur seulement à la fin? Citez les nombreux endroits dans le texte où l'auteur mentionne le champignon, préparant ainsi le dénouement de son histoire.

3. Quel est le ton dominant de ce récit? Est-ce que ce ton existe à travers toute l'histoire ou est-ce que le ton change au fur et à mesure *(gradually)*? Y a-t-il de l'humour dans le texte? Si oui, citez-en quelques exemples.

4. A votre avis, pourquoi l'auteur a-t-il introduit une fanfare dans le récit? Est-ce que cette introduction vous a étonné(e)? Pourquoi ou pourquoi pas? Quel lien y a-t-il entre la musique et la guerre?

Vocabulaire satellite

le **conflit**   conflict
la **défaite**   defeat
le **militaire**   military man, soldier
le **pistolet**   handgun
le **couteau**   knife
le **désarmement**   disarmament
la **dispute**, la **querelle**   quarrel
   s'entendre (avec)   to get along (with)
se **disputer**   to quarrel
se **fâcher (contre)**   to get angry (with)
se **battre (avec)**   to fight, to come to
   blows (with)

empêcher la guerre   to prevent war
menacer   to threaten
faire mal à   to hurt
blesser   to wound
gagner, perdre   to win, to lose
vaincre   to conquer
résoudre un problème, une difficulté
   to solve a problem, to resolve a
   difficulty
se **réconcilier**   to make up, to become
   friends again

Pratique de la langue

1. Présentations orales :
   a. «Il n'y a pas de pays voisin. Il n'y a qu'un pays, le monde.»
      Est-ce vrai? Si oui, jusqu'à quel point? Si non, pourquoi pas?
   b. La guerre est-elle une invention du diable? Expliquez.
   c. Racontez un incident où vous vous êtes disputé(e) avec quelqu'un. Dites comment vous et l'autre personne êtes entré(e)s en conflit et comment vous avez pu résoudre la difficulté.
2. A débattre :
   a. Le seul moyen d'empêcher la guerre, c'est d'être bien préparé à se défendre. Il faut donc développer des armes de plus en plus puissantes.
   b. Chacun devrait garder chez soi une arme quelconque pour défendre sa maison et sa famille.
   c. Tout le monde devrait faire son service militaire.
3. Ecrivez et présentez un dialogue (amusant? sérieux? étrange?) entre vous et le diable.

Un Africain: Francis Bebey

Africa is a land of many languages. There are said to be over four hundred different local vernaculars in use today, the vast majority of which are primarily oral. One can speak legitimately of an oral literature transmitted by troubadour[L]-historians called *griots*. A *griot* sings, tells stories, hands down myths and legends, and generally preserves historical and literary oral traditions. He serves as a chronicler and genealogist, and plays a prominent artistic and cultural role in community events. The *griot* commands the respect of everyone and, in West Africa, is commissioned by governments to teach and conserve the artistic heritage of the people.

Francis Bebey is an author who belongs to the great tradition of African story-tellers. Born in the west central African country of Cameroon in 1929, he received his formal training first in his native country and then in France, majoring in musicology. He quickly became interested in journalism and began his career as a radio journalist and program producer in Africa. In 1961 he joined UNESCO in Paris as a specialist in charge of music development. In 1967 and 1969 he wrote two works dealing with music in Africa, excellent introductions to the world of traditional African music.

His first novel, *Le Fils d'Agatha Moudio,* was published in 1967 and so charmed its readers with its mixture of humor and direct narrative tone that it won for its author the Grand Prix Littéraire de l'Afrique Noire. Francis Bebey has since continued to write (poetry, fiction, and music) and to give recitals as a guitarist in Africa, Europe, and the United States. His great interest in communications has led him to investigate many forms of artistic expression.

The following excerpt from *Le Fils d'Agatha Moudio* describes a meeting of the village elders at the home of the tribal chief, Mbaka. They have come together to choose a wife for the young Mbenda, whose father has died. The selection process brings to light the conflict between hallowed tribal customs and the ways of other cultures, the dichotomy between the civilizations of Africa and Europe.

Orientation: Local Color

Francis Bebey is a native African who has traveled all over the world and, in the process, encountered a good number of different cultures. In *Le Fils d'Agatha Moudio,* he offers us a portrait of the customs of his own ancient civilization and the tests to which some of these practices are put by the younger generation exposed to other influences. Many readers are unfamiliar with some of the mores of African life. Attention to detail therefore will be all the more important. In literary terms, this expression of cultural difference is termed local color.

Young Mbenda is at the age to take a wife. Longstanding tribal tradition dictates that the village elders, meeting in formal council, choose a suitable mate for the young man. But these are times of transition. Mbenda knows two different cultures and he finds himself caught between the two. Chief Mbaka spells out the issue for Mbenda, informing him that the choice is his to make freely. We then go through Mbenda's thought process with him as he considers the cogent arguments and experiences a range of emotions. Throughout his deliberations, Mbenda is conscious of another important presence in the room, his father's spirit, which has no small bearing on the outcome. Will he have acquired enough wisdom in his young life to make the right decision? What are the factors that weigh most heavily in his determination?

Un Grand Conseil de mariage

Lorsque j'y arrivai, je le trouvai assis, parmi les autres. Tous les anciens° étaient là : il y avait Moudiki, Bilé, Ekoko, Mpondo-les-deux-bouts, le roi Salomon, et même Eya. Avec le chef Mbaka, cela faisait sept personnes... sept anciens du village, pour me parler de mon cas. J'avoue° que leur mine° et leur attitude ne laissèrent pas de°
5   m'impressionner vivement.

Les sept visages noirs prirent leur air des grandes occasions, renforcé par la pénombre° de la pièce où se tenait° la réunion°. On me fit asseoir au milieu du groupe, et l'on me parla. Ce fut, comme il se devait°, le chef lui-même qui parla le premier.

10   —Ecoute, fils, me dit-il, je dois t'annoncer tout d'abord° que l'esprit de ton père est présent ici, avec nous, en ce moment même. Sache donc que nous ne faisons rien qui aille contre sa volonté. D'ailleurs°, même s'il était encore vivant, il nous laisserait faire, car il avait confiance aux anciens, et il les respectait beaucoup...

Mbaka prit un temps, puis continua :

15   —Nous allons te marier. C'est notre devoir de te marier, comme cela a toujours été le devoir de la communauté de marier ses enfants. Mais, si, à l'exemple de certains jeunes gens d'aujourd'hui, tu crois que tu peux mener à bien°, tout seul, les affaires de ton propre mariage, nous sommes prêts à te laisser les mains libres, et à ne plus nous occuper de toi dans ce domaine-là. La seule chose que nous allons te de-
20   mander, c'est si tu consens à ce que ton mariage soit pris en mains par les anciens du village, ou si, au contraire, tu estimes que c'est une affaire qui ne regarde° que toi, et dont nous aurions tort de nous occuper. Réponds-nous, fils, sans peur; réponds franchement : tu es libre de choisir ton propre chemin.

Je compris : j'étais au carrefour° des temps anciens et modernes. Je devais
25   choisir en toute liberté ce que je voulais faire, ou laisser faire. Liberté toute théorique, d'ailleurs°, car les anciens savaient que je ne pouvais pas choisir de me passer d'°eux, à moins de° décider ipso facto d'aller vivre ailleurs°, hors de ce

---

les anciens elders / **avouer** to admit / **la mine** = *l'apparence du visage* / **ne pas laisser de** = *ne pas manquer de* / **la pénombre** semi-darkness / **se tenir** = *avoir lieu* / **la réunion** meeting / **comme il se devait** as was fitting / **tout d'abord** at the outset / **d'ailleurs** besides, moreover / **mener à bien** to manage successfully / **regarder** = *concerner* / **le carrefour** crossroads / **d'ailleurs** anyhow / **se passer de** = *vivre sans* / **à moins de** unless / **ailleurs** elsewhere

village où tout marchait selon des règles séculaires°, malgré l'entrée d'une autre forme de civilisation qui s'était manifestée, notamment°, par l'installation de cette
30 borne-fontaine[1] que vous connaissez. Et puis, comment oser° dire à ces gens graves et décidés, que je voulais me passer d'eux? Je vous dis qu'il y avait là, entre autres personnes, Eya, le terrible sorcier°, le mari de la mère Mauvais-Regard. Dire à tout le monde présent que je refusais leur médiation, c'était presque sûrement signer mon arrêt° de mort. Tout le monde, chez nous, avait une peur terrible d'Eya, cet
35 homme aux yeux rouges comme des piments mûrs°, dont on disait qu'il avait déjà supprimé° un certain nombre de personnes. Et malgré ma force qui entrait peu à peu dans la légende des lutteurs° doualas,[2] moi aussi j'avais peur d'Eya. Il était là, il

séculaire = *qui existe depuis des siècles* / **notamment** = *particulièrement* / **oser** to dare / **sorcier** sorcerer / **un arrêt** warrant / **les piments mûrs** ripe pimentos / **supprimer** = *exterminer* / **le lutteur** wrestler

[1]On avait installé une fontaine dans le village du narrateur, ce qui le distinguait des villages voisins (borne : *landmark*).

[2]The Douala are a coastal people after whom the modern city of Douala (Bebey's birthplace) is named.

me regardait d'un air qu'il essayait de rendre indifférent et paternel à la fois°. Ses
petits yeux brillaient au fond d'orbites profondes, en harmonie avec les joues° mai-
40   gres. Il n'avait pas dû° manger beaucoup quand il était jeune. Il était là, devant
moi, véritable allégorie de la mort habillée d'un pagne° immense, et d'une
chemise de popeline° moisie°. Je n'osai pas le regarder en face. Je pensai, dans
mon for intérieur°, que de tous ces hommes groupés autour de moi, seul le roi Salomon pouvait m'inspirer une certaine confiance. Lui au moins, était un homme
45   sincère. A part les moments où il désirait vraiment inventer des histoires, ce qu'il
réussissait d'ailleurs fort bien, à part ces moments-là, il disait les choses qu'il pensait, avec des pointes de sagesse° dignes° du nom célèbre qu'il portait. C'était, du
reste°, à cause de cette sagesse que notre village l'avait sacré° roi, bien que de toute
sa vie, Salomon n'eût connu° que son métier° de maçon. Je tournai les yeux vers
50   lui, comme pour lui demander conseil. Il secoua° affirmativement la tête, assez
légèrement pour que les autres ne voient pas, assez cependant pour que je com-
prenne. Oui, le roi Salomon était de l'avis° du groupe, et moi je devais me ranger à
son avis°, à leur avis à tous.

—Chef Mbaka, et vous autres, mes pères, dis-je, je ne puis vous désobéir. Je suis
55   l'enfant de ce village-ci, et je suivrai la tradition jusqu'au bout°. Je vous déclare que
je laisse à votre expérience et à votre sagesse le soin° de me guider dans la vie,
jusqu'au jour lointain° où moi-même je serai appelé à guider d'autres enfants de
chez nous.

Chacun des hommes manifesta sa satisfaction à sa manière, qui° toussotant°, qui
60   souriant, qui reprenant un peu de poudre de tabac à priser°.

—C'est bien, fils, dit le chef Mbaka. Voilà la réponse que nous attendions de
notre fils le plus digne, et nous te remercions de la confiance que tu nous accordes,
de ton plein gré°. Maintenant, tu vas tout savoir : dès° demain, nous irons «frapper à la porte» de Tanga, pour sa fille Fanny... Esprit, toi qui nous vois et qui nous
65   écoutes, entends-tu ce que je dis? Je répète que nous irons demain frapper à la
porte de Tanga, pour lui demander la main de sa fille pour notre fils La Loi°,
comme tu l'as ordonné toi-même avant de nous quitter. Si tu n'es pas d'accord
avec nous, manifeste-toi d'une manière ou d'une autre, et nous modifierons aus-
sitôt° nos plans...

à la fois = *en même temps* / **la joue** cheek / **Il n'avait pas dû** He mustn't have / **le pagne**
loincloth / **la popeline** poplin (cloth) / **moisi** musty, moldy / **dans mon for intérieur** = *au
fond de moi-même* / **la sagesse** wisdom / **digne** worthy / **du reste** = *d'ailleurs* / **sacrer** to
crown / **eût connu** = *avait connu* / **le métier** = *travail, profession* / **secouer** to shake /
l'avis *m* = *opinion* / **se ranger à l'avis de quelqu'un** = *se déclarer de son avis* / **le bout** = *fin* /
le soin care / **lointain** = *distant* / **qui... qui** the one ... the other / **toussoter** to cough
mildly / **le tabac à priser** snuff / **de ton plein gré** of your own free will / **dès** from, starting
/ **La Loi** = *traduction en français du nom du narrateur (Mbenda)* / **aussitôt** = *immédiatement*

70   Il parla ainsi à l'esprit de mon père, qui était présent dans cette pièce, et nous at-
tendîmes une manifestation éventuelle°, pendant quelques secondes. Elle ne vint°
point; rien ne bougea° dans la pièce, ni le battant° de la porte, ni l'unique fenêtre
avare° de lumière, et qui s'ouvrait par une petite natte° rectangulaire de raphia
tressé°; nous n'entendîmes rien, même pas de pas° sur le sol° frais de terre battue°.

75 Rien : mon père nous donnait carte blanche°.

Francis Bebey, Le Fils d'Agatha Moudio (1967)

Qu'en pensez-vous?

Etes-vous d'accord ou non avec les déclarations suivantes? Justifiez votre réponse.

1. Le narrateur, Mbenda, est impressionné par cette réunion des anciens.
2. C'est le père de Mbenda qui prendra la décision définitive dans le cas de son fils.
3. Les anciens du village ont une seule question fondamentale à poser à Mbenda.
4. Mbenda comprend qu'il est parfaitement libre de prendre la décision qu'il veut.
5. Mbenda, excellent lutteur, n'a pas peur d'Eya, le sorcier.
6. Le roi Salomon inspire confiance à Mbenda, même s'il invente des histoires.
7. Dans un long discours, comme une de ses histoires, le roi Salomon donne son conseil à Mbenda.
8. Mbenda, enfant de la nouvelle civilisation, décide de se passer de l'opinion des anciens et de choisir son propre chemin.
9. Les anciens approuvent la décision de Mbenda.
10. Avant d'annoncer le nom de la femme qu'ils ont choisie pour Mbenda, les anciens consultent une dernière fois l'esprit de son père.
11. La volonté de l'esprit se manifeste par une forte lumière qui éclaire tout à coup la pièce.

Nouveau Contexte

Complétez le dialogue suivant en employant les termes appropriés (employez chaque terme une seule fois). Puis, jouez le dialogue.

Noms : confiance *f*, tout le monde
Verbes : marchera, me passer de, regarde, sache
Adjectifs : digne, prête

—Papa, Jean-Luc m'a demandé de l'épouser. Qu'est-ce que je dois faire?
—Es-tu _____*1* à te marier?
—Oui, papa.
—Es-tu amoureuse de Jean-Luc?

éventuel = *possible* / **vint** = *venir (passé simple)* / **bouger** = *faire un mouvement* / **le battant** leaf / **avare** sparing / **la natte** mat / **le raphia tressé** braided raffia (a type of palm) / **le pas** step / **le sol** ground, soil / **battu** beaten / **donner carte blanche** = *laisser quelqu'un libre de choisir*

—Oh oui, papa. Je veux passer le reste de ma vie avec lui. Je ne peux pas _____ ² lui.

—As-tu _____ ³ en lui? Est-il _____ ⁴ de toi?

—Oui et oui, papa. _____ ⁵ me dit que notre mariage _____ ⁶ à merveille.

—Eh bien, ayant entendu tous ces oui spontanés, _____ ⁷ que moi aussi j'approuve.

—C'est parfait, papa. Et quand est-ce que je dois me marier?

—Ah ça alors, ça ne me _____ ⁸ pas. C'est toi et Jean-Luc qui devez choisir la meilleure date.

—Nous aurons des noces exceptionnelles, papa, avec beaucoup d'invités.

—Dieu merci, tu es ma fille unique!

Appréciation du texte

1. Résumez, à votre manière, le conflit principal dans ce texte. S'agit-il du fossé entre les générations? S'agit-il d'un autre conflit?

2. Le narrateur dit qu'il est au carrefour des temps anciens et modernes. Quels sont les éléments dans le texte qui représentent ces deux époques?

3. Ce récit est écrit à la première personne, ce qui permet au lecteur de mieux connaître la pensée du narrateur. Retracez la manière de penser de celui-ci. Quels sont les arguments qu'il considère avant de prendre sa décision? Est-ce que tous les arguments sont d'ordre intellectuel? Expliquez.

Vocabulaire satellite

le **célibat**   celibacy
le, la **célibataire**   single person
le **vieux garçon**   older bachelor
la **vieille fille**   old maid
les **fiançailles** *f*   engagement
les **noces** *f*   wedding
le **mari**   husband
la **femme**   wife
l' **époux**, l' **épouse**   spouse
la **lune de miel**   honeymoon
les **noces d'argent, d'or**   silver, golden wedding anniversary

le **veuf**, la **veuve**   widower, widow
les **goûts (intérêts) communs**   tastes (interests) in common
se **fiancer**   to become engaged
se **marier (avec)**   to get married, to marry
épouser   to marry
se **séparer**   to separate
divorcer (d'avec)   to get a divorce, to divorce

Pratique de la langue

1. Préparez un colloque sur le mariage. Parmi les participants il y aura :
   a. un partisan de la monogamie
   b. un partisan de la bigamie

c. un partisan de la polygamie

d. un partisan du célibat

e. un partisan de l'union libre.

Les autres membres de la classe donneront leur opinion personnelle après avoir entendu les arguments des conférenciers.

2. Préparez un dialogue entre un parent traditionaliste qui croit en la sagesse de l'âge adulte et son enfant qui tient à vivre sa vie à sa manière, quitte à *(at the risk of)* répéter les mêmes erreurs que ses parents.

3. Présentations orales :

a. Les parents ont-ils le droit de choisir la personne que leur enfant va épouser? Pourquoi ou pourquoi pas?

b. Quelles sont les considérations les plus importantes dans le choix d'un époux ou d'une épouse?

c. Le mariage est-il pour la vie ou devrait-on se marier plus d'une fois?

d. Citez des exemples de bons mariages. Qu'est-ce qui en fait le succès?

Sujets de discussion ou de composition

1. «Le mariage ne regarde que les deux époux, qui sont libres de vivre comme ils veulent.» Etes-vous d'accord ou non? Pourquoi?

2. Le mariage doit-il se baser sur l'amour? Si oui, pourquoi? Si non, quelle doit en être la base?

3. Y a-t-il un âge idéal pour se marier? Quel est-il?

4. «La guerre est inévitable; elle existe depuis que l'homme est sur la terre et elle continuera d'exister tant qu'il y aura des hommes.» Etes-vous d'accord ou non? Pourquoi?

5. Est-ce que le pacifisme est une attitude raisonnable? Comment pourrait-on se défendre si tout le monde était pacifiste?

6. Vrai ou faux : «Pour supprimer la guerre pour toujours, on n'a qu'à détruire *(destroy)* toutes les armées du monde.»

4ème

PARTIE

Vie culturelle

9

La Communication

Eugène Ionesco : le théâtre de l'absurde

The difficulty of meaningful communication is illustrated nowhere better than in the twentieth-century phenomenon known as the theater of the absurd, and particularly in the plays of Eugène Ionesco.

The theater of the absurd is the work of an avant-garde group of playwrights who came into prominence in the 1950s. They did not constitute a formal, unified school; they shared no common goals. Writers like Eugène Ionesco, Samuel Beckett, Jean Genet, and Arthur Adamov were all preoccupied, however, with the fundamental problems of the human race and were struck by the absurdity of the human condition. In their view contemporary life made no sense, was devoid of meaning, could not be examined rationally. The basic assumptions and eternal truths of previous generations no longer related to humanity's unique plight and thus offered nothing by way of explanation and solace. Nor did this new generation of authors propose any solutions of their own. Their plays contained no moral, no esoteric message, but instead asked the questions and formulated the problems as they alone proved capable of defining them.

The playwrights of the absurd are not terribly avant-garde with respect to their subject matter. The human condition has served as the subject of many a literary investigation in the past, and in its rich potential will undoubtedly inspire many a future consideration. Even the notion of the absurd had been previously explored by Albert Camus in his novel *L'Etranger* in 1942 (cf. Chapter Four, *Ville et campagne*, p. 64). The

The Granger Collection

originality of the theater of the absurd lies in its use of nonconventional means, in its creation of new dramatic forms. The audience may no longer complacently rely on ordinary formats. It cannot "expect" anything. It will find no traditional plot line to follow, no extensive character development to appreciate, no realistic portrayal of everyday life. The goal of the theater of the absurd is to convey the senselessness of the human condition by keeping the audience off balance, disoriented, uneasy. The spectators must never be allowed inside the play, must never be able to identify with the characters. They must be made to feel the discomfort of absurdity.

Eugène Ionesco (1912-1994), the Romanian-born immigrant who writes in French, is the first to come to mind when one thinks of playwrights of the absurd. The recognition he enjoys today did not come instantaneously. The premiere of *La Cantatrice chauve* (The Bald Soprano) in Paris in 1950 was less than a roaring success: the actors played to small houses until eventually, after six weeks, the play folded. The same fate befell *La Leçon* (1950) and *Les Chaises* (1952). It was not until the mid-1950s that the public accepted Ionesco's theater. By the time *Rhinocéros* was performed in 1960, however, Ionesco had achieved an international reputation.

The following excerpt is from Ionesco's *La Cantatrice chauve,* which at first glance appears to portray a typical English middle-class family, the Smiths, spending a quiet evening in their living room. Ionesco describes the setting thus:

Intérieur bourgeois anglais, avec des fauteuils anglais. Soirée anglaise. M. Smith, Anglais, dans son fauteuil anglais et ses pantoufles[1] anglaises, fume sa pipe anglaise et lit un journal anglais, près d'un feu anglais. Il a des lunettes anglaises, une petite moustache grise, anglaise. A côté de lui, dans un autre fauteuil anglais, Mme Smith, Anglaise, raccommode[2] des chaussettes anglaises. Un long moment de silence anglais. La pendule[3] anglaise frappe dix-sept coups anglais.

The play's zany tone is established from the outset as Mrs. Smith reacts to the clock's striking seventeen by saying: "Tiens, il est neuf heures." *La Cantatrice chauve* demonstrates the absurdity of an everyday life which is dominated by thoughtless routine. The characters don't really say anything when they speak because they are no longer capable of genuine thought or feeling. There is no inner vitality to give meaning to their existence. This lack of personal expression, this failure to communicate leads to an eventual identity crisis. In fact, the play ends as the power of speech disintegrates and another couple, the Martins, begin the play all over again by assuming the Smiths' role and repeating the same lines which the Smiths had uttered in the first scene. The theater of the absurd is sometimes referred to as the theater of language, to stress the barrenness of meaning in the characters' utterances.

[1] *la pantoufle* slipper
[2] *raccommoder* to darn
[3] *la pendule* clock

Orientation: Theater of the Absurd

A play by Eugène Ionesco takes some getting used to. As a matter of fact, one of Ionesco's aims is precisely to prevent our getting used to it. The real world is not a comfortable place; things do not readily fall into place. The whole of our existence, according to the theory of the absurd, makes absolutely no sense. So we must expect no solace from this dramatic experience. The leitmotif in *La Cantatrice chauve* says it all: "Comme c'est curieux!"

You will note that the style is informal and conversational, the characters' utterances are simple and direct, and the vocabulary is taken from everyday situations. Really, what can be more banal than the opening query: "Haven't I seen you somewhere before?" There is much repetition as Mrs. Martin confirms every one of her husband's assumptions, echoing his very words each time. We, the audience, are puzzled initially as Mr. and Mrs. Martin act like pure strangers toward one another. Then their conversation reveals an impressive string of happy coincidences that seem to cement their relationship. My goodness, they even share the same bed and both have a two-year old daughter named Alice! Could it be that the Martins have found one another? But wait! This is a Ionesco play and you, dear spectator, are not going to get off that easy. The playwright will see to it that you leave the theater at the very least bemused if not thoroughly confused, disoriented, and downright troubled. Read on!

M. et Mme Martin ont été invités à dîner chez les Smith. Mais ceux-ci ne sont pas prêts à les recevoir. Au moment où les Martin arrivent, les Smith sortent pour aller s'habiller.

Les Martin

Mme et M. Martin s'assoient l'un en face de l'autre, sans se parler. Ils se sourient, avec timidité.

M. MARTIN	*(le dialogue qui suit doit être dit d'une voix traînante°, monotone, un peu chantante, nullement° nuancée)* : Mes excuses, Madame, mais il me semble, si je ne me trompe°, que je vous ai déjà rencontrée quelque part°.
5 MME MARTIN	A moi aussi, Monsieur, il me semble que je vous ai déjà rencontré quelque part.
M. MARTIN	Ne vous aurais-je pas déjà aperçue, Madame, à Manchester, par hasard?

traînant droning / **nullement** = *pas du tout* / **si je ne me trompe** if I'm not mistaken / **quelque part** = *en quelque lieu*

MME MARTIN	C'est très possible. Moi, je suis originaire° de la ville de Manchester!
10	Mais je ne me souviens pas très bien, Monsieur, je ne pourrais pas dire si je vous y ai aperçu ou non!
M. MARTIN	Mon Dieu, comme c'est curieux! Moi aussi je suis originaire de la ville de Manchester, Madame!
MME MARTIN	Comme c'est curieux!
15 M. MARTIN	Comme c'est curieux! ...Seulement, moi, Madame, j'ai quitté la ville de Manchester, il y a cinq semaines, environ.
MME MARTIN	Comme c'est curieux! quelle bizarre coïncidence! Moi aussi, Monsieur, j'ai quitté la ville de Manchester, il y a cinq semaines environ.
M. MARTIN	J'ai pris le train d'une demie après huit° le matin, qui arrive à Londres à un quart avant cinq°, Madame.
20	
MME MARTIN	Comme c'est curieux! comme c'est bizarre! et quelle coïncidence! J'ai pris le même train, Monsieur, moi aussi!
M. MARTIN	Mon Dieu, comme c'est curieux! Peut-être bien alors, Madame, que je vous ai vue dans le train?
25 MME MARTIN	C'est bien possible, ce n'est pas exclu, c'est plausible et après tout, pourquoi pas! ...Mais je n'en ai aucun souvenir, Monsieur!
M. MARTIN	Je voyageais en deuxième classe, Madame. Il n'y a pas de deuxième classe en Angleterre, mais je voyage quand même° en deuxième classe.
30 MME MARTIN	Comme c'est bizarre, que c'est curieux, et quelle coïncidence! moi aussi, Monsieur, je voyageais en deuxième classe!
M. MARTIN	Comme c'est curieux! Nous nous sommes peut-être bien rencontrés en deuxième classe, chère Madame!
MME MARTIN	La chose est bien possible et ce n'est pas du tout exclu. Mais je ne m'en souviens pas très bien, cher Monsieur!
35	
M. MARTIN	Ma place était dans le wagon n° 8, sixième compartiment, Madame!
MME MARTIN	Comme c'est curieux! ma place aussi était dans le wagon n° 8, sixième compartiment, cher Monsieur!
M. MARTIN	Comme c'est curieux et quelle coïncidence bizarre! Peut-être nous sommes-nous rencontrés dans le sixième compartiment, chère Madame?
40	
MME MARTIN	C'est bien possible, après tout! Mais je ne m'en souviens pas, cher Monsieur!
M. MARTIN	A vrai dire, chère Madame, moi non plus je ne m'en souviens pas, mais il est possible que nous nous soyons aperçus là, et, si j'y pense bien, la chose me semble même très possible!
45	

être originaire de = *être né à* / **d'une demie après huit... à un quart avant cinq** These expressions are literal translations from English and are, of course, incorrect in French. / **quand même** still, nevertheless

MME MARTIN   Oh! vraiment, bien sûr, vraiment, Monsieur!

M. MARTIN   Comme c'est curieux! ...J'avais la place n° 3, près de la fenêtre, chère Madame.

50 MME MARTIN   Oh, mon Dieu, comme c'est curieux et comme c'est bizarre, j'avais la place n° 6, près de la fenêtre, en face de vous, cher Monsieur.

M. MARTIN   Oh, mon Dieu, comme c'est curieux et quelle coïncidence! ...Nous étions donc vis-à-vis°, chère Madame! C'est là que nous avons dû nous voir!

55 MME MARTIN   Comme c'est curieux! C'est possible mais je ne m'en souviens pas, Monsieur!

M. MARTIN   A vrai dire, chère Madame, moi non plus je ne m'en souviens pas. Cependant, il est très possible que nous nous soyons vus à cette occasion.

60 MME MARTIN   C'est vrai, mais je n'en suis pas sûre du tout, Monsieur.

M. MARTIN   Ce n'était pas vous, chère Madame, la dame qui m'avait prié de mettre sa valise dans le filet° et qui ensuite m'a remercié et m'a permis de fumer?

MME MARTIN   Mais si, ça devait être moi, Monsieur! Comme c'est curieux, comme
65   c'est curieux, et quelle coïncidence!

vis-à-vis = *en face l'un de l'autre* / **le filet** luggage net

M. MARTIN   Comme c'est curieux, comme c'est bizarre, quelle coïncidence! Eh bien alors, alors nous nous sommes peut-être connus à ce moment-là, Madame?

MME MARTIN   Comme c'est curieux et quelle coïncidence! c'est bien possible,
70   cher Monsieur! Cependant, je ne crois pas m'en souvenir.

M. MARTIN   Moi non plus, Madame.

(Un moment de silence. La pendule sonne 2, 1.)

M. MARTIN   Depuis que je suis arrivé à Londres j'habite rue Bromfield, chère Madame.

75   MME MARTIN   Comme c'est curieux, comme c'est bizarre! moi aussi, depuis mon arrivée à Londres j'habite rue Bromfield, cher Monsieur.

M. MARTIN   Comme c'est curieux, mais alors, mais alors, nous nous sommes peut-être rencontrés rue Bromfield, chère Madame.

MME MARTIN   Comme c'est curieux; comme c'est bizarre! c'est bien possible,
80   après tout! Mais je ne m'en souviens pas, cher Monsieur.

M. MARTIN   Je demeure au n° 19, chère Madame.

MME MARTIN   Comme c'est curieux, moi aussi j'habite au n° 19, cher Monsieur.

M. MARTIN   Mais alors, mais alors, mais alors, mais alors, mais alors, nous nous sommes peut-être vus dans cette maison, chère Madame?

85   MME MARTIN   C'est bien possible, mais je ne m'en souviens pas, cher Monsieur.

M. MARTIN   Mon appartement est au cinquième étage, c'est le n° 8, chère Madame.

MME MARTIN   Comme c'est curieux, mon Dieu, comme c'est bizarre! et quelle coïncidence! moi aussi j'habite au cinquième étage, dans l'apparte-
90   ment n° 8, cher Monsieur!

M. MARTIN   *(songeur)*   Comme c'est curieux, comme c'est curieux, comme c'est curieux et quelle coïncidence! vous savez, dans ma chambre à coucher j'ai un lit. Mon lit est couvert d'un édredon° vert. Cette chambre, avec ce lit et son édredon vert, se trouve au fond du corri-
95   dor, entre les waters° et la bibliothèque, chère Madame!

MME MARTIN   Quelle coïncidence, ah mon Dieu, quelle coïncidence! Ma chambre à coucher a, elle aussi, un lit avec un édredon vert et se trouve au fond du corridor, entre les waters, cher Monsieur, et la bibliothèque!

M. MARTIN   Comme c'est bizarre, curieux, étrange! alors, Madame, nous habitons
100   dans la même chambre et nous dormons dans le même lit, chère Madame. C'est peut-être là que nous nous sommes rencontrés!

l'édredon *m* quilt (lit., an eiderdown quilt)   /   **les waters** *m* = *les water-closets (les toilettes)*

MME MARTIN   Comme c'est curieux et quelle coïncidence! C'est bien possible que nous nous y soyons rencontrés, et peut-être même la nuit dernière. Mais je ne m'en souviens pas, cher Monsieur!

105   M. MARTIN   J'ai une petite fille, ma petite fille, elle habite avec moi, chère Madame. Elle a deux ans, elle est blonde, elle a un œil blanc et un œil rouge, elle est très jolie et s'appelle aussi Alice, chère Madame.

MME MARTIN   Quelle bizarre coïncidence! moi aussi j'ai une petite fille, elle a deux ans, un œil blanc et un œil rouge, elle est très jolie et s'appelle
110   aussi Alice, cher Monsieur!

M. MARTIN   *(même voix traînante, monotone)*   Comme c'est curieux et quelle coïncidence! et bizarre! c'est peut-être la même, chère Madame!

MME MARTIN   Comme c'est curieux! c'est bien possible, cher Monsieur.

(Un assez long moment de silence... La pendule sonne vingt-neuf fois.)

115   M. MARTIN   *(après avoir longuement réfléchi, se lève lentement et, sans se presser, se dirige vers Mme Martin qui, surprise par l'air solennel de M. Martin, s'est levée, elle aussi, tout doucement; M. Martin a la même voix rare, monotone, vaguement chantante)* : Alors, chère Madame, je crois qu'il n'y a pas de doute, nous nous sommes déjà vus et vous êtes ma propre°
120   épouse... Elisabeth, je t'ai retrouvée!

(Mme Martin s'approche de M. Martin sans se presser. Ils s'embrassent sans expression. La pendule sonne une fois, très fort. Le coup de la pendule doit être si fort qu'il doit faire sursauter° les spectateurs. Les époux Martin ne l'entendent pas.)

MME MARTIN   Donald, c'est toi, darling!

125   *(Ils s'assoient dans le même fauteuil°, se tiennent embrassés et s'endorment. La pendule sonne encore plusieurs fois. Mary,[1] sur la pointe des pieds, un doigt sur ses lèvres°, entre doucement en scène et s'adresse au public.)*

MARY   Elisabeth et Donald sont, maintenant, trop heureux pour pouvoir m'entendre. Je puis donc vous révéler un secret. Elisabeth n'est pas Elisabeth, Donald n'est pas Donald. En voici la preuve° : l'enfant dont parle Donald
130   n'est pas la fille d'Elisabeth, ce n'est pas la même personne. La fillette de

propre own / **sursauter** to start, to jump / **le fauteuil** armchair / **la lèvre** lip / **la preuve** proof

[1]Mary est la bonne de la famille Smith.

Donald a un œil blanc et un autre rouge tout comme la fillette d'Elisabeth. Mais tandis que° l'enfant de Donald a l'œil blanc à droite et l'œil rouge à gauche, l'enfant d'Elisabeth, lui, a l'œil rouge à droite et le blanc à gauche!

135 Ainsi tout le système d'argumentation de Donald s'écroule° en se heurtant à° ce dernier obstacle qui anéantit° toute sa théorie. Malgré les coïncidences extraordinaires qui semblent être des preuves définitives, Donald et Elisabeth, n'étant pas les parents du même enfant, ne sont pas Donald et Elisabeth. Il a beau croire° qu'il est Donald, elle a beau se croire Elisabeth.

140 Il a beau croire qu'elle est Elisabeth. Elle a beau croire qu'il est Donald : ils se trompent amèrement°. Mais qui est le véritable Donald? Quelle est la véritable Elisabeth? Qui donc a intérêt° à faire durer cette confusion? Je n'en sais rien. Ne tâchons° pas de le savoir. Laissons les choses comme elles sont. (*Elle fait quelques pas vers la porte, puis revient et s'adresse au public.*) Mon

145 vrai nom est Sherlock Holmès.

Eugène Ionesco, La Cantatrice chauve (1950)

Qu'en pensez-vous?

Etes-vous d'accord ou non avec les déclarations suivantes? Justifiez votre réponse.

1. M. et Mme Martin pensent qu'ils se sont rencontrés quelque part.
2. Il est possible qu'ils se soient rencontrés à Manchester.
3. Tous deux ont quitté Manchester à la même époque.
4. Mme Martin se souvient d'avoir vu M. Martin dans le train.
5. Les Martin se sont vus dans le train dans un wagon de première classe.
6. Ils ont occupé le même compartiment dans le même wagon.
7. Ils avaient tous deux une place près de la fenêtre.
8. Mme Martin n'a pas permis à son mari de fumer.
9. Les Martin ont leur propre maison dans la rue Bromfield à Londres.
10. Leur chambre à coucher se trouve entre la bibliothèque et les toilettes.
11. M. et Mme Martin donnent tous deux la même description d'Alice.
12. Dès qu'ils se reconnaissent, Donald et Elisabeth Martin s'embrassent tendrement.
13. Mary prouve que les Martin se trompent en identifiant leur fille.
14. En fait, Donald n'est pas Donald et Elisabeth n'est pas Elisabeth.
15. Pendant toute cette scène, il est très facile de tenir compte de l'heure.

Nouveau Contexte

Complétez le dialogue suivant en employant les termes appropriés (employez chaque terme une seule fois). Puis, jouez le dialogue.

tandis que whereas / **s'écrouler** to crumble / **se heurter à** = *rencontrer (un obstacle)* / **anéantir** = *abolir, détruire* / **il a beau croire** = *il croit en vain* / **amèrement** = *cruellement* / **Qui donc a intérêt** So to whose interest is it / **tâcher** = *essayer*

Verbes : ai aperçus, s'appellent, s'approcher d', ai beau, habitent, n'en sais rien, te souviens-tu de, me trompe, se trouvent

Adjectif : originaires

—Patricia, as-tu vu les jumeaux séduisants qui viennent d'emménager *(move in)* dans notre immeuble?

—Je les _____ *1* de loin, Isabelle, mais je n'ai pas eu l'occasion de leur parler. Où est-ce qu'ils demeurent?

—Ils _____ *2* l'appartement juste au-dessus du nôtre.

—Sans blague *(You're kidding)*! Comment _____ *3* -ils? _____ *4* leur nom?

—Jean-Paul et Jean-Pierre.

—D'où viennent-ils? de Paris?

—On dit qu'ils sont _____ *5* de Strasbourg.

—Et est-ce qu'ils se ressemblent absolument?

—J' _____ *6* les regarder fixement, je n'arrive pas à les distinguer. Je _____ *7* chaque fois.

—Il faudra _____ *8* eux et les examiner de près *(up close)*, n'est-ce pas? Où sont-ils actuellement?

—Ah ça, Isabelle, je _____ *9* . Je ne les ai pas encore vus aujourd'hui. Je ne sais pas où ils _____ *10* à tous moments.

—Eh bien, cherchons, mon amie, cherchons. Ce n'est pas tous les jours qu'on peut trouver deux objets d'art à la fois!

Appréciation du texte

1. Répondez à la dernière question de Mary : «Qui donc a intérêt à faire durer cette confusion?».
2. Dites comment chacun des éléments suivants contribue à développer le thème essentiel de la pièce :
   a. la répétition, les formules, les refrains dans les propos *(remarks)* des Martin (quels sont-ils?)
   b. le fait que, selon les indications scéniques, le dialogue doit être dit d'une voix traînante, monotone, etc.
   c. le monologue de Mary après le dialogue des Martin
3. A la première représentation de sa pièce, Ionesco fut presque étonné d'entendre rire les spectateurs. A votre avis, *La Cantatrice chauve* est-elle une comédie ou une tragédie? Expliquez.
4. Jouez cette scène de *La Cantatrice chauve*. Répétez bien votre rôle pour que le dialogue semble aussi spontané que possible.

Vocabulaire satellite

l' **impression** *f* impression	l' **apparence** *f* appearance
l' **opinion** *f* opinion	la **caractéristique** characteristic

faire la connaissance de to make the acquaintance of

trouver quelqu'un (+ adj.) to find someone (+ adj.)

donner l'impression to give the impression

sembler, paraître, avoir l'air to seem, to appear

habiter, vivre (ensemble, seul) to live (together, alone)

n'avoir besoin de personne to need no one

être dépendant, indépendant de to be dependent on, independent of

être libre to be free

dépendre de ses parents to depend on one's parents

mener sa propre vie to lead one's own life

faire partie d'une famille to be part of a family

appartenir à to belong to

prendre part à to take part in

garder un secret to keep a secret

révéler un secret to reveal a secret

ne rien cacher to hide nothing

faire une confession complète to make a complete confession

faire une confidence à quelqu'un to take someone into one's confidence

Pratique de la langue

1. Jusqu'à quel point faut-il que deux époux se révèlent l'un à l'autre? Faut-il tout savoir pour bien se connaître?

2. Ecrivez et jouez une scène (comique? tragique?) qui dépeint la vie familiale chez les Dubé, famille où il n'y a pas de communication, où on habite ensemble mais où chacun mène sa propre vie, presque à l'insu des *(unbeknown to)* autres membres de la famille. Parmi les personnages il y aura les parents, les enfants, le vieux grand-père et une vieille tante.

3. Racontez un incident où une personne que vous pensiez connaître très bien a fait quelque chose qui vous a étonné(e). Dites comment vous avez formé votre première impression de cette personne et pourquoi son action vous a tellement surpris(e). Que pensez-vous de cette personne maintenant?

4. «Pour bien connaître quelqu'un, il faut vivre avec lui ou elle.» Etes-vous d'accord ou non? Pourquoi?

5. Pouvez-vous vous fier à la première impression que vous avez d'une personne? Sur quoi se base cette impression le plus souvent? Quels sont les autres éléments qui, plus tard, vous aident à mieux connaître cette personne?

Marie de France

Marie de France is the earliest known female French poet. Our knowledge of her is very limited, gleaned almost exclusively from references in her works. We know that she was born in France, lived in the second half of the twelfth century, and spent a major portion of her life at the court of Henry II of England. In addition to her native French, she knew Latin and English. Most of her works date from the years 1160 to 1170.

Marie de France is remembered for her *Lais,* which have been described as "short stories in verse." These narrative poems were written in octosyllabic couplets and ranged in length from 118 to 1184 verses. Marie de France is credited with creating the genre, as she captured the essence of orally transmitted Breton legends, several of which deal with Arthurian themes and personages. She is known to have authored at least twelve *Lais* and probably more.

The *Lais* of Marie de France are all love poems dealing with a single sentimental adventure or episode. The setting often mingles the enchantment of the land of fairies with realistic, human elements. The poet is more interested in emotions than in externals. The adventure that she describes in each story is a device enabling her to portray and analyze psychological motives. Love is presented as a tender, mutual passion demanding equal sacrifice and devotion from man and woman. *Le Laüstic,* one of Marie de France's shortest *Lais* (160 verses), is given here in its entirety in a modern French prose translation.

Orientation: The Communication of Love

In the majority of her *Lais,* Marie de France celebrates tenderness, loyalty, and devotion. In *Le Laüstic,* she presents the situation of the eternal triangle: a man falls in love with his neighbor's wife. What is interesting is to see how the reader feels about the circumstances as they develop. Do our sympathies vacillate from one character to the other in the story? Do we ultimately side with the husband or with the lovers? Are we dealing with true love in this story or are the characters deceiving themselves and us?

The love situation described here has a uniqueness about it. Communication is always a key element in matters such as these but, in this instance, it takes on added importance, as it is the very essence of the relationship. Notice how Marie de France has us focus first on the relationship of the two lovers, then on the husband and wife, and finally on the lovers again. As you read, be attentive to the various means of communications employed by the characters and try to measure how effectively or ineffectively they convey what each one feels.

Le Laüstic

Je vais vous dire une aventure dont les anciens Bretons firent un lai. Son nom est Laüstic : ainsi l'appellent-ils en leur pays. C'est «rossignol» en français et «nightingale» en anglais.

Dans le pays de Saint-Malo° était une ville fameuse. Deux chevaliers° y demeu-
5 raient et y avaient deux fortes° maisons. Telle était l'excellence de ces deux barons que la ville en avait bonne renommée. L'un avait épousé une femme sage, courtoise et toujours bien parée° : c'est merveille d'ouïr° les soins° qu'elle prenait

---

Saint-Malo French seaport on the English Channel / **le chevalier** knight / **fort** = *fortifié* /
paré = *élégant* / **ouïr** *(archaïque)* = *entendre* / **le soin** care

d'elle selon les meilleurs usages du temps. L'autre était un bachelier° bien connu
parmi ses pairs pour sa prouesse°, sa grande valeur° et son accueil° généreux. Il
10 était de° tous les tournois°, dépensait° et donnait volontiers° ce qu'il avait.

   Il aima la femme de son voisin°. Il lui fit si grandes requêtes°, si grandes prières,
il y avait si grand bien en lui, qu'elle l'aima plus que toute chose, tant° pour le bien
qu'elle en ouït dire que parce qu'il habitait près d'elle. Ils s'entraimèrent° sagement et bien. Ils tinrent° leur amour très secret et prirent garde° qu'ils ne fussent

le bachelier (*archaïque*) bachelor / **la prouesse** = *courage* / **la valeur** = *vaillance* / **l'accueil**
m = *hospitalité* / **être de** = *participer à* / **le tournoi** tournament / **dépenser** to spend /
volontiers willingly / **le voisin** neighbor / **la requête** = *demande* / **tant** as much /
s'entraimer = *s'aimer l'un l'autre* / **tinrent** = *tenir (passé simple)* / **prendre garde** = *faire attention
de ne pas...*

15 aperçus°, ni surpris, ni soupçonnés°. Et ils le pouvaient facilement faire, car leurs demeures° étaient proches°. Voisines étaient leurs maisons, leurs donjons° et leurs salles; il n'y avait ni barrière ni séparation, fors° une haute muraille° de pierre° brune°. De la chambre où la dame couchait, quand elle se tenait° à la fenêtre, elle pouvait parler à son ami, et lui à elle de l'autre côté; ils entréchangeaient leurs

20 gages° d'amour en les jetant et en les lançant°. Rien ne les troublait. Ils étaient tous deux bien aises°, fors qu'il ne pouvaient du tout venir ensemble à leur volonté°, car la dame était étroitement° gardée quand son ami était dans la ville. Mais ils en avaient dédommagement° soit° de jour, soit de nuit, dans les paroles qu'ils se disaient : car nul ne les pouvait empêcher° de venir à leurs fenêtres et là, de se voir.

25 Longtemps ils s'entraimèrent, tant que° l'été arriva : les bois et les prés° reverdirent°, les vergers° fleurirent. Les oiselets° menèrent°, à voix très douce, leur joie au sommet des fleurs. Ce n'est pas merveille si celui qui aime s'y adonne° alors davantage°. Et le chevalier et la dame s'y adonnèrent de tout leur cœur, par paroles et par regards. Les nuits, quand la lune luisait° et que son seigneur était couché, sou-

30 vent elle quittait son côté, se levait, s'enveloppait de son manteau. Elle venait s'appuyer à° la fenêtre pour son ami qu'elle savait là; lui faisait de même et veillait° la plus grande partie de la nuit. Ils avaient grande joie à se regarder, puisqu'ils ne pouvaient avoir plus.

Tant et tant° elle se leva, tant et tant elle s'accouda° que son sire en fut irrité.

35 Maintes° fois il voulut savoir pourquoi elle se levait et où elle allait.

«Sire, lui répondait la dame, celui-là ignore° la joie en ce monde, qui n'écoute pas le laüstic chanter : c'est pour l'entendre que je viens m'accouder ici. Si douce est sa voix dans la nuit que l'ouïr m'est un grand délice° : et j'ai tel désir de cette jouissance° que je ne peux fermer les yeux et dormir.»

40 Quand le sire entendait ce qu'elle disait, il jetait° un ris° courroucé° et méchant. Il réfléchit tant° qu'il trouve ceci : il prendra le laüstic au piège°. Il n'a valet en sa maison qui ne fasse° engin°, rêts° ou lacet° : puis ils vont les mettre dans le verger. Pas de coudrier° ni de châtaignier° où ils n'aient disposé lacs° et glu°. Tant qu'ils prennent le laüstic. Alors ils l'apportent tout vif° au seigneur. Quand il le tient, il

45 en est très joyeux. Il vient dans la chambre de la dame.

---

aperçu noticed / **soupçonné** suspected / **la demeure** = *maison* / **proche** = *voisin, contigu* / **le donjon** tower / **fors** *(archaïque)* = *excepté* / **la muraille** high, thick wall / **la pierre** stone / **brun** dark / **se tenir** to stand / **le gage** token / **lancer** to toss / **aise** = *content* / **à leur volonté** = *comme ils voulaient* / **étroitement** closely / **le dédommagement** = *compensation* / **soit... soit** whether . . . whether / **empêcher** to prevent / **tant que** = *jusqu'à ce que* / **le pré** meadow / **reverdir** = *redevenir vert* / **le verger** orchard / **fleurir** to bloom / **l'oiselet** *m* = *petit oiseau* / **mener** = *porter, exprimer* / **s'adonner à** to give oneself over to / **davantage** = *plus* / **luire** = *briller* / **s'appuyer à** to lean against / **veiller** to stay awake / **tant et tant** so much / **s'accouder** = *s'appuyer* / **maintes** = *beaucoup de* / **ignorer** = *ne pas connaître* / **le délice** = *plaisir* / **la jouissance** enjoyment / **jeter** to let out / **le ris** *(archaïque)* = *rire* / **courroucé** wrathful, incensed / **tant** so much / **prendre au piège** to trap / **il n'a valet... fasse** every servant in his house makes / **l'engin** *m* trap / **les rêts** *m* nets / **le lacet** snare / **le coudrier** hazel tree / **le châtaignier** chestnut tree / **les lacs** *m pl* snare / **la glu** birdlime / **tout vif** still alive

«Dame, fait-il°, où êtes-vous? Venez ici, que je vous parle! J'ai pris dans un piège le laüstic, à cause duquel vous avez tant veillé. Désormais° vous pouvez reposer en paix; il ne vous éveillera° plus!»

Quand la dame l'entend, elle est dolente° et courroucée. Elle le° demande à son
50 seigneur. Et lui occit° l'oiselet avec emportement°; il lui rompt° le cou° avec ses deux mains; puis il fait une chose trop vilaine° à conter°; il jette le corps sur la dame, si qu'il lui ensanglante° sa robe un peu au-dessus de la poitrine°. Et il sort de la chambre.

La dame prend le corps, tout petit. Elle pleure durement, elle maudit° ceux qui
55 firent les engins et les lacs et prirent traîtreusement le laüstic; car ils lui ont retiré° une grande joie.

«Lasse°, dit-elle, le malheur est sur moi! Je ne pourrai plus me lever la nuit ni m'accouder à la fenêtre d'où j'avais coutume de voir mon ami. Il croira que je l'aime moins; c'est chose dont je suis assurée. Aussi° faut-il que j'avise°; je lui ferai
60 tenir le laüstic, je lui manderai° l'aventure.»

En une pièce de samit°, brodée° d'or, où elle raconte tout par écrit, elle enveloppe le petit oiseau. Elle appelle un sien valet°. Elle le charge de le porter à son ami. Il vient au chevalier. De la part de la dame, il lui fait un salut, lui conte tout son message et lui présente le laüstic.

65 Quand il lui eut tout dit° et montré, le chevalier, qui l'avait bien écouté, fut dolent de l'aventure; mais il n'agit point en vilain° ni en homme lent°. Il fit forger un vaisselet°. Il n'y entra ni fer ni acier° : tout entier il fut en or° fin, avec de bonnes pierres très chères° et très précieuses; on y mit un couvercle° qui fermait très bien. Il y déposa le laüstic; puis il fit sceller la châsse° et toujours la porta avec lui.

70 Cette aventure fut contée : on ne put la celer° longtemps. Les Bretons en firent un lai. On l'appelle le Laüstic.

Qu'en pensez-vous?

Etes-vous d'accord ou non avec les déclarations suivantes? Justifiez votre réponse.

1. Les deux chevaliers de Saint-Malo sont mariés.
2. La jeune femme est tombée amoureuse du chevalier pour plusieurs raisons.
3. Il est très difficile pour la dame de communiquer avec le chevalier.
4. Leur amour s'exprime plus facilement pendant l'hiver.

---

fait-il = *dit-il* / **désormais** from now on / **éveiller** to awaken / **dolent** sad / **le** = *le laüstic* / **occire** *(archaïque)* = *tuer* / **avec emportement** = *avec colère* / **rompre** to break / **le cou** neck / **vilain** vile / **conter** = *raconter* / **ensanglanter** to soak with blood / **la poitrine** chest, breast / **maudire** to curse / **retirer** = *prendre* / **lasse** = *hélas* / **aussi** = *par conséquent* / **aviser** to take stock, to see where one stands / **mander** = *raconter* / **le samit** samite (heavy silk) / **brodé** embroidered / **un sien valet** = *un de ses valets* / **eut dit** = *avait dit* / **agir en vilain** to act like a mean person / **en homme lent** hesitantly / **le vaisselet** small vessel / **il n'y entra... acier** there was no iron or steel in it / **l'or** *m* gold / **cher** expensive, costly / **le couvercle** lid / **il fit sceller la châsse** he had the reliquary sealed / **celer** to conceal

5. La dame et le chevalier se retrouvent chaque nuit.
6. Le mari dort bien pendant que sa femme s'entretient avec le chevalier.
7. La femme dit à son mari qu'elle se lève chaque nuit pour aller admirer la lune.
8. Le mari donne le rossignol à sa femme comme cadeau.
9. La dame envoie l'oiseau à son ami.
10. L'oiseau accompagne le chevalier partout où il va.

Nouveau Contexte

Complétez le dialogue suivant en choisissant les termes appropriés (employez chaque terme une seule fois). Puis, jouez le dialogue.

Noms : dame *f*, pierre *f*, voisins *m*
Verbes : appelle, apporter, ont dépensé, ignore
Adjectifs : cher, joyeuses, proche, surpris

—Est-ce que tu connais nos _____*1* , les Mercier?
—Est-ce la famille qui habite la grande maison en _____*2* ?
—Oui, juste à côté de chez nous. C'est la maison la plus _____*3* de la nôtre.
—Il y a un monsieur, une _____*4* et deux petits enfants dans cette famille, n'est-ce pas? Ils sont là depuis longtemps?
—J'_____*5* depuis combien de temps ils y habitent. Ils sont arrivés avant nous.
—Ils ont l'air très heureux. On entend souvent leurs paroles _____*6* et leurs rires.
—Tu sais qu'on les _____*7* les bons vivants du quartier.
—Ça ne m'étonne pas!
—Hier soir, figure-toi, j'ai été _____*8* par toute la famille. C'était mon anniversaire et ils sont tous venus m'_____*9* un cadeau.
—Un cadeau pour toi?
—Oui, et c'était un cadeau très _____*10* . Je suis sûr qu'ils _____*11* beaucoup d'argent.
—C'est très gentil à eux d'avoir fait ça.
—Avec des gens comme ça, on s'entend bien dans le quartier!

Appréciation du texte

1. Etudiez le rôle de la communication dans cet épisode :
   a. entre le mari et sa femme. Quel rapport existe-t-il entre le mari et la femme? Comment font-ils connaître leurs pensées et leurs sentiments? Est-ce que leurs actions sont révélatrices?
   b. entre le chevalier et la femme de son voisin. Comment est née leur liaison? Comment s'est-elle maintenue? Avec quels gestes expriment-ils leur passion?
2. Quelle est votre réaction personnelle devant chacun des trois personnages? Lequel (laquelle? lesquels?) trouvez-vous sympathique(s)? Est-ce que vos sentiments sont les mêmes à travers tout le récit?
3. Expliquez le symbolisme du laüstic. Qu'est-ce que l'oiseau représente, à votre avis? Est-ce que le symbolisme change, une fois qu'il est mort?

Vocabulaire satellite

la **pensée**   thought
le **sentiment**   feeling
le **tempérament**   temperament
le **caractère**   character
la **personnalité**   personality
l' **état d'esprit** *m*   state of mind
  compréhensif, -ive   understanding,
    sympathetic
  incompréhensif, -ive   unsympathetic
  introverti   introvert
  extraverti, extroverti   extravert,
    extrovert

**communicatif, -ive, expansif, -ive,
  ouvert**   communicative, expansive, open
renfermé, taciturne   closed, taciturn
communiquer   to communicate, to
  impart
éprouver   to feel, to experience
exprimer   to express
être de bonne (mauvaise) humeur
  to be in a good (bad) mood
avoir le cafard   to have the blues

Pratique de la langue

1. Est-il important de communiquer ses pensées et ses sentiments à une autre personne? Ou vaut-il mieux les garder pour soi-même? Expliquez votre réponse.
2. De quelle façon communiquez-vous le plus efficacement : face à face? au téléphone? par correspondance? etc. Expliquez vos préférences.
3. «Si vous aimez quelqu'un, dites-le-lui!» Est-ce que tous les sentiments qu'on éprouve sont bons à exprimer? Si oui, de quelle manière doit-on exprimer son ressentiment, son antipathie, son désaccord avec quelqu'un?
4. Décrivez votre tempérament. Etes-vous d'humeur égale? Etes-vous généralement de bonne ou de mauvaise humeur? Avez-vous souvent le cafard? Que faites-vous lorsque vous êtes déprimé?
5. Créez et présentez un dialogue illustrant un exemple de bonne ou de mauvaise communication entre les personnes suivantes :
   a. une jeune fille et son petit ami
   b. deux jeunes mariés
   c. un(e) étudiant(e) et un professeur
   d. deux camarades de chambre
   e. des parents (compréhensifs? incompréhensifs?) et leur enfant (sage? désobéissant?)
   f. n'importe quels autres personnages

Guy de Maupassant

Upon discovering Guy de Maupassant (1850–93) and his work, most English-language readers are immediately reminded of the American Edgar Allen Poe, who died the year

before his French counterpart was born. Maupassant is the unsurpassed master of the French short story. His impressive literary production is encompassed in a fruitful period corresponding to the decade of his thirties. Between 1880 and 1891, Maupassant wrote, among other things, some three hundred short stories and six novels. During that time he achieved not only fame but a fortune such that he was able to own his own yacht and cruise the Mediterranean. Late in 1891, however, he began to experience serious nervous disorders, hallucination, and delirium. Haunted by the specter of death, he spent the last year and a half of his life in an asylum.

Maupassant served his literary apprenticeship under no less a writer than Flaubert, a very demanding taskmaster who insisted that his protégé observe his surroundings very carefully, identify essential details, and consistently express himself in clear, concise French. Flaubert also introduced Maupassant to other influential writers such as Daudet and Zola.

Maupassant's subject matter is nearly always taken from his own experiences and observations. He tells us of people and places that he knows through direct frequentation: the peasants of his native Normandy, the civil servants with whom he worked in Paris, the miserable soldiers of the 1870 Franco-Prussian War in which he served, and the aristocracy with whom he associated at a later time. Moreover, he excels at describing inner states of mind: crises of fear, flights of hallucination, ravages of dementia. Many of his stories are inspired by current events, everyday occurrences on which he focuses in a special way. A good number of these tales, in fact, have been successfully adapted for cinema.

The following passage is taken from the short story entitled *En voyage*. It is told by a doctor who is one of several passengers in the compartment of a train that is making its way through southern France. Passing through Tarascon, the group is reminded of a murderer who for the past two years has been taking the lives of travelers in the region. Each passenger has a traveler's tale relating to the topic. In his turn, the doctor tells of a former patient of his, a Russian countess who, for medical reasons, had to leave Russia for the warmer climate of southern France. She was traveling alone in her train compartment, the servants being in another car, when she decided to count the money that she was taking with her. Suddenly the door blew open, a man burst in, and, out of breath, sat down next to her. He was dressed in formal attire and was bleeding from the wrist. The countess immediately took him for a robber. He reassured her, however, and in fact begged her for her help. He had never done anything wrong in his life and he had no intention of harming her. He needed to get out of Russia and, without her assistance, he would be a dead man. The train was one hour and twenty minutes from the Russian border when it came to a halt. There was a knock at the door of the compartment. It was Ivan, the countess' servant, who had come to see if his mistress needed anything.

Orientation: Showing vs Telling

This tale shows the literary influence of Maupassant's mentor, Flaubert. It is striking in its objectivity, as it presents the facts to the reader without authorial intrusion. Maupassant chooses merely to show what is taking place, leaving the interpretation of the events to the reader.

As you read Maupassant's narrative, try to follow the step-by-step development of the couple's love. How did it begin? What did each person contribute to its growth? How did each become aware of the other's feelings? How was their love communicated? And what is so unique about their particular involvement? Gauge your personal reaction as the plot unfolds: are you filled with admiration for the couple? do you value what they have? should they have done something differently? What elements in the story led you to react as you did?

Un Silence d'amour

Ivan parut° à la portière° afin de prendre les ordres.

La comtesse Marie, la voix tremblante, considéra une dernière fois son étrange compagnon, puis elle dit à son serviteur, d'une voix brusque :

—Ivan, tu vas retourner près du comte°, je n'ai plus besoin de toi.

---

paraître = *se présenter*   /   **la portière** = *porte d'une voiture ou d'un train*   /   **le comte** the count (who had stayed behind in Russia)

5   L'homme, interdit°, ouvrait des yeux énormes. Il balbutia° :

—Mais... barine°.

Elle reprit° :

—Non, tu ne viendras pas, j'ai changé d'avis°. Je veux que tu restes en Russie. Tiens°, voici de l'argent pour retourner. Donne-moi ton bonnet° et ton manteau°.

10   Le vieux domestique, effaré°, se décoiffa° et tendit° son manteau, obéissant toujours sans répondre, habitué aux volontés soudaines et aux irrésistibles caprices des maîtres. Et il s'éloigna°, les larmes aux yeux.

Le train repartit, courant à la frontière.

Alors la comtesse Marie dit à son voisin :

15   —Ces choses sont pour vous, monsieur, vous êtes Ivan, mon serviteur. Je ne mets qu'une condition à ce que je fais : c'est que vous ne me parlerez jamais, que vous ne me direz pas un mot, ni pour me remercier, ni pour quoi que ce soit°.

L'inconnu s'inclina° sans prononcer une parole.

Bientôt on s'arrêta de nouveau et des fonctionnaires° en uniforme visitèrent le

20   train. La comtesse leur tendit les papiers et, montrant l'homme assis au fond de° son wagon :

—C'est mon domestique, Ivan, dont voici le passeport.

Le train se remit en route°.

Pendant toute la nuit, ils restèrent en tête-à-tête°, muets tous deux.

25   Le matin venu, comme on s'arrêtait dans une gare allemande, l'inconnu descendit°; puis, debout° à la portière :

—Pardonnez-moi, madame, de rompre° ma promesse; mais je vous ai privée° de votre domestique, il est juste que je le remplace. N'avez-vous besoin de rien?

Elle répondit froidement :

30   —Allez chercher ma femme de chambre°.

Il y alla. Puis disparut.

Quand elle descendait à quelque buffet°, elle l'apercevait° de loin qui la regardait. Ils arrivèrent à Menton°.

Le docteur se tut° une seconde, puis reprit :

35   —Un jour, comme je recevais mes clients dans mon cabinet°, je vis° entrer un grand garçon qui me dit :

—Docteur, je viens vous demander des nouvelles de° la comtesse Marie Baranow. Je suis, bien qu'elle ne me connaisse point, un ami de son mari.

---

interdit = *très étonné* / **balbutier** to stammer / **la barine** lady, mistress / **reprendre** = *continuer* / **changer d'avis** to change one's mind / **tiens** here! / **le bonnet** cap / **le manteau** cloak / **effaré** bewildered / **se décoiffer** to take off one's cap / **tendre** to hand over / **s'éloigner** = *s'en aller* / **quoi que ce soit** whatever reason / **s'incliner** to bow / **le fonctionnaire** official / **au fond de** at the back of / **se remettre en route** to start again / **en tête-à-tête** = *seuls ensemble* / **descendre** = *sortir* / **debout** standing / **rompre** to break / **priver** to deprive / **la femme de chambre** maid / **le buffet** = *café-restaurant* / **apercevoir** to notice / **Menton** = *près de Nice* / **se tut** = *se taire (passé simple)* / **le cabinet** = *bureau d'un médecin ou d'un avocat* / **vis** = *voir (passé simple)* / **demander des nouvelles de** to inquire about

Je répondis :

40   —Elle est perdue°. Elle ne retournera pas en Russie.

Et cet homme brusquement se mit à° sangloter°, puis il se leva et sortit en trébuchant° comme un ivrogne°.

Je prévins°, le soir même°, la comtesse qu'un étranger était venu m'interroger sur sa santé°. Elle parut° émue° et me raconta toute l'histoire que je viens de vous

45   dire. Elle ajouta° :

—Cet homme que je ne connais point me suit° maintenant comme mon ombre°, je le rencontre chaque fois que je sors; il me regarde d'une étrange façon°, mais il ne m'a jamais parlé.

Elle réfléchit, puis ajouta :

50   —Tenez°, je parie° qu'il est sous mes fenêtres.

Elle quitta sa chaise longue°, alla écarter° les rideaux° et me montra en effet l'homme qui était venu me trouver, assis sur un banc° de la promenade, les yeux levés vers l'hôtel°. Il nous aperçut, se leva et s'éloigna sans retourner la tête.

Alors, j'assistai à° une chose surprenante° et douloureuse°, à l'amour muet de

55   ces deux êtres° qui ne se connaissaient point.

Il l'aimait, lui, avec le dévouement d'une bête° sauvée°, reconnaissante° et dévouée à la mort. Il venait chaque jour me dire : «Comment va-t-elle?» comprenant que je l'avais deviné°. Et il pleurait affreusement° quand il l'avait vue passer, plus faible° et plus pâle chaque jour.

60   Elle me disait :

—Je ne lui ai parlé qu'une fois, à ce singulier homme, et il me semble que je le connais depuis vingt ans.

Et quand ils se rencontraient, elle lui rendait° son salut° avec un sourire grave et charmant. Je la sentais heureuse, elle si abandonnée et qui se savait perdue, je la

65   sentais heureuse d'être aimée ainsi, avec ce respect et cette constance, avec cette poésie exagérée, avec ce dévouement prêt° à tout. Et pourtant°, fidèle à son obstination d'exaltée°, elle refusait désespérément° de le recevoir, de connaître son nom, de lui parler. Elle disait : «Non, non, cela me gâterait° cette étrange amitié. Il faut que nous demeurions étrangers l'un à l'autre.»

70   Quant à° lui, il était certes° également une sorte de Don Quichotte°, car il ne fit

---

perdu doomed   /   **se mettre à** = *commencer à*   /   **sangloter** to sob   /   **trébucher** to stagger   /
l'ivrogne *m* drunken man   /   **prévenir** to inform   /   **même** very   /   **la santé** health   /
paraître = *sembler*   /   **ému** moved   /   **ajouter** to add   /   **suivre** to follow   /   **l'ombre** *f*
shadow   /   **d'une étrange façon** in a strange way   /   **tenez** look here   /   **parier** to wager   /
la chaise longue reclining chair   /   **écarter** to push aside   /   **le rideau** curtain   /   **le banc**
bench   /   **l'hôtel** *m* mansion   /   **assister à** to witness   /   **surprenant** surprising   /
douloureux painful, distressing   /   **l'être** *m* being   /   **la bête** beast, creature   /   **sauvé**
rescued   /   **reconnaissant** grateful   /   **deviner** to guess, to see into someone   /   **affreusement**
frightfully   /   **faible** weak   /   **rendre** to return   /   **le salut** greeting, bow   /   **prêt** ready   /
pourtant yet   /   **d'exalté** of a fanatic, fanatical   /   **désespérément** desperately   /   **gâter** to
spoil   /   **quant à** as for   /   **certes** = *certainement*   /   **Don Quichotte** Don Quixote, chivalrous
hero of Cervantes' novel

rien pour se rapprocher d°'elle. Il voulait tenir jusqu'au bout° l'absurde promesse
de ne lui jamais parler qu'il avait faite dans le wagon.

Souvent, pendant ses longues heures de faiblesse, elle se levait de sa chaise
longue et allait entr'ouvrir° son rideau pour regarder s'il était là, sous sa fenêtre. Et
75 quand elle l'avait vu, toujours immobile sur son banc, elle revenait se coucher avec
un sourire aux lèvres.

Elle mourut un matin, vers dix heures. Comme je sortais de l'hôtel, il vint à moi,
le visage bouleversé°; il savait déjà la nouvelle.

—Je voudrais la voir une seconde, devant vous°, dit-il.
80 Je lui pris le bras et rentrai dans la maison.

Quand il fut devant le lit de la morte, il lui saisit la main et la baisa° d'un inter-
minable baiser, puis il se sauva° comme un insensé°.

Guy de Maupassant, *En voyage*

Qu'en pensez-vous?

Etes-vous d'accord ou non avec les déclarations suivantes? Justifiez votre réponse.

1. Ivan obéit sans hésiter aux désirs de la comtesse.
2. La comtesse impose une seule condition à sa générosité.

> **se rapprocher de** to draw closer to / **le bout** = *la fin* / **entr'ouvrir** to half-open /
> **bouleversé** distraught / **devant vous** = *en votre présence* / **baiser** to kiss / **se sauver** to run
> off / **insensé** = *fou*

3. A la frontière, l'inconnu passe pour le mari de la comtesse.
4. L'étranger ne tient pas longtemps sa promesse.
5. L'inconnu est ivre lorsqu'il quitte le cabinet du médecin.
6. Il devient le compagnon fidèle de la comtesse.
7. L'amour de l'inconnu et de la comtesse ne peut pas se manifester.
8. La comtesse voudrait savoir le nom de cet étranger.
9. La comtesse est consciente de la présence de l'inconnu.
10. L'inconnu finit par donner un baiser à la comtesse.

Nouveau Contexte

Complétez le dialogue suivant en choisissant les termes appropriés (employez chaque terme une seule fois). Puis, jouez le dialogue.

Nom : bout *m*
Verbes : apparais, m'arrête, change d'avis, disparais, t'éloigner, restes, me sauve, tiens
Adjectifs et adverbe : assis, debout, étrange, surprenante

—Patrick, tu es une véritable énigme. Je ne sais que penser de toi. Je _____*1* chaque fois que je te vois.
—Voyons, Monique, je ne suis pas si _____*2* que ça!
—Si, si, Patrick. Tu ne _____*3* jamais là assez longtemps pour que je puisse te parler. Tu _____*4*, et puis tu _____*5* aussi vite.
—_____*6*, regarde. Je _____*7* exprès pour bavarder avec toi. Tu veux que je me tienne _____*8* ou _____*9*?
—Tu ne vas pas _____*10*? Tu vas poursuivre cette conversation jusqu'au _____*11*?
—Mon Dieu! Il est déjà cinq heures! Oh là là! Il faut que je _____*12*!
—Quelle nouvelle _____*13*! A plus tard, Patrick!

Appréciation du texte

1. Le narrateur parle de «l'amour muet de ces deux êtres qui ne se connaissaient point.» L'amour est-il vraiment possible sans la connaissance? A-t-on raison de dire que ces deux personnes ne se connaissaient pas? S'il y a connaissance entre les deux, comment s'est-elle produite?
2. Etudiez la nature de cet amour muet. Comment décrivez-vous les rapports qui existent entre les deux personnages? Est-ce que ces rapports s'expriment de façon égale pour l'un et l'autre? Etes-vous d'accord avec la comtesse qui croit que, pour soutenir leur amitié, l'inconnu et elle doivent rester étrangers?

Vocabulaire satellite

le **rapport**   relationship
le **dévouement**   devotion

se **mettre en contact, prendre contact**
to get in touch

se **rencontrer**   to meet (each other)
se **réunir**   to reunite
se **quitter, se séparer**   to separate, to part company
se **consacrer à**   to dedicate oneself to
avouer   to admit, to confess to something

ignorer   to not know
renseigner   to give information to
se **renseigner**   to ask for information, to find out
mettre au courant   to bring up to date

Pratique de la langue

1. Vous êtes dans un aéroport où, avec quelques autres voyageurs, vous attendez le départ de votre vol. Comme il arrive souvent, on se met à raconter des anecdotes de voyage. Rapportez un récit que vous avez entendu ou, encore mieux, retracez un incident qui vous est arrivé à vous ou à quelqu'un de votre connaissance.
2. Si vous aviez été à la place de la comtesse, auriez-vous agi de même? Imaginez une situation semblable. Vous êtes seul(e) dans un compartiment de l'Orient-Express, la portière s'ouvre brusquement, et voilà un(e) étranger (étrangère) qui se présente devant vous. Ecrivez et jouez le dialogue qui s'ensuit.
3. Connaissez-vous des exemples de dévouement tel que celui de l'inconnu? Si oui, partagez vos connaissances avec les autres membres de la classe. Si non, créez une petite histoire ou une courte scène qui illustre le dévouement extraordinaire d'une personne pour une autre.
4. «Parfois il vaut mieux ne pas savoir.» Est-ce que l'ignorance peut être une bonne chose? Pensez à une situation qui illustrerait la vérité de cette hypothèse. Discutez le pour et le contre d'un aveu *(confession)* complet dans un cas particulier.

Sujets de discussion ou de composition

1. Pour que la communication soit bonne entre deux personnes, que faut-il qu'elles fassent? Que ne faut-il pas qu'elles fassent?
2. Discutez le rôle de la communication
   a. au cœur de la famille
   b. entre les deux sexes
   c. entre les classes sociales
   d. à l'égard des étrangers.
   Connaissez-vous quelques petits trucs *(tricks, gimmicks)* qui facilitent la communication dans un groupe?
3. Outre *(besides)* la communication verbale, est-ce que deux personnes qui s'aiment ont d'autres manières de manifester leurs sentiments? Lesquelles? Est-ce que la communication verbale est indispensable?
4. Est-il vrai de dire que la plupart des problèmes qui existent entre personnes sont des problèmes de communication? Racontez un incident qui vous est arrivé, ou qui est arrivé à quelqu'un de votre connaissance, et qui illustre un manque de communication.
5. Pour avoir de bons rapports avec un peuple étranger, est-il important de bien connaître la langue de l'autre peuple? Pourquoi?

La Scène et les Lettres

La Farce de Maître Pathelin

French theater, like the theater of ancient Greece, evolved from the people's worship. As early as the tenth century, dramatic presentations in church illustrated scenes from major liturgical celebrations such as Easter and Christmas. As the scope of these presentations was extended to include more characters and to illustrate not only biblical scenes but also segments from the lives of saints, the church setting eventually became too confining, so that by the mid-twelfth century the productions had shifted to the open space outside, in front of the church. By this time the liturgical dramas were no longer written in Latin but in French. Moreover, comic scenes began to alternate regularly with religious scenes, leading ultimately—by the mid-thirteenth century—to the birth of an independent French comic theater.

The heyday of French comedy in the Middle Ages was the fifteenth century. While the religious theater was flourishing with presentations of miracle plays and mystery plays, comic theater took many different forms. One comic genre that quickly gained preeminence was also the only one to survive, the farce[L]. The most famous farce and the best-known comic work of the Middle Ages is *La Farce de Maître Pathelin,* written around 1464. Among the play's salient qualities are its complex but well-defined plot, its great comic quality, and its realistic portrayal of everyday life. There are but five characters in the play, all of whom are deceitful in their own way: the lawyer Pierre Pathelin, his wife, a cloth merchant, a shepherd, and a judge.

As the play opens, Pathelin and his wife are quarreling. She complains that he has lost all his clients and, by his laziness, has forced her to live in an intolerable state of poverty. Spurred by her taunting, Pathelin determines to show his wife that he is still quite capable of providing for her. The first thing he will do is obtain some fabric for new clothes for the two of them, even though he has no money. He goes to the cloth merchant's.

La Farce de Maître Pathelin, to which this entire chapter is devoted, was written originally in eight-syllable verse in Old French. The following is a twentieth-century translation in "archaic" French prose.

Orientation: The Farce

The medieval farce was originally intended as an interlude to provide comic relief during lengthy religious presentations known as mystery plays. It had no moral or didactic goal, its sole purpose being to make the audience laugh. To achieve this end, the farce depicted easily recognizable, realistic scenes from everyday life.

The following scene, for instance, between the lawyer Pathelin and the cloth merchant Guillaume illustrates the bargaining and haggling that were part and parcel of an ordinary business transaction in the fifteenth century. Vendor and customer each try to gain the upper hand in these tricky negotiations. Mental superiority is at stake, as each is fair game for the other in their mutual maneuvering to outwit one another. Notice how lawyer and merchant hide their true colors until the very end of the scene. In the meantime, they feign concern for one another's well-being; they shower each other with flattery; the merchant complains about the high cost of doing business and the poor return on his investment; the customer puts on an air of *naïveté,* faking an inability to grasp the complexities of the business world. All of this is done to conceal each man's real intent in this transaction. The result is not only a realistic portrayal of the business climate in the late Middle Ages but an interesting psychological study in motivation and resourcefulness that remains valid to this day. The realization at the end of the scene that both men are deceitful frees us as spectators from emotional involvement and enhances our enjoyment of the action through a detached perspective.

La Farce de Maître° Pathelin I

(La boutique du drapier°)

PATHELIN   *(Saluant le drapier)*   Dieu soit avec vous!

GUILLAUME JOCEAULME *(drapier)*   Et Dieu vous donne joie!

PATHELIN   Dieu m'en soit témoin°, j'avais grand désir de vous voir. Comment se porte° la santé°? Etes-vous bien portant et gaillard°, Guillaume?

5 LE DRAPIER   Oui, par Dieu!

PATHELIN   Alors, la main°! Comment allez-vous?

LE DRAPIER   Eh! bien, vraiment, tout à votre service. Et vous?

PATHELIN   Par saint Pierre l'apôtre°, comme un homme qui est tout vôtre. Ainsi vous êtes heureux?

10 LE DRAPIER   Eh oui! mais les marchands°, vous devez m'en croire, n'agissent° pas toujours à leur guise°.

PATHELIN   Comment marche° le commerce? Peut-on s'en tirer°? Y trouve-t-on de quoi vivre°?

LE DRAPIER   Eh! Dieu m'aide! mon doux maître, je ne sais. C'est toujours : hue!
15   en avant°!

PATHELIN   Ah! que c'était un homme intelligent, votre père. Je prie Dieu qu'il en ait l'âme. Douce Dame°! Il me semble tout simplement que vous, c'est lui, absolument. Que c'était un bon, un habile° marchand! Vous lui ressemblez de visage, par Dieu, comme son vrai portrait! Si Dieu a
20   jamais eu pitié d'une de ses créatures, qu'il lui pardonne vraiment, à son âme...

---

le maître term of address given to lawyers   /   **le drapier** cloth merchant   /   **le témoin** witness   /   **se porte** = *est*   /   **la santé** health   /   **gaillard** strong   /   **la main** let's shake hands   /   **l'apôtre** *m* apostle   /   **le marchand** merchant   /   **agir** to act   /   **à leur guise** *f* as they wish   /   **marcher** to go   /   **s'en tirer** to manage   /   **de quoi vivre** enough to live on   /   **hue! en avant!** Giddyap! Forward, march!   /   **Dame** = *Sainte Vierge*   /   **habile** = *capable*

LE DRAPIER	Amen! par sa grâce; et de nous° quand il lui plaira. Asseyez-vous, cher monsieur : il est bien temps de vous le dire, mais voilà ma façon d'être poli.
25 PATHELIN	Je suis bien. Par le corps précieux°! il avait...
LE DRAPIER	Vraiment, asseyez-vous donc!
PATHELIN	Volontiers. *(Il s'assied.)* «Ah! que vous verrez, me disait-il, des choses extraordinaires!» Par Dieu! Je vous assure que des oreilles, du nez, de la bouche et des yeux, jamais enfant ne ressembla mieux à son père.
30	Quel menton fourchu°! C'est vraiment vous tout croqué°! Pour dire à votre mère que vous n'êtes pas le fils de votre père, il faudrait avoir grande envie de° quereller. Sans mentir, je ne puis comprendre comment la Nature, en ses ouvrages, forma deux visages si pareils, et marqués l'un comme l'autre. Quoi! si l'on vous avait crachés° tous deux
35	contre le mur, absolument de la même façon, vous seriez ainsi, sans différence. En ce pays, il n'y a, ce me semble, de famille où la ressemblance soit plus frappante°. Plus je vous vois... Par Dieu le père, vous voilà : voilà votre père. Vous lui ressemblez mieux qu'une goutte°

de nous i.e., *qu'il ait pitié de nous* / **Par le corps précieux** = *Par le corps précieux de Jésus!* / **le menton fourchu** cleft chin / **C'est vraiment vous tout croqué!** You're the very picture of your father! / **avoir envie de** to feel like / **cracher** to spit / **frappant** striking / **la goutte** drop

40

d'eau, je n'en fais aucun doute. Quel garçon de valeur c'était! Le bon brave° homme, et aussi il vendait à crédit ses marchandises à qui les voulait. Dieu lui pardonne! Avec moi—c'était son habitude—il riait toujours de si bon cœur. Plût à° Jésus-Christ que le pire° de ce monde lui ressemblât! On ne se volerait° pas, on ne se déroberait° pas l'un

45

l'autre comme l'on fait. *(Il se lève et touche une pièce d'étoffe°.)* Que ce drap°-ci est bien fait! Qu'il est souple, doux et joli!

LE DRAPIER   Je l'ai fait faire tout exprès° ainsi, de la laine° de mes bêtes.

PATHELIN   Ah! Ah! Comme vous savez diriger votre maison°! Autrement vous ne seriez pas le fils de votre père. Vous ne cessez jamais, jamais, de travailler.

50   LE DRAPIER   Que voulez-vous°? Il faut faire effort si l'on veut vivre, et se donner de la peine°.

PATHELIN   *(touchant une autre pièce)* :   Mais vraiment j'en suis séduit°, car je n'avais pas l'intention d'acheter du drap, par la Passion de Notre Seigneur, quand je suis venu. Quel drap est-ce là? Vraiment, plus je le

55

vois et plus j'en raffole°. Il faut que j'en aie une cotte°, et vite, et ma femme de même.

LE DRAPIER   Certes, le drap est cher comme crème. Vous en aurez, si vous voulez : dix ou vingt francs y ont bien vite filé°!

PATHELIN   Peu m'importe°; bon prix, mais de la qualité. Bref, j'ai une envie°

60

folle de cette pièce, il faut que j'en aie.

LE DRAPIER   Eh bien, il faut d'abord voir combien vous en voulez. Tout est à votre service, autant qu°'il y en a dans la pile, et n'eussiez-vous pas° un sou°.

PATHELIN   Je le sais bien, et vous en remercie.

65   LE DRAPIER   Voulez-vous de ce bleu clair°?

PATHELIN   Auparavant°, combien me coûtera la première aune°? Dieu sera payé le premier, c'est juste. Voici un denier°, ne faisons rien sans invoquer Dieu.

LE DRAPIER   Par Dieu, vous parlez en brave homme, et vous m'avez bien fait

70

plaisir. Voulez-vous mon dernier prix?

PATHELIN   Oui.

---

brave decent   /   **Plût à Jésus-Christ** Would to Jesus Christ *(plaire, imparfait du subjonctif)*   /   **le pire** = *le plus mauvais*   /   **voler** to rob, to steal   /   **dérober** = *voler*   /   **l'étoffe** *f* material, fabric   /   **le drap** cloth   /   **exprès** = *avec intention*   /   **la laine** wool   /   **diriger la maison** to run the business   /   **Que voulez-vous?** What can you do?   /   **se donner de la peine** = *faire un effort*   /   **séduit** = *charmé*   /   **raffoler de** to be crazy about   /   **la cotte** = *robe*   /   **filer** to slip away   /   **peu m'importe** what does it matter?   /   **l'envie** *f* = *désir*   /   **autant que** as much as   /   **n'eussiez-vous pas** = *même si vous n'aviez pas*   /   **le sou** penny   /   **clair** light   /   **Auparavant** First of all   /   **l'aune** *f* a former measure of length   /   **le denier (à Dieu)** coin usually offered at the conclusion of a deal as a charitable contribution

LE DRAPIER	Chaque aune vous coûtera vingt-quatre sous.
PATHELIN	Jamais de la vie! Vingt-quatre sous? Sainte Dame!
LE DRAPIER	C'est ce qu'il m'a coûté, sur mon âme! Il faut que j'en retire° autant,
75	si vous l'achetez.
PATHELIN	Diable! c'est trop.
LE DRAPIER	Ah! vous ne savez pas comment le drap est enchéri°. Tout le bétail° a
	péri, cet hiver, à cause du grand froid.
PATHELIN	Vingt sous! vingt sous!
80 LE DRAPIER	Et je vous jure° que j'en aurai ce que je dis.
PATHELIN	Par le sang bieu°, sans discuter davantage°, puisqu'il en va ainsi°,
	j'achète. Allons! aunez°.
LE DRAPIER	Et, je vous demande, combien vous en faut-il°?
PATHELIN	C'est bien facile à savoir : quelle largeur° a-t-il?
85 LE DRAPIER	Largeur de Bruxelles°.
PATHELIN	Trois aunes pour moi, et pour elle (elle est grande) deux et demie.
	Cela fait six aunes. N'est-ce pas? Eh! non, que je suis bête!
LE DRAPIER	Il ne manque qu'une demi-aune pour faire juste les six.
PATHELIN	J'en prendrai six, cela fera un compte rond°; il me faut aussi le cha-
90	peron°.
LE DRAPIER	Prenez là, nous allons les mesurer. *(Ils mesurent ensemble.)* Une, et
	deux, et trois, et quatre, et cinq, et six.
PATHELIN	Ventre° saint Pierre, tout juste! A combien monte le tout°?
LE DRAPIER	Nous allons le savoir : à vingt-quatre sous l'une, les six aunes, neuf
95	francs.
PATHELIN	Cela fait six écus°?
LE DRAPIER	Mon Dieu! oui.
PATHELIN	Alors, monsieur, voulez-vous me les donner à crédit jusqu'à tout-à-
	l'heure°, quand vous viendrez? Donner à crédit, non; vous les pren-
100	drez à ma porte, en or ou en monnaie.
LE DRAPIER	Notre Dame! Je ferai un grand détour, à aller par là.
PATHELIN	C'est fort bien dit : vous feriez un détour! C'est cela : vous ne
	voudriez jamais trouver une occasion de venir boire chez moi : eh
	bien, vous y boirez cette fois. Et ainsi vous mangerez de mon oie°, par
105	Dieu, que ma femme est en train de rôtir°.

retirer = *obtenir* / **enchérir** = *devenir plus cher* / **le bétail** livestock / **jurer** to swear /
bieu = *Dieu (euphémisme)* / **davantage** further / **puisqu'il en va ainsi** since that's the way it is /
auner = *mesurer* / **combien vous en faut-il?** how much do you need? / **la largeur** width /
Bruxelles Brussels (i.e., the width used by Brussels weavers) / **le compte rond** round sum /
le chaperon hood / **le ventre** belly / **A combien monte le tout?** What does the whole thing
come to? / **l'écu** *m* old French coin / **tout-à-l'heure** later, in a short while / **l'oie** *f*
goose / **rôtir** to roast

LE DRAPIER	Vraiment, cet homme m'abrutit°. Allez devant, marchez! j'irai donc et je le porterai.
PATHELIN	Pas du tout! En quoi me gênera-t-il°? En rien, sous le bras.
LE DRAPIER	Ne vous dérangez pas; il vaut mieux, pour les convenances°, que je le porte.
PATHELIN	Malchance m'envoie sainte Madeleine, si vous en prenez jamais la peine! C'est très bien dit : sous le bras. Cela me fera une belle bosse°! Ah! Cela va très bien. On aura bien bu et bien fait bombance° chez moi avant que vous vous en alliez.
LE DRAPIER	Je vous prie de me donner mon argent dès que j'y serai.
PATHELIN	Mais oui. Ou plutôt non. Par Dieu! pas avant que vous n'ayez confortablement mangé. Je voudrais, je vous assure, ne pas avoir sur moi de quoi payer : au moins, vous viendriez goûter mon vin. Feu votre père°, quand il passait, appelait bien : «Compère°!» ou «Que dis-tu?» ou «Que fais-tu?» Mais vous n'avez pas la moindre° estime, vous autres riches, pour les pauvres.
LE DRAPIER	Eh! par le saint Sang, nous sommes encore plus pauvres.
PATHELIN	Ouais°! Adieu! adieu! Rendez-vous tout-à-l'heure à l'endroit convenu°, et nous boirons bien, je m'en vante°.
LE DRAPIER	Entendu. Allez devant, et payez-moi en or.
PATHELIN	En or? Comment donc°! En or? diable! je n'y ai jamais manqué°. *(A part)* Non, en or! qu'il soit pendu°! Hum! diable! il ne m'a pas vendu à mon prix; ç'a été au sien, mais il sera payé au mien. Plût à Dieu qu'il n'arrêtât pas de courir, jusqu'à paiement complet! Saint Jean! Il ferait plus de chemin° qu'il n'y a jusqu'à Pampelune.[1]
LE DRAPIER	*(seul)* Ils ne verront soleil ni lune, de toute l'année, les écus qu'il me donnera, à moins qu'on ne me les rafle°. Il n'est pas° de si gros malin° qui ne trouve vendeur plus malin. Ce filou°-là n'est qu'un blanc-bec°, lui qui, à vingt-quatre sous l'aune, achète du drap qui n'en vaut pas vingt!

Line numbers: 110, 115, 120, 125, 130, 135

---

abrutir to exhaust, wear down   /   **en quoi me gênera-t-il** it's no bother at all   /   **pour les convenances** for the sake of propriety   /   **la bosse** hump   /   **faire bombance** ƒ to feast, to revel   /   **Feu votre père** Your late father   /   **le compère** fellow, friend   /   **moindre** slightest   /   **Ouais** Sure! (ironic or skeptical)   /   **convenu** agreed upon   /   **se vanter (de)** to boast, to pride oneself on   /   **Comment donc!** = *Bien sûr!*   /   **manquer à** to fail   /   **pendu** hanged   /   **Il ferait plus de chemin** He would cover more ground   /   **rafler** to carry off   /   **Il n'est pas** = *Il n'y a pas*   /   **le malin** sly, shrewd person   /   **le filou** crook, swindler   /   **le blanc-bec** greenhorn, novice

[1]Pamplona, a major stop on the pilgrimage road to the shrine at Compostela in Spain.

Qu'en pensez-vous?

Etes-vous d'accord ou non avec les déclarations suivantes? Justifiez votre réponse.

1. Le drapier et son père travaillent ensemble dans la boutique.
2. Pathelin est frappé par la ressemblance entre le drapier et son père.
3. Le père du drapier avait l'habitude de vendre à crédit.
4. Pathelin dit qu'il est venu exprès chez le drapier pour acheter du drap.
5. Ce qui compte pour Pathelin, c'est la qualité du drap.
6. Avant d'acheter le drap, Pathelin fait la charité.
7. Pathelin accepte tout de suite le prix du drapier.
8. Le drapier explique pourquoi son drap coûte si cher.
9. Pathelin en achète six aunes.
10. Pathelin paye le drap immédiatement.
11. Le drapier porte le drap chez Pathelin.
12. Si le drapier vient chercher son argent chez Pathelin, il recevra plus que son argent.
13. Selon Pathelin, le drapier a vendu au prix du drapier mais il sera payé au prix de Pathelin.
14. Le drapier pense que Pathelin a été un client très malin.

Nouveau Contexte

Complétez le dialogue suivant en choisissant les termes appropriés (employez chaque terme une seule fois). Puis, jouez le dialogue.

Nom : boutique *f*
Verbes : dérangera, faire faire, il m'en faut, gêne, vous portez-vous, ressembler à, me vanter, que voulez-vous
Adjectifs : bleu clair, chères

Nous sommes devant le magasin d'un grand couturier, devant la _____ *1* de Monsieur Raoul.
—Bonjour, Monsieur. Comment _____ *2* aujourd'hui? Est-ce que je peux vous aider?
—Je cherche des chemises de luxe, quelque chose de vraiment bien, mais je n'ai rien vu dans la vitrine. Est-ce que je pourrais m'en _____ *3* ?
—Bien sûr, Monsieur. Vous savez sans doute que les chemises faites sur mesure sont plus _____ *4* .
—Peu m'importe le prix. C'est la qualité qui m'intéresse.
—Combien de chemises désirez-vous?
— _____ *5* une douzaine.
—Y a-t-il une couleur qui vous plaît davantage?
—J'adore les chemises _____ *6* .
—Les voulez-vous en coton ou en soie?
—Pas de soie, s'il vous plaît. La soie me _____ *7* ; elle me fait frissonner.
—D'accord, Monsieur. Du coton, mais un coton distingué. Vous allez avoir l'air chic, vous allez voir. Vous allez _____ *8* un millionnaire.

— _____⁹ , Mademoiselle! Quand on est millionnaire, on doit agir comme un millionnaire.

—Oh, pardon, Monsieur. Je ne savais pas que vous aviez tant d'argent.

—Eh bien, je voudrais vous montrer ma reconnaissance. Je n'aime pas _____¹⁰ de mes richesses mais j'espère que ça ne vous _____¹¹ pas d'accepter un petit cadeau de ma part pour votre gentillesse.

—Merci beaucoup, Monsieur. Maintenant, pouvez-vous me donner votre nom et votre adresse... pour les chemises, bien entendu.

Appréciation du texte

1. Etudiez la tromperie des deux hommes. Indiquez les endroits où ils feignent la sincérité et l'amitié et où ils essaient de cacher leur ruse. Que pensez-vous, par exemple, des sentiments religieux auxquels tous deux font appel? En quoi consiste la satisfaction qu'ils expriment tous les deux à la fin de la scène?
2. Montrez comment Pathelin utilise la flatterie. Dites précisément quels aspects du caractère de Guillaume sont flattés par Pathelin.
3. Faites voir le réalisme de cette scène à travers les éléments suivants :
   a. le langage des personnages
   b. le marchandage : le client qui trouve le prix excessif et le marchand qui vend au prix coûtant *(cost price)* et qui prétend *(claims)* être pauvre

Vocabulaire satellite

le **billet**   bill (currency)
la **pièce**   coin
le, la **propriétaire**   owner
le **vendeur**   salesman
la **vendeuse**   saleslady
le, la **client(e)**   customer, client
la **vente**   sale (of an item)
les **soldes** *m*   sale items, bargains
la **carte de crédit**   credit card
le **reçu**   receipt
marchander   to dicker, to haggle over
acheter à crédit, au comptant   to buy on credit, with cash
payer comptant   to pay cash
toucher un chèque   to cash a check
avoir la monnaie de   to have the change for
mettre sur le compte de   to charge (a purchase)

dépenser une grosse somme d'argent   to spend a large amount of money
faire une bonne (mauvaise) affaire   to make a good (bad) deal
économiser (faire une économie de) 300 francs   to save 300 francs
faire des achats, des courses   to go shopping
payer quelque chose cher   to pay a lot for something
emprunter de l'argent (à)   to borrow money (from)
prêter de l'argent (à)   to lend money (to)
acheter en solde   to buy on sale
vendre à bon marché   to sell cheap
commander quelque chose   to order something

Pratique de la langue

1. Préparez et présentez un des dialogues suivants, où une personne essaie de persuader l'autre (par la flatterie, peut-être).
   a. un vendeur d'automobiles et un(e) client(e)
   b. une femme et son mari qui fume trop
   c. un(e) étudiant(e) universitaire et un de ses parents qui ne s'intéresse plus à la politique et refuse de voter
   d. un jeune homme qui veut sortir ce soir et sa petite amie qui préfère rester à la maison
   e. un(e) étudiant(e) qui compte passer la soirée à la bibliothèque et son (sa) camarade de chambre qui a deux billets pour un concert
   f. une vendeuse dans un grand magasin et une femme qui, accompagnée de son mari, essaie des robes
   g. un jeune homme qui veut acheter une chaîne stéréo à crédit et son ami(e) qui a une carte de crédit
2. Avez-vous jamais acheté quelque chose sur un coup de tête *(sudden impulse)* sans y avoir pensé à l'avance? Dites ce que vous avez acheté ainsi et dans quelles circonstances.
3. La vente à crédit est devenue une pratique courante. Quels sont les avantages et les inconvénients de cette pratique? Personnellement êtes-vous plutôt porté(e) à acheter à crédit ou au comptant? Pourquoi?
4. Aimez-vous marchander lorsque vous faites un achat ou est-ce que ce procédé vous gêne? Donnez un exemple de marchandage.
5. Préférez-vous payer cher et acheter quelque chose qui durera longtemps ou payer moins cher et être obligé(e) de renouveler votre achat? Citez des exemples concrets.
6. Vous est-il jamais arrivé de prêter ou d'emprunter de l'argent? A qui et pour quelle raison? Avez-vous fait une bonne affaire? Seriez-vous prêt(e) à prêter ou à emprunter de nouveau *(again)* à la même personne?

La Farce de Maître Pathelin II

Orientation: Another Lesson in Deceit

In this next episode of the farce, the cloth merchant Guillaume will more than meet his match. He now has to contend not only with Pathelin but with Pathelin's wife, Guillemette, who plays her part to perfection in this scheme. The husband and wife team is so effective that by the end of the scene Guillaume is left reeling and totally confused. He's not sure of anything any more, and he'll never fully recover his equilibrium.

The scene is a spectacle for the audience. We have no favorite in this battle since all the participants are deceivers who deserve what they get. We are, therefore, in a good position to appreciate the humor of this farce, which in this scene is approximately at the level of slapstick comedy. Guillemette will repeatedly tell Guillaume to keep his voice down so as not to disturb her husband, who is bedridden and dying. In making these requests of Guillaume, however, Guillemette is shouting at the top of her lungs; she is the one making all the noise. Contributing to the humor of the situation is the recurrence of certain refrains: "parlez bas," "payez-moi mes neuf francs," etc. Add to this a heavy dose of facile medical humor, and the result is a scene which makes us laugh even as it sheds further light on the duplicity of the characters.

After obtaining the fabric from the cloth merchant, Pathelin returns home to relate his moment of triumph to his wife, Guillemette. Together they devise a plan to trick Guillaume when he appears at their door to collect his money.

(Devant, puis dans la maison de Pathelin)

LE DRAPIER	Ho! Maître Pierre!
GUILLEMETTE	*(entrouvrant° la porte)* : Hélas! monsieur, pour Dieu! si vous avez quelque chose à dire, parlez plus bas.
LE DRAPIER	Dieu vous garde, Madame.
5 GUILLEMETTE	Oh! plus bas.
LE DRAPIER	Où est-il?
GUILLEMETTE	Hélas! Où doit-il être? Il reste où il est, le pauvre martyr, depuis onze semaines, sans bouger.
LE DRAPIER	De qui?...
10 GUILLEMETTE	Excusez-moi, je n'ose° parler haut. Je crois qu'il repose, il s'est un peu assoupi°. Hélas! il est si abattu°, le pauvre homme!
LE DRAPIER	Qui?
GUILLEMETTE	Maître Pierre.
LE DRAPIER	Ouais! n'est-il pas venu chercher six aunes de drap à l'instant°?
15 GUILLEMETTE	Qui? lui?
LE DRAPIER	Il en vient de ce pas°, il n'y a pas la moitié d'un quart d'heure. Ne me retenez° pas. Diable! Je m'attarde° trop. Ça sans plus de musique°, mon argent!
GUILLEMETTE	Hé! Sans rire! Ce n'est pas le moment de rire.
20 LE DRAPIER	Ça, mon argent! Etes-vous folle? Il me faut neuf francs.
GUILLEMETTE	Ah! Guillaume. Est-ce à moi que vous lancez ces brocards°? Allez débiter vos sornettes° aux imbéciles comme vous, de qui vous voudriez vous moquer.
LE DRAPIER	Que je puisse renier° Dieu, si je n'ai mes neuf francs!
25 GUILLEMETTE	Hélas, monsieur, tout le monde n'a pas si envie de rire que vous, ni de bavarder°.
LE DRAPIER	Je vous en prie, ne me racontez pas de sornettes. De grâce°, faites-moi venir Maître Pierre.

entrouvrir = *ouvrir un peu* / **oser** to dare / **s'assoupir** = *s'endormir à demi* / **abattu** = *faible* / **à l'instant** just now / **de ce pas** directly, just now / **retenir** to detain / **s'attarder** to linger / **la musique** song and dance, delay / **lancer des brocards** *m* to hurl insults / **débiter des sornettes** *f* to spout nonsense / **renier** to deny / **bavarder** to babble / **De grâce** For mercy's sake

	GUILLEMETTE	Malheur à vous! Cela va durer toute la journée?
30	LE DRAPIER	Ici je suis bien chez Maître Pierre?
	GUILLEMETTE	Bas! si vous ne voulez pas qu'il s'éveille.
	LE DRAPIER	Quoi? Bas?
	GUILLEMETTE	Hé Dieu! quel bavard! Enfin, ce sont toujours vos manières.

LE DRAPIER Le diable y soit! Maintenant que j'y pense, si vous voulez que je

35 parle bas... Dites donc! Des disputes de ce genre, je n'en ai pas
l'habitude. La vérité, c'est que Maître Pierre a pris six aunes de
drap aujourd'hui.

GUILLEMETTE *(élevant la voix)* : Mais qu'est ceci? Est-ce pour toute la journée? Le
diable m'emporte°! Voyons! Quoi! prendre? Ah! monsieur, que

40 l'on puisse pendre° celui qui ment. Il est en un tel état, le pauvre
homme, qu'il n'a pas quitté son lit depuis onze semaines. Et vous
nous lancez de vos balivernes°? Maintenant est-ce raisonnable?
Vous sortirez de ma maison, par la Passion de Notre-Seigneur, malheureuse que je suis.

45 LE DRAPIER Vous me disiez de parler si bas... Sainte Vierge Bénie°, vous criez!

GUILLEMETTE *(bas)* : C'est vous, sur mon âme, qui ne faites que chercher
querelle.

LE DRAPIER Dites, pour que je m'en aille, donnez-moi...

GUILLEMETTE *(criant)* : Parlez bas, compris?

50 LE DRAPIER Mais c'est vous qui allez l'éveiller : vous parlez quatre fois plus

emporter to take / **pendre** to hang / **lancer des balivernes** = *débiter des sornettes* / **béni**
blessed

haut, par le sang bieu, que je ne fais. Je vous prie de ne pas me retenir davantage.

GUILLEMETTE   Que signifie? Etes-vous ivre°, ou insensé°? Dieu notre père!

LE DRAPIER   Ivre? Saint Pierre vous en punisse! Voici une belle demande°!

55   GUILLEMETTE   Hélas! plus bas.

LE DRAPIER   Je vous demande pour six aunes, n'en déplaise à Saint Georges, de drap, madame...

GUILLEMETTE   Ce drap, à qui l'avez-vous donné?

LE DRAPIER   A lui-même.

60   GUILLEMETTE   Il est taillé° à avoir du drap! Hélas! il ne peut pas bouger. Il n'a nul besoin d'une robe; il ne sera plus jamais vêtu que de blanc°; il ne partira d'où il est que les pieds devant.

LE DRAPIER   C'est donc depuis le lever du soleil, car je lui ai parlé, sans erreur.

GUILLEMETTE   *(d'une voix perçante)* : Vous avez la voix tellement haute. Parlez plus
65   bas, par charité!

LE DRAPIER   C'est vous, en vérité, vous-même, sacré bon sang! Par la sambleu°! C'est bien difficile! Si l'on me payait, je m'en irais. *(A part)* Chaque fois que j'ai donné à crédit, je n'en ai pas récolté° autre chose.

PATHELIN   *(couché)* : Guillemette! Haussez°-moi, mettez-moi des oreillers°
70   derrière le dos. A qui est-ce que je parle? Le pot à eau! A boire! Frottez°-moi la plante° des pieds.

LE DRAPIER   Je l'entends là.

GUILLEMETTE   Bien sûr.

PATHELIN   Ah! méchante, viens ici. T'ai-je dit d'ouvrir ces fenêtres? Viens me
75   couvrir. Chasse ces gens noirs°. Marmara, carimari, carimara°. Amenez-les-moi°, amenez!

GUILLEMETTE   *(à l'intérieur)* : Qu'y a-t-il? Comme vous vous démenez°! Avez-vous perdu la raison?

PATHELIN   Tu ne vois pas ce que je sens. Voilà un moine noir° qui vole°. At-
80   trape-le, mets-lui une étole°. Au chat°, au chat! Comme il monte!

GUILLEMETTE   Mais qu'est ceci? N'avez-vous pas honte°? Eh! par Dieu, c'est trop se remuer°.

PATHELIN   Ces médecins m'ont tué avec ces drogues qu'ils m'ont fait boire. Et

---

ivre drunk / **insensé** = *qui a perdu la raison, fou* / **Voici une belle demande!** What a thing to ask! / **taillé** cut out / **vêtu de blanc** = *habillé de blanc* (i.e., in a shroud) / **Par la sambleu!** = *Par le sang de Dieu (euphémisme)* / **récolter** to reap / **hausser** to raise, to lift / **l'oreiller** *m* pillow / **frotter** to rub / **la plante** sole / **gens noirs** *Pathelin feint de voir des diables dans son délire.* / **Marmara, etc.** *formule magique que Pathelin invente pour exorciser ses diables* / **Amenez-les-moi!** Pathelin in his "delirium" says "Bring them to me" (*amener*) when he more appropriately should say "Take them away" (*emmener*). / **se démener** to stir / **un moine noir** sorcerer / **voler** to fly / **l'étole** *f* a stole which was placed around the neck of the person to be exorcised / **Au chat!** Seize the cat! *(Certains considéraient les chats comme des animaux diaboliques.)* / **avoir honte** to be ashamed / **se remuer** = *se démener*

toutefois° il faut les croire, ils nous manient° comme de la cire°.

85 GUILLEMETTE *(au drapier)* : Hélas! venez le voir, cher monsieur, il est au plus mal°.

LE DRAPIER *(entre)* : Sérieusement, il est malade, depuis qu'il vient de revenir de la foire°?

GUILLEMETTE De la foire?

90 LE DRAPIER Oui, par saint Jean. Je crois qu'il y est allé. Du drap que je vous ai donné à crédit, il me faut l'argent, Maître Pierre.

PATHELIN *(feignant de prendre le drapier pour un médecin)* Ah! Maître Jean... Prendrai-je un autre clystère°?

LE DRAPIER Eh! Que sais-je? Il me faut neuf francs, ou six écus.

95 PATHELIN Ces trois morceaux noirs et pointus, vous m'appelez cela des pilules? Ils m'ont abîmé les mâchoires°. Pour Dieu, ne m'en faites plus prendre, Maître Jean. Ils m'ont tout fait rendre°. Ah! il n'y a rien de plus amer°.

LE DRAPIER Ma foi non, par l'âme de mon père : mes neuf francs ne me sont
100 point rendus°.

GUILLEMETTE Qu'on pende par le cou de pareils importuns°! Allez-vous-en°, de par les diables, puisque cela ne peut être de par Dieu!

LE DRAPIER Par le Dieu qui me fit naître, je ne finirai pas avant d'avoir mon drap, ou mes neuf francs.

105 GUILLEMETTE *(au drapier)* Allez-vous-en! N'est-ce pas mal agir de lui casser la tête°?

LE DRAPIER Que Notre-Seigneur en soit fâché°! Six aunes de drap maintenant, dites, est-il convenable°, en bonne foi, que je les perde? Il me faut neuf francs tout ronds°, que, par la faveur de saint Pierre de
110 Rome...

GUILLEMETTE Hélas! Quels tourments vous lui infligez°! Comment pouvez-vous être si rude? Vous voyez bien qu'il croit que vous êtes médecin. Hélas! le pauvre chrétien a beaucoup de malchance. Voilà onze semaines, sans répit°, qu'il est ici, le pauvre homme!

115 LE DRAPIER Par la sambleu, je ne sais comment cette mésaventure lui est arrivée, car il est venu aujourd'hui, nous avons fait affaire ensemble, tout au moins° il me semble, ou je ne sais ce que cela peut être.

GUILLEMETTE Par Notre Dame, mon cher monsieur, vous avez l'esprit troublé. Réellement, si vous voulez m'en croire, vous irez un peu vous

---

toutefois yet / **manier** = *manipuler* / **la cire** wax / **être au plus mal** to be past recovery / **la foire** fair / **le clystère** enema / **Ils m'ont abîmé les mâchoires.** They ruined my jaws. / **rendre** = *vomir* / **amer** bitter / **rendus** rendered, paid back (a play on the two meanings of *rendre*) / **de pareils importuns** such intruders / **s'en aller** to go away / **casser la tête** = *importuner* / **fâché** angry / **convenable** fitting, proper / **tout rond** in round figures / **infliger** = *imposer* / **sans répit** = *sans interruption* / **tout au moins** at least

120   reposer. Bien des gens pourraient donner à entendre° que vous venez pour moi ici. Sortez : les médecins vont venir ici même.

LE DRAPIER   Je ne me soucie pas° qu'on y pense à mal, puisque moi, je n'y pense pas. *(A part)* Eh! maugrebleu°! en suis-je là°? *(A Guillemette)* Tête Dieu! je croyais...

125 GUILLEMETTE   Encore?

LE DRAPIER   Vous n'avez pas une oie au feu?

GUILLEMETTE   Belle demande! Ah! monsieur, ce n'est pas une nourriture pour malades. Mangez vos oies à vous sans venir nous faire des singeries°. Ma foi! vous êtes vraiment sans-gêne°!

130 LE DRAPIER   Je vous prie de m'excuser, car je croyais ferme...

GUILLEMETTE   Encore?

LE DRAPIER   Par le Saint Sacrement! Adieu! *(Devant la maison, à part)* Diable! Maintenant je vais savoir. Je sais bien que je dois en avoir six aunes, tout d'une pièce, mais cette femme m'embrouille° l'esprit sur tous

135 les points... Il les a eues vraiment. Il ne les a pas. Diable! Cela ne peut pas coller°. J'ai vu la Mort qui vient le transpercer, ou du moins il fait semblant°. Ah! pourtant il les a. En fait il les a prises et mises sous son aisselle°. Par sainte Marie la belle! Il ne les a pas. Je ne sais si je rêve. Je n'ai pas l'habitude de donner mes draps, que°

140 je dorme ou non. A personne, quelle que soit son amitié pour moi, je ne les aurais donnés à crédit. Par la sambleu, il les a eues! Morbleu°, il ne les a pas. J'en suis sûr. Il ne les a pas. Mais où en suis-je? Mais si, il les a. Par le sang de Notre-Dame, malheur à moi, corps et âme, si je sais qui pourrait dire qui a raison, d'eux ou de moi. Je

145 n'y vois goutte°. *(Il part.)*

Qu'en pensez-vous?

Etes-vous d'accord ou non avec les déclarations suivantes? Justifiez votre réponse.

1. Guillemette demande au drapier de parler plus haut.
2. Le drapier est venu chez Pathelin pour rendre visite au malade.
3. Guillemette dit qu'il y a longtemps que son mari n'a pas bougé.
4. Guillemette finit par crier elle-même.
5. Elle dit que son mari aura bientôt besoin d'un vêtement blanc.
6. Le drapier a toujours eu de bonnes expériences chaque fois qu'il a vendu à crédit.
7. Guillemette invite le drapier à venir voir son mari qui souffre en silence.

donner à entendre = *suggérer, insinuer* / **se soucier** to worry / **maugrebleu** = *malgré Dieu (encore un euphémisme pour ne pas prononcer le nom de Dieu)* / **en suis-je là?** has it come to this? (lit. Am I at that point?) / **la singerie** antic / **sans-gêne** = *impoli, indélicat* / **embrouiller** = *rendre confus* / **coller** to hold together / **faire semblant** to pretend / **l'aisselle** *f* armpit / **que** whether / **Morbleu** = *Mort de Dieu (euphémisme)* / **Je n'y vois goutte** = *Je n'y comprends rien*

8. Pathelin pense qu'il parle à son médecin.
9. Guillemette s'inquiète de sa propre réputation à cause de la visite du drapier.
10. Le drapier a l'esprit troublé lorsqu'il quitte la maison de Pathelin.

Nouveau Contexte

Complétez le dialogue suivant en choisissant les termes appropriés. Employez chaque terme une seule fois.

Verbes : qu'y a-t-il, n'avait pas envie de, avoir honte, crier, ce n'est pas le moment, ne fais que, fais semblant, fasse venir, frotte, tu te moques, me reposer, voyons

Ce matin papa s'est réveillé comme d'habitude à six heures. Mais, comme il _____*1* commencer sa journée à cette heure-là, il est resté au lit. Maman est entrée alors dans la chambre.

—_____*2*, Edouard? Pourquoi n'es-tu pas dans la salle de bains?

—Parle plus bas, Christiane. Tu n'as pas besoin de _____*3*. Je t'entends.

—Mais _____*4*, Edouard! Lève-toi! Tu vas être en retard.

—_____*5* de m'attaquer, Christiane. Je ne me sens pas bien.

—Veux-tu que je te _____*6* le cou ou la plante des pieds?

—Un simple massage ne va pas m'aider. Laisse-moi tranquille.

—Veux-tu que je _____*7* le médecin?

—Non, ce n'est pas la peine. Je n'ai qu'à _____*8* et je me sentirai mieux.

—Edouard, est-ce que _____*9* de moi? Tu as l'air en très bonne santé. Est-ce que tu _____*10* d'être malade?

—Puisque je te le dis!

—Tu devrais _____*11*, Edouard. Il me semble que dernièrement tu _____*12* te plaindre.

—Ah, j'enrage! Si je n'étais pas malade avant, tu peux être sûre que je le suis maintenant!

—Ah, les hommes!

Appréciation du texte

1. Dans cette partie de la *Farce de Maître Pathelin,* le réalisme cède la place à la comédie. Relevez les aspects comiques de cette scène : comédie de situation, comédie de langage (répétition, jeux de mots), comédie de gestes, comédie de caractère.
2. Tracez le caractère de Guillemette. Qu'est-ce que ses paroles révèlent? Comment ressemble-t-elle à son mari?
3. Jouez cette scène, ou une partie de cette scène, avec un(e) autre étudiant(e). Tâchez de bien animer vos personnages. Ne négligez pas les gestes et les expressions du visage.

Vocabulaire satellite

la **bonne (mauvaise) santé**   good (bad) health

la **médecine**   medicine (science, profession)

la **maladie**   illness
le, la **malade**   sick person, patient
l' **infirmier**/l'**infirmière**   nurse
le **chirurgien**   surgeon
le **médicament**   medication, medicine (drug)
le **remède**   remedy, cure, medicine (drug)
l' **ordonnance** *f*   prescription
la **douleur**   pain
le **rhume**   cold
la **grippe**   flu
le **somme**   nap
souffrant(e)   indisposed
grave   serious
se **porter bien (mal)**   to feel good (bad)

se **faire mal**   to hurt (oneself)
soigner   to care for
se **soigner**   to take care of oneself
négliger sa santé   to neglect one's health
se **rendre malade**   to make oneself sick
attraper (un rhume)   to catch (a cold)
se **mettre au lit**   to go to bed
faire venir le médecin   to send for the doctor
opérer un malade   to operate on a patient
guérir   to get better
guérir une personne, une maladie   to cure a person, an illness

Pratique de la langue

1. Etes-vous en bonne santé? Tombez-vous souvent malade? Y a-t-il certaines situations qui vous rendent malade? Vous soignez-vous comme il faut?
2. Faites-vous parfois un somme? Est-ce une bonne habitude? A-t-on besoin d'un somme?
3. Beaucoup de gens ont très confiance en les vitamines quotidiennes. Prenez-vous des vitamines tous les jours? Si oui, pourquoi? Si non, pourquoi pas?
4. Que faites-vous lorsque vous attrapez un rhume? Avez-vous un remède secret? Guérissez-vous vite? Vous mettez-vous au lit ou essayez-vous de continuer vos activités normalement?
5. Avez-vous jamais fait quelque chose de bizarre lorsque vous étiez malade? Racontez.
6. Que pensez-vous de la médecine contemporaine? Avez-vous confiance en elle? Est-ce qu'on a trop confiance en elle en général?
7. Préparez une scène comique au sujet d'un malade imaginaire. Comme personnages il y aura :
   a. le (la) patient(e)
   b. le médecin
   c. l'infirmier(-ère)
   d. les autres membres de la famille.
8. Fumez-vous des cigarettes ou connaissez-vous quelqu'un qui fume? S'agit-il d'un droit individuel ou y a-t-il des considérations sociales? Est-ce une question de santé?

La Farce de Maître Pathelin III

Orientation: A Twist in the Plot

The poor cloth merchant Guillaume, having been bested in Pathelin's home, now finds himself in Pathelin's other theater of operation, the courtroom. Here his bewilderment is complete; he is thoroughly confounded, unable ultimately to put two logical sentences back to back. In his utter confusion, he cannot separate his complaint against Pathelin, who has stolen his cloth, from his case against the shepherd, who has stolen his sheep. He begins a sentence thinking of the one and finds himself talking about the other before he can get to the end of his statement. Guillaume's retribution is a source of amusement in its incongruous expression.

Everything seems to be looking up, then, for Maître Pathelin as the farce draws to its conclusion. But wait! The master trickster too can be foiled. And his merited requital will come at the hands of a mere shepherd, in a scene that will prove not only hilarious but highly satisfying. *La Farce de Maître Pathelin* is a jewel in the early history of French comic theater. The first comedy worthy of the name, it makes us laugh while at the same time, by means of a fairly complex plot, it lends valid insight into human behavior.

The cloth merchant has uncovered a scheme whereby his sheperd has been killing the sheep in the flock and attributing their death to sheep pox. He resolves to sue the shepherd to recoup his losses. The shepherd in turn hires Maître Pathelin to defend him. Pathelin decides to build a defense around the shepherd's insanity. He advises the shepherd to answer nothing but "Baa" to any question that is asked of him. Pathelin himself will appear in court as if by chance and accept the task of defending this hapless individual.

(Au tribunal)

PATHELIN	Monsieur, Dieu vous donne bonne chance et ce que votre cœur désire.
LE JUGE	Soyez le bienvenu°, Monsieur. Couvrez-vous° donc. Prenez place, là.
PATHELIN	Oh! je suis bien. Excusez-moi : je suis ici plus à l'aise°.
5 LE JUGE	S'il y a une affaire°, qu'on se dépêche, tout de suite, pour que je lève l'audience°.
LE DRAPIER	Mon avocat arrive. Il achève° un petit travail, Monseigneur, et, s'il vous plaît, vous seriez bien aimable de l'attendre.
LE JUGE	Ah diable! J'ai d'autres affaires à entendre ailleurs°. Si votre partie°
10	est présente, dépêchez-vous, sans plus attendre. N'êtes-vous pas le demandeur°?
LE DRAPIER	Oui.
PATHELIN	Où est le défendeur°? Est-il ici présent en personne?
LE DRAPIER	*(montrant le berger°)* : Oui. Le voilà qui ne dit mot, mais Dieu sait ce
15	qu'il en pense.
LE JUGE	Puisque vous êtes présents tous les deux, exposez votre plainte.
LE DRAPIER	Voici donc ma plainte contre lui. Monseigneur, c'est la vérité que,

soyez le bienvenu welcome! / **Couvrez-vous** = *Remettez votre chapeau* / **à l'aise** comfortable /
une affaire a matter before the court / **lever l'audience** to adjourn the session / **achever** =
terminer / **ailleurs** elsewhere / **la partie** = *l'adversaire* / **le demandeur** plaintiff /
le défendeur defendant / **le berger** shepherd

The Granger Collection

pour l'amour de Dieu et par charité, je l'ai élevé° quand il était enfant. Quand je vis qu'il était en âge d'aller aux champs, bref, j'en fis
20   mon berger et je le mis à garder mes bêtes. Mais, aussi vrai que vous
êtes assis là, Monseigneur le Juge, il a fait un tel carnage de mes bre-
bis° et de mes moutons° que vraiment...

LE JUGE   Mais voyons : n'était-il pas votre salarié°?

PATHELIN   Oui, car s'il s'était amusé à le garder sans salaire...

25   LE DRAPIER   *(reconnaissant° Pathelin)* : Que je renie° Dieu si ce n'est vous! Oui,
vous! Parfaitement!

LE JUGE   Comme vous tenez votre main en l'air! Avez-vous mal aux dents°,
Maître Pierre?

PATHELIN   Oui, elles me font une telle guerre que je n'ai jamais senti une
30   pareille rage°. Je n'ose lever le visage. Pour Dieu, faites-le continuer.

LE JUGE   *(au drapier)* : Dépêchez! Achevez de plaider. Allez! concluez clairement.

LE DRAPIER   *(à part)* : C'est lui, ce n'est pas un autre, vraiment. Par la croix sur
laquelle Dieu s'est étendu°! C'est à vous que j'ai vendu six aunes de
35   drap, Maître Pierre!

élever to raise   /   **la brebis** female sheep, ewe   /   **le mouton** (male) sheep, ram   /   **le salarié**
hireling   /   **reconnaître** to recognize   /   **renier** to renounce   /   **avoir mal aux dents** to have a
toothache   /   **une pareille rage** such an unbearable toothache   /   **s'étendre** = *se coucher*

LE JUGE *(à Pathelin)* : Que veut-il dire, avec son drap?

PATHELIN Il divague°. Il croit revenir à son sujet et il ne peut plus s'y retrouver, parce qu'il n'a pas l'habitude.

LE DRAPIER *(au juge)* : Que je sois pendu° si un autre que lui l'a pris, mon drap, malheur de malheur!

40

PATHELIN Comme ce méchant° homme va chercher bien loin ses inventions pour enrichir son accusation! Il veut dire (est-il têtu°!) que son berger avait vendu la laine (voilà : j'ai compris) dont on a fait le drap de ma robe. Ça revient à dire° qu'il le vole° et qu'il lui a soulevé° la laine de ses brebis.

45

LE DRAPIER Dieu me frappe de malheur si vous ne l'avez!

LE JUGE Paix! par le diable! espèce de bavard°. Ne pouvez-vous revenir à votre sujet, sans retenir la Cour avec ces bavardages?

PATHELIN J'ai mal°, et il faut que je rie. Il se sent déjà si pressé qu'il ne sait plus où il a laissé son propos°; il faut que nous l'y ramenions°.

50

LE JUGE Allons! revenons à ces moutons°. Qu'en est-il arrivé?

LE DRAPIER Il en prit six aunes, de neuf francs.

LE JUGE Sommes-nous des imbéciles, ou des bouffons? Où vous croyez-vous?

PATHELIN Morbleu! il vous fait paître°! A-t-il la mine° d'un honnête homme! Mais je conseille de questionner un peu sa partie adverse°.

55

LE JUGE Vous avez raison. *(Au berger)* Approche; parle.

LE BERGER Bée°.

LE JUGE Voici un autre cassement de tête°. Que veut dire ce «Bée?» Suis-je une chèvre°? Réponds.

60 LE BERGER Bée.

LE JUGE Que Dieu te donne sanglante fièvre°! Te moques-tu?

PATHELIN Croyez qu'il est fou ou stupide, et qu'il se croit au milieu de ses bêtes.

LE DRAPIER *(à Pathelin)* : Eh bien, je renie bieu° si ce n'est vous, et non un autre, qui l'avez eu, mon drap. *(Au juge)* Ah! vous ne savez pas, Monseigneur, par quelle fourberie°...

65

LE JUGE Eh! taisez-vous! Etes-vous idiot? Laissez tranquille ce détail accessoire°, et venons-en au principal.

LE DRAPIER Sans doute, Monseigneur, mais l'affaire me touche°. Toutefois, je vous le jure°, je n'en dirai pas un mot aujourd'hui. Une autre fois, ça

---

divaguer to ramble / **pendu** hanged / **méchant** evil / **têtu** = *obstiné* / **Ça revient à dire** = *C'est comme si on disait* / **voler** to rob / **soulever** to lift / **espèce de bavard** you babbling idiot / **J'ai mal** I'm hurting / **où il a laissé son propos** where he left off / **ramener** to bring back / **revenons à ces moutons** This expression is now used proverbially in the form *«Revenons à nos moutons,»* to convey: "Let's get back to the subject at hand." / **il vous fait paître** he's not taking you seriously; he's scoffing at you (*paître* = to graze) / **la mine** = *l'apparence* / **sa partie adverse** = *son adversaire* / **Bée** Baa (the bleat of a sheep) / **le cassement de tête** = *le problème* / **la chèvre** goat / **sanglante fièvre** a terrible fever / **bieu** = *Dieu (euphémisme)* / **la fourberie** deceit / **accessoire** = *moins important, secondaire* / **toucher** = *concerner* / **jurer** to swear

70   ira comme ça pourra. Il faut que je l'avale° sans mâcher°... Donc je
disais, dans mon exposé, comment j'avais donné six aunes... je dois
dire : mes brebis. Je vous en prie, Monsieur, excusez-moi. Ce gracieux maître... Mon berger, quand il devait être aux champs... Il m'a
dit que j'aurais six écus d'or quand je viendrais... Je veux dire : il y a

75   trois ans, mon berger me promit de me garder loyalement mes brebis, et de ne m'y faire ni dommage ni canaillerie°, et puis... Maintenant il nie° absolument tout, drap et argent. Ah! Maître Pierre, vraiment... Ce scélérat° me soulevait la laine de mes bêtes, et, alors
qu°'elles étaient en pleine santé, il les faisait mourir et crever° en les

80   assommant°, en les frappant à coups de gourdin° sur la tête. Mon
drap sous son aisselle, il se mit en chemin à toute allure°, et me dit
d'aller chercher six écus d'or chez lui.

LE JUGE   Il n'y a ni rime ni raisons dans tout ce que vous rabâchez°. Qu'est-ce
que c'est? Vous entrelardez° tantôt° de l'un, tantôt de l'autre. Somme

85   toute°, par la sambleu, je n'y vois goutte°. Il nous embrouille° avec
son drap, puis il pérore° sur les brebis, à tort et à travers°. Rien de ce
qu'il dit ne tient debout°.

PATHELIN   Ce berger ne peut absolument pas répondre aux accusations portées
contre lui s'il n'a un avocat, et il n'ose ou il ne peut en demander un.

90   S'il vous plaisait de m'ordonner d'être son conseil, je le serais.

LE JUGE   Son conseil? Je croirais bien qu'avec lui le profit est gelé°.

PATHELIN   Moi, je vous jure qu'aussi bien je n'en veux rien avoir. Que ce soit
pour l'amour de Dieu! Je vais donc apprendre du pauvret° ce qu'il
voudra me dire, et s'il ne saura° point me renseigner° pour que je

95   réponde aux accusations de sa partie. Il s'en tirerait° mal, si on ne venait pas à son secours°. (*Au berger*) Approche, mon ami. Entends-tu?

LE BERGER   Bée!

PATHELIN   Quoi, bée? Diable! Par le saint Sang que Dieu répandit°, es-tu fou?
Dis-moi ton affaire.

100   LE BERGER   Bée!

PATHELIN   Comment, Bée? Entends-tu braire° les brebis? C'est pour ton bien,
comprends-le.

LE BERGER   Bée!

avaler to swallow / **mâcher** to chew / **la canaillerie** = *action malhonnête* / **nier** to deny / **le scélérat** scoundrel / **alors que** while / **crever** = *mourir* / **assommer** to knock on the head / **à coup de gourdin** with a club / **à toute allure** at full speed / **rabâcher** = *répéter sans cesse* / **entrelarder** to intersperse / **tantôt... tantôt** now ... now / **somme toute** in short / **je n'y vois goutte** = *je n'y comprends rien* / **embrouiller** to confuse / **pérorer** = *haranguer* / **à tort et à travers** = *sans raison ni justesse* / **tenir debout** to hold up / **gelé** frozen (i.e., there is no profit to be made) / **le pauvret** = *le pauvre homme* / **saura** = *pourra* / **renseigner** = *informer* / **s'en tirer** to manage / **le secours** = *aide* / **répandre** to shed / **braire** to bray (as a donkey)

	PATHELIN	Eh! dis oui ou non. *(Bas)* Cela va bien. Continue. *(Haut)* Alors, tu t'expliques?
105		
	LE BERGER	*(doucement)* : Bée!
	PATHELIN	Plus haut! ou cela te coûtera cher, je m'en doute°.
	LE BERGER	Bée!
	PATHELIN	Mais il faut être encore plus fou pour intenter un procès° à un fou de naissance comme celui-ci! *(Au juge)* Ah! monsieur, renvoyez-le à ses brebis! Il est fou de naissance.
110		
	LE DRAPIER	Il est fou? Saint Sauveur d'Asturie! Il est plus sain° d'esprit que vous.
	PATHELIN	*(au juge)* : Renvoyez-le garder ses bêtes, sans ajournement, et qu'il n'ait jamais à revenir. Maudit° soit qui assigne en justice° de tels fous, ou les fait assigner.
115		
	LE DRAPIER	Et on le fera s'en retourner, avant de m'entendre?
	LE JUGE	Ma foi oui, puisqu'il est fou. Pourquoi pas?
	LE DRAPIER	Ah diable! Monsieur, au moins laissez-moi parler avant et présenter mes conclusions. Ce ne sont pas des tromperies que je vous dis, ni des plaisanteries.
120		
	LE JUGE	Quel tracas°, juger des fous et des folles! Ecoutez, pour réduire ces bavardages, je vais lever la séance°.

La Farce de Maître Pathelin IV

The trial is now over. Pathelin meets with his client to gather his fee.
(Devant le tribunal)

	PATHELIN	*(au berger)* : Dis, Agnelet°.
	LE BERGER	Bée!
	PATHELIN	Viens ici, viens. Ton affaire est-elle bien réglée°?
	LE BERGER	Bée!
5	PATHELIN	Ta partie s'est retirée. Ne dis plus : Bée! Ce n'est plus nécessaire. Lui ai-je passé un beau croc-en-jambe°? Mon conseil n'était-il pas juste?
	LE BERGER	Bée!
	PATHELIN	Eh! diable, on ne t'entendra pas. Parle hardiment°; ne t'inquiète° pas.
	LE BERGER	Bée!
10	PATHELIN	Il est temps que je m'en aille : paie-moi.

---

se douter (de) to suspect / **intenter un procès** to bring legal action / **sain** sound / **Maudit** Cursed / **assigner en justice** to summon to court / **le tracas** annoyance / **lever la séance** to adjourn the session / **Agnelet** The shepherd's name is Thibault l'Agnelet. (*Agnelet* = small lamb) / **réglé** settled / **passer un beau croc-en-jambe** to trip someone up nicely / **hardiment** boldly / **s'inquiéter** to worry

LE BERGER   Bée!

PATHELIN   A vrai dire, tu as très bien tenu ton rôle, et tu as gardé bonne contenance. Ce qui l'a fait tomber dans le traquenard°, c'est que tu t'es
retenu de rire.

15   LE BERGER   Bée!

PATHELIN   Quoi, bée? Il ne faut plus le dire. Paie-moi et gentiment°.

LE BERGER   Bée!

PATHELIN   Comment, bée? Parle raisonnablement et paie-moi; alors je m'en irai.

LE BERGER   Bée!

20   PATHELIN   Sais-tu quoi? Je vais te le dire. Je te prie, sans plus me bêler après°, de
penser à me payer. Je ne veux plus de tes bêlements. Paie, et vite!

LE BERGER   Bée!

PATHELIN   C'est une plaisanterie? Est-ce tout ce que tu en feras? Je le jure, tu me
paieras, entends-tu? à moins que tu ne t'envoles°. Allez! de l'argent.

25   LE BERGER   Bée!

PATHELIN   Tu t'amuses de moi. Comment? n'en aurai-je autre chose?

LE BERGER   Bée!

PATHELIN   N'en aurai-je pas d'autre monnaie? A qui crois-tu te jouer°? Je devais
tant me louer de° toi. Eh bien! fais que je puisse me louer de toi.

30   LE BERGER   Bée!

PATHELIN   Me fais-tu manger de l'oie? Ai-je tant vécu° pour qu'un berger, un
mouton habillé, un méprisable gueux°, me tourne en ridicule?

LE BERGER   Bée!

PATHELIN   N'en tirerai-je pas un autre mot? Si c'est pour t'amuser, dis-le, ne me
35   laisse plus disputer avec toi. Viens souper chez moi.

LE BERGER   Bée!

PATHELIN   Par saint Jean, tu as raison : les oisons mènent paître les oies°. *(A
part)* Eh oui! Je croyais être le maître de tous, des trompeurs d'ici et
d'ailleurs, des aigrefins° et des donneurs de paroles en paiement, à
40   rendre° au jour du Jugement, et un simple berger me surpasse! *(Au
berger)* Par saint Jacques, si je trouvais un sergent°, je te ferais pendre!

LE BERGER   Bée!

PATHELIN   Heu! Bée! Qu'on me pende si je ne fais pas venir un bon sergent!
Malheur à lui, s'il ne te met pas en prison!

45   LE BERGER   *(s'enfuyant°)* : S'il me trouve, je lui pardonne!

---

le traquenard trap / **gentiment** nicely, like a good boy / **sans plus me bêler après** without
bleating at me anymore / **s'envoler** to fly away / **se jouer à** = *se moquer de* / **se louer de** =
être content de / **vécu** = *participe passé : vivre* / **un méprisable gueux** a despicable wretch /
les oisons mènent paître les oies the young geese are leading the older ones to pasture (i.e., the innocent are teaching the shrewd) / **l'aigrefin** *m* swindler / **à rendre** to be repaid / **un sergent**
= *agent de police* / **s'enfuir** to run away

Qu'en pensez-vous?

Etes-vous d'accord ou non avec les déclarations suivantes? Justifiez votre réponse.

1. Le juge attend l'arrivée des avocats avant de commencer le procès.
2. Le berger est l'enfant du drapier.
3. Pathelin a mal aux dents.
4. Le drapier est surpris de voir Pathelin au tribunal.
5. Le berger témoigne avec beaucoup d'éloquence.
6. Le drapier expose clairement sa plainte.
7. Pathelin offre ses services au berger pour l'aider à se défendre.
8. Il défend le berger en montrant qu'il est fou.
9. Après le procès, le berger paye les honoraires de Pathelin.
10. Pathelin est fier du rôle qu'a joué le berger.
11. C'est le berger qui finit par faire la leçon à Pathelin.

Nouveau Contexte

Complétez le dialogue suivant en choisissant les termes appropriés (employez chaque terme une seule fois). Puis, jouez le dialogue.

Verbes : ait achevé, attendre, dépêche-toi, te moques, ordonne, pardonner, renseigner, te taire, ne tiennent pas debout, t'en tirer mal, a volé

—Le tribunal de la famille Desnoyers est en séance. Le président, c'est moi, votre papa. Vous vous adresserez donc à moi.
—Papa, Nicole _____*1* les cinquante francs que j'avais laissés sur mon bureau.
—Ce n'est pas vrai, papa. C'était mon argent à moi! Je le lui avais prêté et il devait me le rendre!
—Bon. Bernard, tu vas me _____*2* et me dire de quoi il s'agit. Et toi, Nicole, tu vas _____*3* ton tour.
—Mais, papa, ses accusations _____*4*. Bernard n'est pas raisonnable.
—Tu peux au moins lui permettre de parler, non? Je te prie de _____*5* jusqu'à ce qu'il _____*6* son témoignage.
—D'accord, papa.
—Alors, Bernard, est-ce que tu _____*7* de nous? Est-ce que Nicole est vraiment une voleuse?
—Non, papa, c'était son argent à elle, mais...
—Est-ce que tu peux lui _____*8* alors d'être entrée dans ta chambre si elle promet de ne plus le faire?
—Oui, papa, si elle donne sa parole d'honneur.
—Alors, _____*9*, Nicole, et demande pardon à ton frère avant qu'il ne change d'avis.
—Oui, papa.
—Et toi, Bernard, je t'_____*10* à partir de maintenant de payer tes dettes sans tarder. Sinon la prochaine fois tu vas _____*11*. La séance est levée!

Appréciation du texte

1. Le procédé comique ici consiste à mélanger deux récits qui, s'ils sont racontés séparément, sont bien cohérents. Résumez à votre façon les deux plaintes du drapier, d'abord celle contre Pathelin, puis celle contre le berger.
2. «A trompeur, trompeur et demi.» Voilà comment on résume souvent la morale de cette farce. Expliquez ce qu'on veut dire par cette expression et dites comment elle s'applique à la pièce.
3. Les personnages de cette farce vous sont-ils sympathiques ou antipathiques? Dites votre réaction devant chacun des cinq personnages.

Vocabulaire satellite

la **loi**   law (rule, statute)
le **droit**   law (profession, study), right (moral, legal)
le, la **plaignant(e)**   plaintiff
la **victime**   victim
le **jury**   jury
le, la **juré(e)**   juror
le **procureur**   public prosecutor
le **témoin (à charge)**   (prosecution) witness
le **témoin (à décharge)**   (defense) witness
l' **affaire** f   (legal) case
l' **audience** f   session
le **témoignage**   testimony
le **mobile**   motive
la **preuve**   proof

les **circonstances atténuantes**   extenuating circumstances
la **culpabilité**   guilt
l' **acquittement** m   acquittal
défendre   to defend
poursuivre (en justice)   to sue
plaider   to plead
jurer   to swear
avouer   to admit
nier   to deny
trouver coupable (innocent)   to find guilty (innocent)
punir   to punish
être condamné à   to be sentenced to
lever l'audience f   to adjourn the session

Pratique de la langue

1. «Les avocats sont trop bien payés de nos jours.» Etes-vous d'accord ou non? Pourquoi?
2. La justice s'inquiète-t-elle trop des droits des criminels et pas assez de ceux des victimes? Donnez un exemple pour illustrer votre réponse.
3. Citez un procès qui vous a fasciné(e). Résumez pour les autres membres de la classe la question que ce procès a réglée. Pourquoi avez-vous trouvé ce procès si fascinant? Avez-vous été d'accord avec la décision du juge ou du jury?
4. Un avocat doit-il défendre un criminel qu'il sait coupable? Pourquoi ou pourquoi pas?
5. Si vous aviez l'occasion d'être avocat(e), voudriez-vous être le procureur qui représente l'Etat ou l'avocat qui défend un client?

6. Si on vous accusait d'un crime, voudriez-vous que votre culpabilité ou votre innocence soit décidée par un juge seul ou par un jury? Pourquoi?

7. Créez ou recréez une affaire célèbre. Présentez les faits devant le tribunal où vous trouverez les personnages suivants :
   a. un juge
   b. un procureur
   c. un(e) avocat(e)
   d. un(e) accusé(e)
   e. un(e) plaignant(e)
   Ceux qui ne font pas partie du procès serviront de jurés.

Sujets de discussion ou de composition

1. Imaginez que vous êtes critique pour une revue littéraire. Faites la critique soit de *La Farce de Maître Pathelin,* soit de la dernière pièce de théâtre que vous avez vue.

2. Le livre et la scène se voient concurrencés *(competed with)* aujourd'hui par la télévision. Divisez la classe en trois groupes de partisans qui, dans un débat, se chargeront de démontrer les avantages de leur choix ainsi que les inconvénients des deux autres.

3. Si vous aviez le loisir d'écrire le livre de votre choix, quel genre de livre écririez-vous et pourquoi? Voudriez-vous, par exemple, écrire des livres qui ont de vraies qualités littéraires ou accepteriez-vous de vous compromettre ignoblement (faire des livres de mauvais goût, même choquants et obscènes) pour obtenir de l'argent? Expliquez votre grandeur ou votre bassesse littéraire.

11

Chanson et Cinéma

François Truffaut

François Truffaut (1932–84) was destined for the cinema seemingly from birth. He himself estimated that, as an adolescent, he viewed two thousand films in the space of six or seven years. While still in his mid-teens he founded his own ciné-club, which went bankrupt, landing the young entrepreneur in jail for debt. At this point fate intervened in the person of film critic André Bazin, who probably saw in Truffaut a reincarnation of his own enthusiastic youth. Bazin took a personal interest in Truffaut, serving as both his surrogate father and mentor.

Sponsored by Bazin, Truffaut became affiliated with the *Cahiers du Cinéma*, an important critical review founded in 1951. In January 1954 Truffaut contributed the review's most important article, "Une certaine tendance du cinéma français." This article, which became the manifesto of the *Nouvelle Vague* (New Wave), assailed the classic French cinema and argued for a *cinéma d'auteur* in which the film director was an author in his own right, creating visually through images just as the writer uses words. Truffaut deplored the then current practice in filmmaking of assembling teams of specialists, each one working in his own narrow area. He likewise opposed the use of studio sets and advocated filming on location. As for scripts, he rejected dialogue supplied by a *littérateur* in favor of natural conversation. The New Wave director was to be an artist totally responsible for every facet of his work. All the critical creative decisions were to be his; no longer was he merely to oversee a team of experts.

Truffaut's criticism was elaborated in very specific terms in the many articles that he wrote over the next five or six years. He left no doubt as to which directors he admired and which he disliked, and why. Finally, in the late 1950s, Truffaut took the big step from theory and criticism to film making. His first public film, *Les Mistons* (The Mischief Makers) appeared in 1957. A great career was thus launched, one that would create such films as *Les Quatre Cents Coups, Tirez sur le pianiste, Jules et Jim, Fahrenheit 451, L'Enfant sauvage, La Nuit américaine, Adèle H.,* and *Le Dernier Métro.*

In the course of his career, one of Truffaut's consistent fascinations was with youth. He always enjoyed filming children because "tout ce que fait un enfant sur l'écran, il semble le faire pour la première fois." He at first conceived of *L'Argent de poche* (1976) as a collection of short stories, but then decided instead to use the material as a scenario for a film on the transition from childhood to adolescence.

The following episode exemplifies the type of painful discovery that young people must make during this difficult developmental stage. Yet they always recover from such distressing incidents because, as Truffaut's film illustrates, "l'enfance est souvent en danger... mais elle a la grâce et... elle a aussi la peau dure."

Orientation: The Eye of the Camera

In this selection François Truffaut takes us through the various phases of an adolescent's infatuation with an older woman. He depicts how the young boy Patrick crosses the threshold from thought to action. With his secret passion about to burst forth,

Patrick is no longer able to conceal his emotions and is unwittingly betrayed by telltale signs. He is filled with anxiety at the prospect of having to act. He has no choice, however, but to throw caution to the wind and make his move, impulsively, boldly—like a man! And yet, even as Patrick executes his plan, Truffaut focuses on several significant details that expose the boy masquerading as a man. Patrick is anything but confident as he makes his tortuous way ever so cautiously to Mme Riffle's boudoir. He enters the room, his heart pounding at the prospect of declaring his feelings. The biggest moment of his young life has arrived. He steps forward, makes his presentation, and . . .

As you read this passage, notice the powers of observation, the attention to detail which enable the film maker/author to highlight the revealing aspects of his character's personality. The reader can thus "see" the movements as through the eye of a camera.

Patrick pousse son pion°

Ce soir, comme souvent, Patrick est venu chez les Riffle° pour faire travailler le petit Laurent : aujourd'hui mathématiques modernes.

Mais, pour une fois, Patrick ne semble pas avoir toute sa tête, ou tout son cœur à l'ouvrage. Et Laurent doit souvent rappeler° à la réalité son jeune maître qui rêve 5 en regardant une photo de la belle Mme Riffle.

le pion pawn (in chess) / **les Riffle** the family whose son, Laurent, is being tutored by Patrick / **rappeler** to recall

Dans l'heure qui suit, Patrick passe à l'action. A un carrefour° de la ville, il n'hésite qu'un instant avant de se diriger d'un pas° ferme vers la boutique de fleurs située de l'autre côté de la rue.

Une fois dans la boutique, il précise° qu'il veut des fleurs pour offrir°, mais ne
10 sait pas vraiment ce qu'il doit choisir.

La fleuriste vient à son secours :

—C'est pour offrir? Eh bien, écoutez, prenez des roses.

Patrick lève la tête pour lire le panneau° que lui indique la fleuriste et lit :

«Rose blanche... amour fragile.»

«Rose rose... amour caché°.»
15 «Rose rouge... amour ardent.»

Sa décision est vite prise:

—Je crois que je vais prendre des roses rouges. Il dépose alors sur la caisse° deux

---

le carrefour intersection / **le pas** step / **préciser** to specify / **offrir** = *donner comme un cadeau* / **le panneau** sign / **caché** hidden, secret / **la caisse** cash register

grosses poignées° de pièces de monnaie° qui témoignent de° la patience et du temps qu'il a fallu pour réunir la somme.

20   Patrick se hâte° dans la rue. Il n'est plus très loin du salon de coiffure° des Riffle. Il presse le pas°, jette un regard vers l'intérieur du salon, et recule° précipitamment pour se dissimuler° dans le couloir° d'une maison voisine. De qui peut-il bien se cacher ainsi? Eh bien, c'est de son camarade Laurent qui sort presque aussitôt° du magasin. Patrick surveille° le départ de Laurent et, dès que celui-ci s'est

25   éloigné°, il sort de sa cachette° et avance vers le salon de coiffure. Sa conduite ressemble à celle d'un malfaiteur° : voilà que, au lieu d'entrer dans le salon de coiffure, il emprunte° la porte voisine, celle qui donne sur° le couloir qui permet de se rendre° directement à l'appartement. Dans le couloir, Patrick s'arrête une seconde : le temps de jeter un coup d'œil° dans le salon et de vérifier que M.

30   Riffle s'y trouve° ainsi que les deux employées et quelques clientes.

A présent, il commence à monter l'escalier en colimaçon° qui mène à l'appartement. A mi-hauteur, il stoppe un moment, comme quelqu'un qui hésiterait au bout d'un plongeoir°, il surmonte cette dernière hésitation et reprend son ascension.

35   Dans l'appartement, assise devant une glace°, la belle Mme Riffle est en train de se passer de la laque° rouge sur les ongles°. Elle est tellement absorbée par cette occupation que Patrick doit se gratter la gorge° avant qu'elle s'aperçoive de° sa présence. Lorsque, enfin, elle tourne son visage vers lui, elle l'accueille° d'un grand sourire :

40   —Ah, c'est toi, Patrick? Bonjour. Dépêche-toi si tu veux rattraper° Laurent, il vient de partir.

Patrick se jette à l'eau° et, regardant Nadine Riffle bien en face, il répond :

—C'est pas Laurent que je veux voir, madame, c'est vous.

—Moi? s'étonne Mme Riffle.

45   Patrick perd un peu de sa belle assurance et, bafouillant° un peu :

—Oui, j'ai pensé... je veux... enfin voilà (il lui tend° le bouquet), c'est pour vous.

—C'est pour moi! Oh, ce que c'est gentil°! Oh, elles sont superbes! Ça me fait très plaisir!

---

la poignée handful / **la pièce de monnaie** coin / **témoigner de** to attest / **se hâter** to hasten, to hurry / **le salon de coiffure** hairdressing salon / **presser le pas** = *aller plus vite* / **reculer** to step back / **se dissimuler** = *se cacher* / **le couloir** corridor, hallway / **aussitôt** = *au moment même* / **surveiller** to watch / **s'éloigner** to go away / **la cachette** = *lieu où on se cache* / **le malfaiteur** = *le criminel* / **emprunter** = *faire usage de* / **donner sur** = *avoir accès sur* / **se rendre à** to go to / **jeter un coup d'œil** to glance / **se trouver** = *être* / **en colimaçon** = *en spirale* / **le plongeoir** diving board / **la glace** = *le miroir* / **se passer de la laque** to apply lacquer / **l'ongle** *m* fingernail / **se gratter la gorge** to clear one's throat / **s'apercevoir de** to notice / **accueillir** = *recevoir* / **rattraper** = *rejoindre* / **se jeter à l'eau** = *se précipiter (à l'aventure)* / **bafouiller** to stammer / **tendre** = *présenter en avançant* / **ce que c'est gentil!** how nice!

50   Mme Riffle a pris les roses et les regarde, les respire°, avec un réel plaisir. Tout ému°, Patrick attend tout°, sauf la phrase qui vient :
—Tu remercieras bien ton papa!

François Truffaut, *L'Argent de poche*

Qu'en pensez-vous?

Etes-vous d'accord ou non avec les déclarations suivantes? Justifiez votre réponse.

1. Patrick est complètement absorbé dans son travail.
2. Il quitte Laurent pour aller à la parfumerie.
3. Pour exprimer son amour il y a trois sortes de roses à offrir.
4. Patrick paye les roses par chèque.
5. Il entre tout de suite dans le salon de coiffure, les roses à la main.
6. Il agit comme un malfaiteur.
7. Patrick se précipite dans l'escalier.
8. Mme Riffle attend avec impatience l'arrivée de Patrick.
9. Elle apprécie beaucoup le cadeau de Patrick.

Nouveau Contexte

Complétez le dialogue suivant en choisissant les termes appropriés (employez chaque terme une seule fois). Puis, jouez le dialogue.

Noms : boutique de fleurs *f,* de l'autre côté *m*
Verbes : me suis aperçu, a étonné, a fallu, ferait plaisir, jettes un coup d'œil, as offert, se rendent

—Claudine, te rappelles-tu le jour où je _____ *1* que tu étais devenue une jolie femme?
—Si je me le rappelle! J'habitais _____ *2* de la rue depuis dix ans avant que tu y _____ *3* .
—Oui, il _____ *4* beaucoup de temps pour que je me réveille. Mais maintenant, nous voilà mariés!
—Te souviens-tu du cadeau que tu m' _____ *5* alors?
—Je ne l'oublierai jamais! C'était une rose, une rose rouge! Et je t'ai demandé si je pouvais me promener avec toi.
—Et je t'ai répondu que ça me _____ *6* .
—Réponse qui m'a plu et m' _____ *7* à la fois.
—Cette rose était très importante. Elle m'a beaucoup émue et est devenue le symbole de notre amour.
—Et aujourd'hui nous avons notre propre _____ *8* !
—Quel plaisir, n'est-ce pas, de voir les jeunes amoureux qui _____ *9* «Chez Albert et Claudine» pour acheter les fleurs qui témoignent de leur amour.

---

respirer to inhale, to breathe in / **ému** moved / **attend tout** is ready for anything

—C'est un grand service que nous rendons à l'humanité. Vive l'amour!

—Et vive «Chez Albert et Claudine»!

Appréciation du texte

1. Imaginez que vous êtes la personne derrière la caméra. Sur quels éléments visuels de ce scénario tournerez-vous l'œil de la caméra?
2. Relevez dans le texte les endroits où Truffaut révèle son appréciation du monde des enfants.
3. Soulignez l'emploi de l'allitération[L] dans le dernier paragraphe du texte. Remarquez la richesse des *r* dans la phrase qui se rapporte à Mme Riffle et la prépondérance des *t* qui indique l'attente incertaine du timide Patrick.

Vocabulaire satellite

le **cinéma**   movies, cinema; movie theater
le **film policier**   detective film
le **film d'aventures**   adventure film
le **film de guerre**   war film
le **film de science-fiction**   science-fiction film
le **film d'épouvante**   horror film
le **film comique**   comic film
le **documentaire**   documentary
le **western**   western
le **dessin animé**   cartoon
la **comédie musicale**   musical comedy
la **caméra**   movie camera

le **scénario**   script
le **réalisateur**, le **metteur en scène**   director
la **vedette**   star
l' **écran** *m*   screen
le **critique**   critic
la **critique**   criticism
le **titre**   title
le **sous-titre**   subtitle
tourner un film   to make a film
sous-titrer   to subtitle
doubler   to dub
passer un film   to show a film

Pratique de la langue

1. Vous est-il jamais arrivé ou est-il jamais arrivé à un(e) de vos ami(e)s d'avoir le béguin *(a crush)* pour quelqu'un? Recréez la scène et présentez-la devant la classe comme une scène de cinéma. Faites voir les sentiments des personnages et préparez bien le dénouement (heureux? malheureux?) de l'épisode.
2. A débattre : «Le cinéma a eu une influence funeste *(disastrous)* sur les mœurs américaines, surtout sur celles de la jeunesse.»
3. Pour quelles raisons allez-vous voir un film? Qu'est-ce que vous désirez y trouver?
4. Que pensez-vous de la classification des films? Devrait-on les classer? Si oui, approuvez-vous le système actuel (G, PG, R, X)?
5. Vous fiez-vous aux critiques? Lisez-vous la critique d'un film avant d'aller au cinéma? Est-ce que cette critique détermine si vous allez voir le film ou non? Etes-vous souvent d'accord avec les critiques?

6. Aimez-vous les dessins animés? Ce genre n'est-il destiné qu'aux enfants? Si non, comment expliquez-vous que les adultes s'y intéressent?

Paul Verlaine

The nineteenth-century poet Paul Verlaine (1844–1896) saw music as an integral part of poetry. In his work he sought to describe his state of mind, not through the usual literary or rhetorical devices but directly and simply, utilizing the suggestive musical qualities of the language of poetry. He set out to evoke nuances of moods and feelings subtly, much like the Impressionists in their paintings or like Debussy or Ravel in their music. He wanted suggestion rather than statement. In his view, sound and sense were bound together in the achievement of this goal. So he concentrated on rhythms and sound patterns, allowing himself the highest degree of flexibility. Noted musicians were quick to appreciate the musical richness of his poetry: the work of Gabriel Fauré was inspired by some of his *Chansons,* and Claude Debussy, who took his first piano lessons from Verlaine's mother-in-law, set to music several of Verlaine's poems.

The two poems presented here illustrate the salient characteristics of his art. The first, *Il pleure dans mon cœur,* is a mood piece which owes most of its effects to the suggestive sounds and rhythms employed by Verlaine. The second, *Le Ciel est, par-dessus le toit...,* strikes us by its simplicity and sincerity. It was written from a prison cell in 1873, while Verlaine was serving a two-year sentence for having shot and wounded his erstwhile friend and travel companion, the poet Arthur Rimbaud (see Chapter 4, p. 75). While in prison, Verlaine experienced a religious conversion, which however was of short duration as he succumbed once again to his alcoholism and returned to a life of dissipation, degradation, and ultimate death in obscurity.

Orientation: Creating Moods and Feelings

From its very beginning, French poetry was linked inextricably with song. The first poems, back in the Middle Ages, were labeled *chansons* and were to be recited to the accompaniment of a small stringed instrument known as a lyre (whence the term "lyric" poetry). It is only later that lyric poetry came to designate verse that expressed the poet's personal emotion or sentiment.

In poetic expression, words have a double value. Not only do they denote ideas, but they also have a life of their own, a suggestive power based on their phonetic quality. Words are meant to be sounded. In unison with other words or sounds, they evoke impressions of harshness, softness, solemnity, gaiety, languor, explosiveness, etc., in much the same way as music is able to create various moods.

Paul Verlaine was acutely aware of this particular aspect of poetry. In his *Art poétique* he insists on "De la musique avant toute chose," reiterating "De la musique encore et

toujours!" In order to fully appreciate the two poems that follow, you must read them aloud and respect the rhythm of each stanza. Notice especially the nature of the vowels and consonants that make up each syllable, particularly in the rhyme scheme. Listen to the specific sounds that prevail in a given stanza and try to gauge their effect on you, the reader. Assess the role played by individual words: why did the poet choose this one word and not another? why are certain words repeated in the poem? what words are emphasized by their place in the verse? See how these two poems are truly lyrical, expressing the artist's moods and innermost feelings.

Il pleure dans mon cœur

Il pleure° dans mon cœur
Comme il pleut sur la ville :
Quelle est cette langueur°
Qui pénètre mon cœur?

il pleure   there is weeping (lit., it is crying); exceptional use of *pleurer* as an impersonal verb, by analogy with *il pleut*   /   **la langueur**   languidness, listlessness

    5 O bruit doux de la pluie
        Par terre° et sur les toits°!
        Pour un cœur qui s'ennuie°
        O le chant de la pluie!

        Il pleure sans raison
10 Dans ce cœur qui s'écœure°.
        Quoi! nulle° trahison°?...
        Ce deuil° est sans raison.

        C'est bien la pire° peine°
        De ne savoir pourquoi
15 Sans amour et sans haine°
        Mon cœur a tant de peine!

Romances sans paroles (1874)

Le Ciel est, par-dessus° le toit...

    Le ciel est, par-dessus le toit,
        Si bleu, si calme!
    Un arbre, par-dessus le toit,
        Berce° sa palme.

   5 La cloche, dans le ciel qu'on voit,
        Doucement tinte°.
    Un oiseau sur l'arbre qu'on voit
        Chante sa plainte°.

    Mon Dieu, mon Dieu, la vie est là,
10   Simple et tranquille.
    Cette paisible° rumeur°-là
        Vient de la ville.

    —Qu'as-tu fait, ô toi que voilà°
        Pleurant sans cesse,
15 Dis, qu'as-tu fait, toi que voilà,
        De ta jeunesse?

Sagesse (1881)

par terre on the ground / **le toit** roof / **s'ennuyer** to be weary, bored / **s'écœurer** to be disgusted, nauseated / **nul** = *aucun* / **la trahison** betrayal / **le deuil** grief / **la pire** = *la plus mauvaise* / **la peine** = *la souffrance, douleur (avoir de la peine : être triste)* / **la haine** hatred / **par-dessus** over, above / **bercer** to rock / **tinter** to ring, chime / **la plainte** complaint / **paisible** peaceful / **la rumeur** = *bruit de voix, de sons, etc.* / **toi que voilà** you there

Qu'en pensez-vous?

Etes-vous d'accord ou non avec les déclarations suivantes? Justifiez votre réponse.

Il pleure dans mon cœur

1. La première strophe exprime la gaieté du poète.
2. Son cœur est plein de vigueur.
3. Le poète aime le son de la pluie.
4. Le poète est triste et il connaît la cause de sa tristesse.
5. C'est l'amour qui lui fait tant de peine.

Le Ciel est, par-dessus le toit...

1. Le poète observe une tempête dans le ciel.
2. Dans la deuxième strophe, il entend des sons agréables et gais.
3. Le poète apprécie la complexité de la vie.
4. Dans la dernière strophe, le poète s'adresse à son ami.
5. Il est content de sa jeunesse.

Nouveau Contexte

Complétez le dialogue suivant en choisissant les termes appropriés (employez chaque terme une seule fois). Puis, jouez le dialogue.

Noms : cesse *f*, oiseaux *m*, peine *f*, pluie *f*
Verbes : pleurerais, pleut
Adjectifs : bleu, douce, pire, tranquille

—Ah, Didier, que ta présence m'est _____*1* ! Quand tu es près de moi, le ciel est parfaitement _____*2* ; il ne _____*3* jamais!

—Valérie, tu es mon soleil! Moi aussi, il n'y a plus de _____*4* dans ma vie depuis que je te connais; il n'y a même pas de nuages.

—Tous les jours j'entends chanter les _____*5* dans les arbres.

—Et je t'assure qu'ils vont chanter sans _____*6* pour toi!

—Oh, Didier, ne me quitte pas; tu me ferais beaucoup de _____*7*. Je _____*8* à chaudes larmes.

—Ce serait la _____*9* chose qui pourrait nous arriver. Sois _____*10*, chérie. Je ne te quitterai jamais! (Le téléphone sonne. Valérie y répond.)

—Didier, c'est ta mère.

—Zut! Je suis en retard pour le dîner. Il faut que je parte tout de suite!

Appréciation du texte

1. Le premier poème exprime la tristesse. Comment le poète nous fait-il partager ses sentiments :
   a. quels sont les mots significatifs?
   b. quels mots sont répétés à la fin des premier et dernier vers de chaque strophe?
   c. quel mot revient dans les quatre strophes?
   d. quels sons (voyelles et consonnes) créent l'atmosphère du poème?
2. Expliquez, dans le premier poème, l'alternance des tons. Montrez comment les interrogations et les exclamations mènent aux observations de la dernière strophe. A votre avis, le ton dominant du poème est-il intellectuel ou émotionnel?
3. Remarquez comment, dans le second poème, les tons alternent dans un sens qui est l'inverse de celui du premier poème. Sur quel ton se termine ce poème-ci? Quel sentiment le poète exprime-t-il finalement?
4. Dans le second poème, appréciez comment la sincérité du poète est accentuée par l'extrême simplicité d'expression : mots ordinaires, syntaxe non compliquée. Faites voir comment la musicalité des vers est simple elle aussi.
   a. Remarquez l'alternance régulière de vers octosyllabiques et de vers de quatre syllabes.
   b. Quel son revient à la rime de chaque octosyllabe?
   c. Entend-on des refrains dans le poème?

La Chanson de Roland

As a fitting conclusion to the present volume—and particularly to this chapter on song—we turn to an early *Chanson,* the first masterpiece of French literature, *La Chanson de Roland.* This national epic dates back to the end of the eleventh century or the very beginning of the twelfth. It is generally considered to be contemporary with the First Crusade (1096–1099). French literature thus begins around 1100 with the great work of an anonymous author, a 4000-verse epic, called a *chanson* because it was meant to be recited to the accompaniment of a one-stringed instrument.

La Chanson de Roland revolves around the exploits of Count Roland, the nephew and right arm of the emperor Charlemagne (742–814). In 788 Charlemagne had campaigned in Spain, laying siege unsuccessfully to the city of Zaragoza. As his army was retreating, the rear guard was ambushed in a mountain pass by a contingent of Basques. It is in this skirmish that Roland met his death. Some three centuries later, the author of the *Chanson de Roland* took these same events and recast them in the context of his own time. The incident involving Roland became an episode of the Crusades, the Basques were transformed into Saracen infidels, and Charlemagne became the defender of Christianity in a titanic struggle of Truth versus Error. The French national epic was thus born as an expression of a young nation's patriotic ardor. *La Chanson de Roland* exalted the mystique of feudalism and extolled the lofty principles of honor and religion embodied in the ideal of service to one's God and one's earthly lord.

La Chanson de Roland was written in ten-syllable verses in stanzas of unequal length. The following excerpts in modern French prose highlight two important scenes. The first features Roland and his closest friend and peer Olivier. They have just caught sight of the enemy troops approaching in huge numbers. Olivier immediately suggests that Roland sound his horn and summon reinforcements for the rear guard from the main body of Charlemagne's army. In a series of nearly identical stanzas, the author focuses on the debate between these two equally valiant knights as each embodies a different form of valor.

Orientation: The *Chanson de geste*

La Chanson de Roland is labeled a *chanson de geste,* a song of deeds. The style is almost exclusively narrative, with very few descriptions and but one outright comparison. Characters are known primarily through their actions and occasionally through the words of others. There were, of course, no printed copies of the *Chanson de Roland* in the Middle Ages; the printing press was still some four centuries away. The story became known through oral transcription, as wandering minstrels known as *jongleurs* propagated it from region to region. Passages that the author meant to stress were simply repeated with slight variants in several consecutive stanzas to assure that they would be noticed (see the first of the two following selections).

As the oldest masterpiece of French literature, *La Chanson de Roland* takes us back eight hundred years. One of its immediate challenges, then, is that, in order to appreciate the work and do it justice, the reader must recapture the spirit of medieval society. Such efforts are greatly rewarded, however, as one comes to a better understanding of that epoch and is better able to gauge the ideas and emotions in the work. As you read the following excerpts, ask yourself what values are held in high esteem by Roland and Olivier and the people of the time. What motivates their actions? On what beliefs are their thoughts predicated? What kind of world do they live in? And who are the central characters in that world? As a person of the twentieth century, what are your feelings toward Roland? Do they change as you go from the first reading to the second? Would the average person in the late eleventh/early twelfth century have had the same reactions as you? Finally, how do you explain the success of *La Chanson de Roland*?

Roland et Olivier

Olivier dit : «Les païens° sont très forts; et nos Français, ce me semble, sont bien peu. Roland, mon compagnon, sonnez donc votre cor° : Charles l'entendra, et l'armée reviendra.» Roland répond : «Ce serait faire comme un fou. En douce France j'y perdrais mon renom°. Sur l'heure je frapperai de Durendal°, de grands
5 coups°. Sa lame° saignera° jusqu'à l'or de la garde°. Les félons païens sont venus aux ports° pour leur malheur. Je vous le jure°, tous sont marqués pour la mort.»

«Roland, mon compagnon, sonnez l'olifant°! Charles l'entendra, ramènera l'armée; il nous secourra° avec tous ses barons.» Roland répond : «Ne plaise à Dieu° que pour moi mes parents soient blâmés et que douce France tombe dans le
10 mépris°! Mais je frapperai de Durendal à force, ma bonne épée que j'ai ceinte° au côté! Vous en verrez la lame tout ensanglantée. Les félons païens se sont assemblés pour leur malheur. Je vous le jure, ils sont tous livrés° à la mort.»

«Roland, mon compagnon, sonnez votre olifant! Charles l'entendra, qui est au passage des ports. Je vous le jure, les Français reviendront. —Ne plaise à Dieu», lui
15 répond Roland, «qu'il soit jamais dit par nul° homme vivant que pour des païens j'aie sonné mon cor! Jamais mes parents n'en auront le reproche. Quand je serai en la grande bataille, je frapperai mille coups et sept cents, et vous verrez l'acier° de Durendal sanglant. Les Français sont hardis et frapperont vaillamment°; ceux d'Espagne n'échapperont pas à° la mort.»
20 Olivier dit : «Pourquoi vous blâmerait-on? J'ai vu les Sarrasins° d'Espagne : les vaux° et les monts en sont couverts et les collines° et toutes les plaines. Grandes

le païen = *l'infidèle* / **le cor** horn / **le renom** = *la réputation* / **Durendal** = *le nom de l'épée* (sword) *de Roland* / **le coup** blow / **la lame** blade / **saigner** = *perdre du sang* (blood) / **la garde** hilt / **le port** (mountain) pass / **jurer** to swear / **l'olifant** *m* = *le cor* / **secourir** = *aider* / **Ne plaise à Dieu** Heaven forbid / **le mépris** contempt, scorn / **ceindre** = *mettre* / **livrer** to hand over / **nul** = *aucun* / **l'acier** *m* steel / **vaillamment** = *avec vaillance* / **échapper à** = *éviter* / **les Sarrasins** = *les païens* / **le val** = *la vallée* / **la colline** hill

sont les armées de cette engeance° étrangère et bien petite notre troupe!» Roland
répond : «Mon ardeur s'en accroît°. Ne plaise au Seigneur Dieu° ni à ses anges
qu'à cause de moi France perde son prix! J'aime mieux mourir que choir° dans la
25 honte°! Mieux nous frappons°, mieux l'empereur nous aime.»

Qu'en pensez-vous?

Etes-vous d'accord ou non avec les déclarations suivantes? Justifiez votre réponse.

1. Olivier veut faire venir Charles.
2. Roland est d'accord.
3. Roland n'a besoin que de Durendal.
4. Il pense cependant que les païens vont gagner la bataille.
5. Olivier pense que personne ne pourra blâmer Roland s'il sonne son cor.
6. Roland combat pour lui-même.

The rear guard has fought valiantly against truly insurmountable odds. One by one
Charlemagne's courageous peers have succumbed, leaving only the mightiest, Roland,

---

l'engeance *f* breed / **accroître** = *augmenter* / **le Seigneur Dieu** Lord God / **choir** =
tomber / **la honte** = *le déshonneur* / **frapper** = *donner des coups*

the last to die as befits his rank and valor. He is determined that his cherished sword will not fall into the hands of the enemy. Summoning all of his remaining energy, he strikes it as hard as he can against a rock, hoping to shatter it into pieces.

La Mort de Roland

Roland frappa contre une pierre° bise°. Il en abat° plus que je ne sais vous dire. L'épée grince°, elle n'éclate° ni ne se rompt°. Vers le ciel elle rebondit. Quand le comte° voit qu'il ne la brisera° point, il la plaint° en lui-même, très doucement : «Ah! Durendal, que tu es belle et sainte! Ton pommeau° d'or est plein de reliques :
5   une dent de saint Pierre, du sang de saint Basile, et des cheveux de monseigneur saint Denis, et du vêtement de sainte Marie. Il n'est pas juste que des païens te possèdent : des chrétiens doivent faire votre service. Puissiez-vous ne jamais tomber aux mains d'un couard°! Par vous j'aurai conquis tant de° larges terres, que tient Charles, qui a la barbe fleurie! L'empereur en est puissant et riche.»
10   Roland sent que la mort le prend tout° : de sa tête elle descend vers son cœur. Jusque sous un pin° il va courant; il s'est couché sur l'herbe verte, face contre terre. Sous lui il met son épée et l'olifant. Il a tourné sa tête du côté de la gent° païenne : il a fait ainsi, voulant que Charles dise, et tous les siens°, qu'il est mort en vainqueur°, le gentil comte. A faibles coups et souvent, il bat sa coulpe°. Pour ses
15   péchés° il tend vers Dieu son gant°.
        Roland sent° que son temps est fini. Il est couché sur un tertre escarpé°, le visage tourné vers l'Espagne. De l'une de ses mains il frappe sa poitrine° : «Dieu, par ta grâce, mea culpa°, pour mes péchés, les grands et les menus°, que j'ai faits depuis l'heure où je naquis° jusqu'à ce jour où me voici abattu°!» Il a tendu vers Dieu son
20   gant droit. Les anges du ciel descendent à lui.
        Le comte Roland est couché sous un pin. Vers l'Espagne il a tourné son visage. De maintes° choses il lui vient souvenance° : de tant de terres qu'il a conquises, le vaillant, de douce France, des hommes de son lignage°, de Charlemagne, son seigneur, qui l'a nourri. Il en pleure et soupire°, il ne peut s'en empêcher°. Mais il
25   ne veut pas se mettre lui-même en oubli°; il bat sa coulpe et implore la merci de Dieu : «Vrai Père, qui jamais ne mentis, toi qui rappelas° saint Lazare d'entre les

---

la pierre stone   /   **bis** greyish brown   /   **abattre** = *faire tomber*   /   **grincer** = *crier*   /   **éclater** to split   /   **se rompre** to break   /   **le comte** = *Roland*   /   **briser** to break   /   **plaindre** = *avoir pitié de*   /   **le pommeau** pommel (of a sword)   /   **le couard** coward   /   **tant de** so many   /   **tout** = *complètement*   /   **le pin** pine (tree)   /   **la gent** = *le peuple*   /   **les siens** = *ses gens*   /   **le vainqueur** = *celui qui a gagné la bataille*   /   **battre sa coulpe** to beat one's breast   /   **le péché** = *offense contre Dieu*   /   **le gant** glove (symbol of Roland's vassalage to God)   /   **sentir** to feel   /   **un tertre escarpé** a steep hill   /   **la poitrine** breast   /   **mea culpa** *(latin)* = *par ma faute*   /   **menu** = *petit*   /   **naquis** = *naître (passé simple)*   /   **abattu** = *sans force*   /   **maint** = *beaucoup de*   /   **la souvenance** = *le souvenir*   /   **le lignage** lineage   /   **soupirer** to sigh   /   **s'empêcher de** to refrain from   /   **se mettre en oubli** to forget himself, to leave himself out   /   **rappeler** to recall

morts, toi qui sauvas Daniel des lions, sauve mon âme de tous périls, pour les péchés que j'ai faits dans ma vie!» Il a offert à Dieu son gant droit : saint Gabriel l'a pris de sa main. Sur son bras il a laissé retomber sa tête; il est allé, les mains
30   jointes, à sa fin. Dieu lui envoie son ange Chérubin° et saint Michel du Péril; avec eux y vint saint Gabriel. Ils portent l'âme du comte en paradis.

Qu'en pensez-vous?

Etes-vous d'accord ou non avec les déclarations suivantes? Justifiez votre réponse.

1. Roland brise son épée sur une pierre.
2. Il veut la protéger contre les païens.
3. Cette épée lui est très précieuse.
4. Roland essaie de protéger son olifant aussi.
5. Roland se tourne vers la France en mourant.
6. Il confesse ses péchés avant de mourir.
7. Dieu accepte la confession de Roland.
8. Roland a plusieurs souvenirs tendres au moment de mourir.
9. Il adresse une dernière prière à Dieu.
10. Roland est reçu au paradis.

Nouveau Contexte

Complétez le dialogue suivant en choisissant les termes appropriés (employez chaque terme une seule fois). Puis, jouez le dialogue.

Noms : coups *m*, épée *f*, faibles *m*, fin *f*, poitrine *f*, sang *m*, vainqueur *m*
Verbes : aurait échappé, plaindre, sauver
Adjectif : hardie

—J'ai vu un film inquiétant à la télé hier soir.
—Ah oui? De quoi s'agissait-il?
—C'était l'histoire de deux gladiateurs qui se battaient à l' _____ *1* dans un amphithéâtre romain.
—Devant une foule énorme, je suppose.
—Oui. Et les spectateurs n'étaient pas passifs. Ils encourageaient les combattants à frapper les _____ *2* les plus forts possibles.
—Et les gladiateurs réagissaient à ces encouragements?
—Ah oui! Chacun essayait de transpercer la _____ *3* de l'autre et ainsi de mettre _____ *4* au combat.
—Ce n'est pas un spectacle pour les _____ *5* !
—Bien au contraire! La foule s'est montrée aussi _____ *6* que les combattants. Lorsqu'un des gladiateurs était abattu, les spectateurs demandaient au _____ *7* de lui donner le coup de grâce.

son ange Chérubin = *saint Raphael*

—Et ils auraient pu lui _____ *8* la vie?

—Oui, s'ils avaient fait un simple signe du pouce, il _____ *9* à la mort.

—Evidemment la foule n'était pas venue pour _____ *10* un gladiateur désarmé.

—Elle était là pour voir couler le _____ *11* .

—Et on parle de la violence dans la société contemporaine!

Appréciation du texte

1. Décrivez le caractère de Roland. Qu'est-ce qui motive sa décision de ne pas sonner du cor?

2. L'auteur de *La Chanson de Roland* caractérise Roland et Olivier ainsi : «Roland est preux *(brave)* et Olivier sage.» Etes-vous d'accord? Pourquoi ou pourquoi pas?

3. Quels sont les sentiments de Roland envers son épée? Quelle figure de rhétorique est employée pour accentuer ses sentiments? Est-ce que Roland tutoie ou vouvoie son épée? Comment expliquez-vous ces deux façons de s'exprimer?

4. Religion et patriotisme sont deux grands thèmes dans *La Chanson de Roland*. Comment se manifestent-ils dans le second extrait?

Vocabulaire satellite

la **musique classique (sérieuse)**   classical music

l' **opéra** *m*   opera

le **jazz**   jazz

la **musique folklorique**   folk music

la **musique populaire (légère)**   popular music

le **rock**   rock music

le **compositeur**/la **compositrice**   composer

l' **interprète** *m, f*   artist

l' **artiste** *m, f*   artist

le **chanteur**/la **chanteuse**   singer

l' **air** *m*, la **mélodie**   tune, melody

les **paroles** *f*   song lyrics

l' **enregistrement** *m*   recording

le **disque**   phonograph record

la **chaîne stéréo**   stereo system

le **tourne-disque**   record player

le **haut-parleur**   speaker (equipment)

le **magnétophone**   tape recorder

Pratique de la langue

1. Préparez et présentez un dialogue dans lequel une famille se dispute à propos du volume sonore de la chaîne stéréo. Imaginez les arguments des personnes suivantes :
   a. papa (adore les valses de Strauss)
   b. maman (toute musique l'énerve)
   c. Richard, le fils (pour apprécier le rock, il faut le jouer très fort)
   d. grand-papa (n'entend pas très bien)
   e. Lucille, sœur de Richard (travaille la nuit, doit dormir le jour)
   f. Georges, ami et voisin de Richard (adore le rock, n'a pas de chaîne stéréo chez lui)

2. Quel rôle la musique joue-t-elle dans votre vie? Influence-t-elle votre humeur? Si oui, vous met-elle de bonne ou de mauvaise humeur?

3. Quelle partie d'une chanson trouvez-vous la plus importante, la mélodie ou les paroles? Expliquez.
4. Quel genre de musique préférez-vous? Pourquoi?
5. Que pensez-vous de l'opéra? Quels sont les mérites de ce genre de musique?

Sujets de discussion ou de composition

1. «La jeunesse actuelle est esclave de la musique. Elle ne peut rien faire sans musique.» Etes-vous d'accord ou non? Pourquoi?
2. A débattre : «La musique classique est la seule qui mérite notre attention parce qu'elle est internationale et dure d'une époque à l'autre.»
3. Les Français ont tendance à attribuer le mérite d'un film au réalisateur (c'est un film de Resnais, de Godard, de Truffaut, etc.). Aux Etats-Unis, on est porté à parler plutôt des vedettes du film (c'est un film de Bogart, de Brando, de Fonda, etc.). A votre avis, lequel est le plus important : le réalisateur ou la vedette?
4. Comparez le cinéma au théâtre en appréciant les avantages et les inconvénients de chaque genre.
5. Préparez le compte rendu d'un film que vous avez vu. N'en mentionnez pas le titre mais essayez de le faire deviner aux autres étudiants qui liront votre critique.

Index littéraire

Allegory   An extended story—usually employing personification—in which people, things, and events have a second level of meaning beneath the immediate narrative surface (as, for instance, in a fable or a parable).

Alliteration   The repetition of consonants in proximity to each other, especially at the beginning of words, in order to produce a certain effect. The repetition of the sound /s/, for example, in the following verse from Jean Racine's tragedy *Phèdre* imitates the hissing sound of snakes: *Pour qui sont ces serpents qui sifflent sur vos têtes?*

Classicism   The French classical period covered the reigns of Louis XIII (1610–43) and Louis XIV (1643–1715), but the term *classicism* is normally used more narrowly to designate the literature produced between 1660 and 1690. Inspired by the writers of antiquity, who were taken as models of perfection, the seventeenth-century French writers studied universal man in an impersonal manner. They remained very attentive to form, ever aware of the literary laws regulating each genre as well as the unwritten tenets of propriety and good taste. The major writers of this period were Molière, Racine, La Fontaine, La Bruyère, La Rochefoucauld, and Pascal.

Comédie-Française   Also known as *Le Théâtre Français*, it was France's first state theatre. Some still refer to it as *La Maison de Molière* because it was created after his death by a merger of his old troupe with two others in 1680. Today its repertoire remains essentially classical and it continues to be state-supported. The repertoire is by no means confined to comedy: the *comédie* of its name retains the word's older meaning of "theatre"; still today the term *comédien* is synonymous with "actor," although it can be used in a narrower sense to designate the opposite of a tragedian, or actor of tragedies.

Comedy   A play whose purpose is to amuse and that has a happy ending. Whereas farce relies on gross buffoonery and physical action, comedy presents fully developed characters and derives its action from them. The greatest of all French comedy writers was Molière (1622–73), who brought to its peak both comedy of character *(comédie de caractère)*, with its emphasis on the leading character's psychology (usually, some particular vice or folly), and comedy of manners *(comédie de mœurs)*, which satirizes contemporary society. *L'Avare* is an example of comedy of character.

Engagement   This term, which came into wide usage at the conclusion of World War II, denotes the attitude of artists or writers who are conscious of their social role and commit their talents to serve a particular cause. Philosophically, this outlook is in direct opposition to art for art's sake *(l'art pour l'art)*. Jean-Paul Sartre and Simone de Beauvoir are *écrivains engagés,* although such committed writers existed long before 1945, as witness Voltaire and Zola.

Existentialism   A philosophical system asserting that existence precedes essence: people have no predetermined essence, but rather define themselves through their actions (their *engagement*) in a meaningless world. People are completely free to act—there are no preestablished value systems—but they are also responsible for what they do, whence their anxiety in this absurd world. This philosophy gained popular recognition in France in the 1940s due to its literary expression in the works of Jean-Paul Sartre and Albert Camus.

Fabliau   A popular genre of the Middle Ages. A short tale in verse calculated to provoke laughter, it was sometimes serious, often bawdy, and usually told a mocking story of human beings in a realistic setting. Not to be confused with the *fable*, a short moralizing tale whose characters are usually animals.

Farce   A light humorous play that provokes laughter through situation, caricature, gestures, and clowning, rather than through character. In France it was especially popular in the late Middle Ages. It influenced Molière and has continued as a genre to the present day. The most famous and best of medieval farces was *La Farce de Maître Pathelin.*

Humour noir   The use of grotesque and morbid situations for comic purposes, characterized by a tone of aggressive bitterness or anger. Black humor can be found in the works of Charles Baudelaire and in the Theater of the Absurd.

Hyperbole   A figure of speech in which the words go beyond the thought; conscious exaggeration. To call a large man "a giant" or to say that someone is "as strong as an ox" are examples of hyperbole.

Irony   Figure of speech whereby an effect is obtained by stating the opposite of the intended meaning, as for instance when one refers to "the joys of winter" while thinking about boots and shoveling and the flu. The use of irony usually implies a certain emotional detachment.

Metaphor   An implied comparison in which only one of the two terms is stated and the qualities of one are ascribed to the other by analogous substitution: e.g., the root of the problem; a storm of protest; "All the world's a stage." The metaphor differs from the simile *(comparaison)*, which makes its comparison explicit: "My love is like a red, red rose."

Moralistes   Writers who observe and comment on *les mœurs,* the mores of their time. This term is not to be confused with "moralist" in English: a *moraliste* may simply observe, without any attempt to moralize or to correct the behavior of others.

Le mot juste   A French stylistic tradition that dates back to the formal preoccupations of the classical writers, who sought to say the most with the least. This obsession for finding the one word that will adequately convey one's meaning characterized the works of many writers, but perhaps most particularly the novelist Gustave Flaubert (1821–80).

Naturalism   A literary doctrine, prevalent in the last third of the nineteenth century, defined and illustrated in their novels by the Goncourt brothers and Emile Zola (1840–1902). Naturalism took a deterministic view of nature, describing man and his environment as the products of specific biological, social, and economic laws. In the *roman expérimental,* a new genre of fiction that he set out to create, Zola sought to apply to the novel the empirical methods of clinical observation and scientific experimentation by studying the behavior of his characters in varying circumstances.

Ode   A lyric poem, usually of symmetrical stanzas, lofty in style and inspiration. It was first introduced in France in the sixteenth century as the poets of the Pléiade sought to imitate the Greek Pindar and the Roman Horace. The original Greek ode was meant to be sung or recited in choral parts.

Parody   The satirical imitation of a work.

Les philosophes   Writers of the eighteenth-century Age of Enlightenment, and thinkers who were interested in any and all questions—economic, moral, political, religious, or social—affecting mankind's earthly happiness. They had great faith in human progress through the use of reason. The prominent *philosophes* expressed their beliefs through various literary genres: Montesquieu wrote *L'Esprit des lois,* a study of law and government, and the satirical *Lettres persanes;* Diderot directed the publication of the *Encyclopédie,* a vast collective enterprise; and Voltaire wrote *contes philosophiques* like *Candide.*

Poème en prose   A work incorporating the essential features of poetry but written in prose. The genre was best illustrated by Charles Baudelaire (1821–67).

Realism A literary outlook born in the mid-nineteenth century, partly in reaction to the excessive fancy and lyricism of romanticism. It advocated the minute and objective description of life, presenting an accurate portrait of reality that was neither idealized nor exaggerated. The foremost name in realism is that of Gustave Flaubert, although the works of Balzac and Stendhal also in many ways display strong realistic traits.

Renaissance Intellectual and cultural movement which had its origins in the fifteenth century in Italy and overspread Europe in the sixteenth century. It was marked by a rejection of medieval values in favor of a rebirth *(renaissance)* of the ideas and the art of the ancient Greeks and Latins. The most prominent Renaissance writers in France were Rabelais, Montaigne, and the poets of the Pléiade school of poetry led by Ronsard and Du Bellay.

Roman A term used originally to designate the popular language of the early Middle Ages, intermediate between Latin and Old French (cf. the term "romance language"). In the twelfth century, it referred to tales told in such a romance dialect: heroic tales in verse depicting marvelous adventures, extraordinary experiences, the loves of imaginary or idealized heroes (for instance, the Arthurian romances). By the later Middle Ages such tales were also told in prose and became the forerunner of the modern *roman,* the novel.

Romanticism A literary movement that prevailed in the first half of the nineteenth century, partly in reaction to classicism and eighteenth-century rationalism. Romanticism *(romantisme)* stressed the freedom of individual expression, and the primacy of emotion, sensitivity, and imagination over cold reason. It delighted in mystery, fantasy, exoticism, dream, and the past. Among the best-known Romantic writers in France were the poets Lamartine, Hugo, Vigny, Musset, and the novelist George Sand.

Satire A literary work, in verse or prose, in which an author exposes, denounces, and holds up to derision the vices, abuses, and follies of his contemporaries; also, more broadly, this kind of derision itself. The mocking criticism of satire is generally not meant to destroy human institutions, but rather to amend them in a positive way. Satirists censure public mores with the full realization that they are the manifestation of human frailty; characteristically, they employ humor, irony, and wit. Montesquieu's *Lettres persanes* and Voltaire's *Candide* are good examples of satire. The comedies of Molière are also satirical in nature.

Sonnet A fourteen-line poem consisting of two quatrains (usually rhymed *abba*) followed by two tercets. Created by the Italian poet Petrarch, it was introduced in France in the sixteenth century.

Surrealism A literary and artistic movement that flourished between the two World Wars. As defined by André Breton, whose *Manifeste du surréalisme* appeared in 1924, surrealism endeavored to express the "real" workings of the human mind by liberating it from the influence of conventional value systems, whether aesthetic, moral, or logical. The surrealists determined not to laboriously pursue *le mot juste,* but to achieve instead an automatic expression of the mind by exploring dreams, the subconscious, and/or hypnotic trances. Jacques Prévert proved particularly adept at working with freely associated images.

Théâtre de l'absurde An avant-garde theater that came into prominence in the 1950s. As the name implies, such productions focused on the absurdity of the human condition. Their most interesting aspect, from the literary standpoint, was the nonconventional means used to formulate the problems of mankind. This revolutionary theater deprived the spectators of their usual points of reference in order to have them experience the absurdity of life. Well-constructed plot lines, careful character development, realistic portrayal of everyday life—all were discarded in favor of disconcerting scenes calculated to keep the audience off balance and uneasy. Eugène Ionesco's *La Cantatrice chauve* (1950) marked the first success of the Theater of the Absurd. Other prominent absurdist playwrights are Jean Genet, Arthur Adamov, and Samuel Beckett, whose *En attendant Godot* (1953) has perhaps proven the most popular of all absurdist plays.

Théâtre de boulevard   Light, escapist theater fare, roughly comparable to America's Broadway stage. It derives its name from the location of many of the theater houses on or near the great boulevards of Paris.

Tragedy   A dramatic work of serious character, evoking pity or terror, and having an unhappy ending. In France the genre reached its height in the classical tragedies of Pierre Corneille and Jean Racine, contemporaries of Molière.

Troubadours   Medieval poets of southern France who composed in the *langue d'oc* as opposed to the *trouvères* of the North who composed in the *langue d'oïl*. Some of these poets were also *jongleurs:* wandering minstrels who recited or sang their verses to the accompaniment of a stringed instrument. Twentieth-century *chansonniers* like Georges Brassens and Jacques Brel were often referred to as modern-day troubadours.

Réponses au Nouveau Contexte

CHAPITRE 1

Camara Laye, «Départ pour l'école»,   p. 8
1. bouteille 2. breuvage 3. gorgée 4. larmes 5. pleurerais 6. as quitté 7. veille 8. sangloter 9. m'éloignais 10. enlever

Marcel Pagnol, «La Vie au lycée»,   p. 14
1. tour 2. fait peur 3. moindre 4. devinait 5. se doute de 6. punira 7. éclater de rire 8. rougirai 9. droite 10. gauche 11. pareil

Julien Green, «Chez le conseiller»,   p. 21
1. malgré 2. dès 3. vaut mieux 4. me tenir debout 5. suivre 6. intéresse 7. avez raison 8. faites semblant d'

CHAPITRE 2

Honoré de Balzac, «La Femme : épouse»,   p. 29
1. m'ennuie 2. seule 3. ennui 4. nous promenions 5. épuisée 6. repos 7. lecture 8. rend 9. ai horreur 10. te battre

Gabrielle Roy, «La Femme : mère»,   p. 35
1. lourde 2. pleure 3. nouvelles 4. visage 5. malheur 6. impuissant 7. se mettre en colère 8. foyer 9. paraît

Simone de Beauvoir, «Mariage ou célibat?»,   p. 40
1. me sens 2. épaule 3. doux 4. rêve 5. couple 6. roux 7. véritable 8. peu importe 9. me demande

CHAPITRE 3

Molière, «Un Beau Parti»,   p. 48
1. il me faut 2. me marier 3. tâche de 4. craindre 5. souhaitables 6. choix 7. fait peur 8. approuveras 9. veux dire 10. s'il te plaît 11. mûre 12. telle

Victor Hugo, «Demain, dès l'aube»,   p. 52
1. campagne 2. bruit 3. heure 4. aube 5. seule 6. aucune 7. demeurais 8. attendait
9. croisés

Alphonse Daudet, «Les Vieux»,   p. 58
1. repas 2. hôtes 3. nappe 4. couverts 5. assiettes 6. fière 7. manches 8. rayonnante 9. ai
remarqué 10. suis rentrée

CHAPITRE 4

Albert Camus, «Le Dimanche d'un citadin»,   p. 68
1. appartement 2. pièces 3. vide 4. commode 5. m'ennuyer 6. donne sur 7. s'anime
8. pressés 9. me mets

Pierre de Ronsard, «A Sa Maîtresse»,   p. 73
1. ai cueilli 2. ternie 3. perdent 4. pourpre 5. dure 6. telle 7. pareil 8. jeunesse 9. teint
10. crois

Arthur Rimbaud, «Le Dormeur du val»,   p. 77
1. frais 2. étendu 3. faisant un somme 4. côté 5. souriais 6. berçaient 7. frissonnais
8. poitrine

CHAPITRE 5

Jacques Prévert, «La Grasse Matinée»,   p. 85
1. faire la grasse matinée 2. bruit 3. ai eu beau 4. n'ai pas remué 5. brouillard 6. crainte
7. arrosé 8. pourboire

Emile Zola, «Les Epaules de la marquise»,   p. 91
1. nid 2. chaleur 3. rideaux 4. tapis 5. couverture 6. pendule 7. rappelle

Jean de La Fontaine, «Le Loup et l'Agneau»,   p. 95
1. cherches 2. pas 3. attire 4. me venger 5. a rendu 6. façon 7. aucun 8. a emporté 9. me
suis mis en colère 10. procès 11. fort

CHAPITRE 6

Antoine de Saint-Exupéry, «L'Homme d'affaires»,   p. 106
1. déranger 2. poser 3. sert 4. habite 5. île 6. n'a même pas levé 7. éteinte 8. rallumer
9. ivrogne 10. s'amuse à

Montesquieu, «Les Troglodytes»,   p. 112
1. bêtes 2. ressemblent à 3. méchant 4. corriger 5. règles 6. principe 7. accablés 8. désespérés 9. que m'importe 10. ne pas négliger

Montesquieu, «Le Bonheur des Troglodytes»,   p. 116
1. s'affaiblit 2. vieillard 3. ai mené 4. as... vécu 5. saurais 6. te mettre à 7. larmes 8. pitié
9. fais naître

CHAPITRE 7

Voltaire, «Candide à Paris I»,   p. 123
1. ai envie de 2. maladie 3. guérir 4. enterre 5. pièce 6. peine 7. plaît 8. rire 9. me plaindre

Voltaire, «Candide à Paris II»,   p. 127
1. as-tu fait sa connaissance 2. inespérée 3. ai saisi 4. paraissait 5. figure-toi 6. canapé 7. inexprimable 8. se débarrasser de 9. mener 10. charmante

Charles de Gaulle, «Appel du général de Gaulle aux Français»,   p. 134
1. chefs 2. amène 3. moyens 4. ouvriers 5. n'importe quelle 6. reculer 7. pouvoir 8. empêchera 9. avenir

CHAPITRE 8

Michel Tremblay, «Le Diable et le champignon I»,   p. 142
1. queue 2. traînait par terre 3. roulement de tambour 4. s'est approché de 5. me taire 6. a apporté 7. il nous fallait 8. ignorais 9. pleine à craquer 10. drôle de

Michel Tremblay, «Le Diable et le champignon II»,   p. 146
1. il faut 2. s'agit-il 3. me battre 4. sens 5. prends 6. il doit y avoir 7. est arrivé 8. as profité
9. toute seule

Francis Bebey, «Un Grand Conseil de mariage»,   p. 153
1. prête 2. me passer de 3. confiance 4. digne 5. tout le monde 6. marchera 7. sache 8. regarde

CHAPITRE 9

Eugène Ionesco, «Les Martin»,   p. 167
1. ai aperçus 2. habitent 3. s'appellent 4. te souviens-tu de 5. originaires 6. ai beau 7. me trompe 8. s'approcher d' 9. n'en sais rien 10. se trouvent

Marie de France, «Le Laüstic»,   p. 174
1. voisins 2. pierre 3. proche 4. dame 5. ignore 6. joyeuses 7. appelle 8. surpris 9. apporter
10. cher 11. ont dépensé

Guy de Maupassant, «Un Silence d'amour»,   p. 181
1. change d'avis 2. étrange 3. restes 4. apparais 5. disparais 6. tiens 7. m'arrête 8. debout
9. assis 10. t'éloigner 11. bout 12. me sauve 13. surprenante

CHAPITRE 10

«La Farce de Maître Pathelin I»,   p. 190
1. boutique 2. vous portez-vous 3. faire faire 4. chères 5. il m'en faut 6. bleu clair 7. gêne 8. ressembler à 9. que voulez-vous 10. me vanter 11. dérangera

«La Farce de Maître Pathelin II»,   p. 198
1. n'avait pas envie de 2. qu'y a-t-il 3. crier 4. voyons 5. ce n'est pas le moment 6. frotte 7. fasse venir 8. me reposer 9. tu te moques 10. fais semblant 11. avoir honte 12. ne fais que

«La Farce de Maître Pathelin III»,   p. 206
1. a volé 2. renseigner 3. attendre 4. ne tiennent pas debout 5. te taire 6. ait achevé 7. te moques 8. pardonner 9. dépêche-toi 10. ordonne 11. t'en tirer mal

CHAPITRE 11

François Truffaut, «Patrick pousse son pion»,   p. 214
1. me suis aperçu 2. de l'autre côté 3. jettes un coup d'oeil 4. a fallu 5. as offert 6. ferait plaisir 7. a étonné 8. boutique de fleurs 9. se rendent

Paul Verlaine, «Il pleure dans mon cœur»,   p. 220
1. douce 2. bleu 3. pleut 4. pluie 5. oiseaux 6. cesse 7. peine 8. pleurerais 9. pire 10. tranquille

«La Chanson de Roland»,   p. 225
1. épée 2. coups 3. poitrine 4. fin 5. faibles 6. hardie 7. vainqueur 8. sauver 9. aurait échappé 10. plaindre 11. sang

Vocabulaire

This vocabulary contains all words and expressions that appear in the text except articles and identical cognates. Irregular verbs are included, as are feminine forms of adjectives.

Abbreviations

adj	adjective	*fig*	figurative	*pres part*	present participle
adv	adverb	*impers*	impersonal	*pl*	plural
con	conditional	*invar*	invariable	*ps*	passé simple
esp	especially	*m*	masculine	*subj*	subjunctive
f	feminine	*pp*	past participle	*vulg*	vulgarity

A

abaisser   to lower, bring down
l' abandon *m*   à l'___ in a state of neglect
abandonner   to abandon
abasourdi(e)   taken aback, stunned
abattre   to fell, knock down
abattu(e)   weak
l' abbé *m*   secular priest
l' abécédaire *m*   primer
l' abeille *f*   bee
l' abîme *m*   abyss, chasm
abîmer   to damage, ruin
l' ablatif *m*   ablative
abolir   to abolish
abondant(e)   abundant
abonder   to abound
s' abonner   to subscribe
abord: d'___   first of all, at first
aborder   to approach, to tackle

l' abri *m*   shelter; **se mettre à l'___** to take cover
abriter   to shelter
abruti(e)   slow-witted
abrutir   to stupefy
abrutissant(e)   stupefying, degrading
absolu(e)   absolute
absolument   absolutely
abstrait(e)   abstract
absurde   absurd
abuser de   to misuse
l' académie *f*   academy
l' acajou *m*   mahogany
accablé(e)   overburdened
accabler   to overwhelm
accéder à   to reach, get to
accélérer   to go faster
accentuer   to accentuate
accepter   to accept
l' acception *f*   acceptance
l' accès *m*   fit

accessoire   incidental

accommodant(e)   accommodating, courteous

l' accommodement *m*   accommodation

s' accommoder de   to make the best of

l' accompagnement *m*   accompaniment

accompagner   to accompany

accompli(e)   accomplished

accomplir   to accomplish

l' accomplissement *m*   accomplishment

l' accord *m*   agreement; **être d'___** to concur; **se mettre d'___** to agree

accorder   to grant; **s'___** to agree

s' accouder   to lean (on one's elbows)

accourir   to come running

accrocher   to hook, to catch, to hang; **s'___** to hang on

accroire:s'en laisser ___   to let oneself be taken in

s' accroître   to grow, increase

accroupi(e)   squatting, crouching

l' accueil *m*   welcome

accueillir   to welcome, to greet

accumuler   to accumulate

l' accusateur *m*   accuser

l' accusation *f*   prosecution

acerbe   caustic

l' achat *m*   purchase

acheter   to buy

achever   to finish, complete

l' acier *m*   steel

l' acompte *m*   deposit

acquérir   to acquire

l' acquittement *m*   acquittal

l' acte *m*   act

l' acteur (actrice) *m, f*   actor, actress

l' activité *f*   activity

l' actualité *f*   topical question; **___s** current events, newsreel; **d'___** current

actuel (actuelle)   present

actuellement   at present

l' addition *f*   bill, check (restaurant)

additionné(e)   increased

l' adieu *m*   farewell

l' adjectif *m*   adjective

admettre   to admit, accept

s' adonner à   to give oneself over to

adorablement   adorably

adorer   to adore

adoucir   to alleviate

l' adresse *f*   address

adultère   adulterous

l' adversaire *m, f*   opponent, adversary

l' aération *f*   ventilation

aérien (aérienne)   of the air

l' aéroport *m*   airport

affaiblir   to weaken

l' affaire *f*   deal, matter, affair, case; **les ___s** business; **qu'ai-je ___?** what business do I have? **se tirer d'___** to get out of the difficulty

affairé(e)   busy

affamé(e)   famished

affectueux (affectueuse)   affectionate

l' affiche *f*   posted notice, poster

afficher   to display

affirmatif (affirmative)   affirmative

l' affirmation *f*   assertion

affirmer   to assert

affliger   to afflict

affluer   to abound

affranchir   to set free

affreusement   frightfully

affreux (affreuse)   horrible, awful

affronter   to face

afin de   in order to

afin que   so that

l' Afrique *f*   Africa

agacer   to annoy, bother

l' âge *m*   age; **le grand ___** old age

âgé(e)   old, elderly

s' agenouiller   to kneel

l' agent *m*   agent; **___ de police** police officer

l' agilité *f*   agility

agir   to act; **il s'agit de** it is a question of

agissant(e) effective
agité(e) agitated
agiter to agitate
l' **agneau** *m* lamb
agréable pleasant
s' **agripper à** to cling to
ahuri(e) dumbfounded
l' **ahurissement** *m* bewilderment
l' **aide** *f* help; **porter ___** to lend assistance; **venir en ___ à** to help
aider to help
les **aïeux** *m* ancestors
l' **aigrefin** *m* swindler
l' **aiguille** *f* needle, hand (on a clock)
l' **aiguillon** *m* goad
l' **aile** *f* wing
ailleurs elsewhere; **d'___** besides, moreover, as a matter of fact; **par ___** on the other hand
aimable kind
aimer to like, love; **___ mieux** to prefer
aîné(e) older, oldest; **l'aîné** *m* eldest son
ainsi likewise, thus; **___ que** as well as, as
l' **air** *m* air, appearance; melody; **avoir l'___** to seem, appear, look like; **regarder en l'___** to look up; **faux ___** resemblance
l' **aise** *f* comfort; **à l'___** comfortable; **mal à l'___** uneasy; *adj* glad
aisé(e) well-off, well-to-do
aisément easily
l' **aisselle** *f* armpit
l' **ajournement** *m* adjournment
ajouter to add
s' **alarmer** to be alarmed
l' **alexandrin** *m* alexandrine (12-syllable verse)
algérien (algérienne) Algerian
l' **allée** *f* alley, walk
alléguer to allege
allemand(e) German

aller to go; to suit, fit; **___ chercher** to fetch; **___ de soi** to be a matter of course; **s'en ___** to go away; **Allez ouste!** Off you go! **Allons!** Come now!
l' **aller-retour** *m* round trip
allié(e) allied
l' **allocation** *f* allowance
allonger to stretch out; **s'___** to stretch out
allumer to light
l' **allumette** *f* match
l' **allure** *f* gait, appearance; **à toute ___** at full speed
alors at that time, then; so; **___ que** while
l' **alouette** *f* lark
alourdi(e) heavyset
l' **amant(e)** *m, f* lover
ambigu(ë) ambiguous
ambitieux (ambitieuse) ambitious
l' **ambre** *m* amber
ambulatoire ambulatory
l' **âme** *f* soul, spirit
l' **amélioration** *f* improvement
amener to bring, lead
amer (amère) bitter
amèrement bitterly
américaniser to Americanize
l' **ameublement** *m* furnishing
l' **ami(e)** *m, f* friend; **le, la petit(e) ___** boy (girl) friend
amical(e) friendly; **l'amicale** *f* fraternal society
l' **amitié** *f* friendship
amollir to soften
l' **amour** *m* love; **par ___** out of love
amoureux (amoureuse) amorous; **l'___** *m, f* lover; **être ___ de** to be in love with
ample ample, full
amusant(e) amusing
amuser to amuse, interest; **s'___** to play, enjoy oneself, have a good time

l' **an** *m*   year

l' **ancêtre** *m, f*   ancestor

ancien (ancienne)   ancient, old; former; elder

ancrer   to anchor

l' **âne** *m*   donkey

anéantir   to wipe out

l' **ange** *m*   angel

l' **Angleterre** *f*   England

angliciser   to Anglicize

l' **angoisse** *f*   anguish

animer   to animate

l' **année** *f*   year

anonyme   anonymous

l' **anse** *f*   handle

antagoniste   antagonistic

antipathique   antipathetic

apaiser   to appease

apercevoir   to catch sight of; **s'___ de** to notice, realize

aperçu(e)   noticed

aplatir   to flatten

l' **apogée** *m*   height, peak

l' **apôtre** *m*   apostle

apparaître   to appear

l' **appareil** *m*   camera

apparemment   apparently

l' **apparence** *f*   appearance; **sauver les ___s** to keep up appearances, save facc

l' **appartement** *m*   apartment

appartenir   to belong

l' **appel** *m*   call, appeal; **faire ___ à** to appeal to

appeler   to call; **en ___ à** to appeal to; **s'___** to be called

l' **appentis** *m*   lean-to, shed

applaudir   to applaud

les **applaudissements** *m*   applause

appliquer   to apply

l' **apport** *m*   contribution

apporter   to bring

apprécier   to appreciate; to take under advisement

apprendre   to learn; to teach; to inform

l' **apprenti(e)** *m, f*   apprentice

apprivoiser   to tame

l' **approbation** *f*   approval

approcher   to approach, draw near; **s'___ de** to come near

approfondir   to go deeply into

approprié(e)   appropriate, proper

approuver   to approve of

appuyer   to rest, to support; **s'___ à, sur** to rest on, lean on

après   after; *adv* afterward; **peu ___** a little later; **d'___** according to; next, following

l' **après-midi** *m, f*   afternoon

aquilin(e)   hooked

l' **arabe** *m*   Arabic (language)

Arabie *f*   Arabia

l' **araignée** *f*   spider

l' **arbitre** *m*   arbiter

l' **arbre** *m*   tree; **___ fruitier** fruit tree

l' **arc** *m*   arch

l' **archevêque** *m*   archbishop

l' **ardeur** *f*   intense heat; ardor

l' **argent** *m*   money; silver

l' **argile** *f*   clay

l' **argot** *m*   slang

l' **arme** *f*   arm, weapon; **faire des ___s** to fence

l' **armée** *f*   army

l' **armement** *m*   armament

l' **armoire** *f*   wardrobe, closet

arracher   to tear away, snatch, pull up

s' **arranger**   to contrive

l' **arrêt** *m*   stop, sentence; **sans ___** unceasingly

arrêter   to arrest; to stop; **s'___** to stop

arrière   rear; **en ___** back

les **arrière-grands-parents** *m*   great-grandparents

l' **arrivée** *f*   arrival

arriver   to arrive; ___ **à** to manage to; **en ___ là** to get to that point; **il arrive** there arrives, it happens

l' **arriviste**   *m, f*   go-getter

l' **arrondissement**   *m*   subdivision of a French department

arroser   to sprinkle, to lace, to water, to bathe

l' **as**   *m*   ace

l' **ascension**   *f*   ascent, climb

l' **asile**   *m*   home, refuge

l' **aspect**   *m*   look, appearance

l' **assassinat**   *m*   assassination

s' **asseoir**   to sit down

asservir   to enslave, to subject

assez   enough; rather; ___ **de** enough

l' **assiette**   *f*   plate

assigner   to summon

assis(e)   seated, established

l' **assistant(e) social(e)**   social worker

assister à   to attend, be present at

assoiffé(e)   thirsty

s' **assombrir**   to darken

assommer   to knock on the head; to bore to tears

l' **assommoir**   *m*   low tavern, bar

assortir   to match

s' **assoupir**   to doze off

assoupli(e)   made flexible, supple

l' **assouvissement**   *m*   fulfillment

assujetti(e)   subjugated

assurément   assuredly

assurer   to assure

l' **âtre**   *m*   hearth

attacher   to attach, tie; **s'___ à** to apply oneself

attaquer   to attack; **s'___ à** to grapple with

attardé(e)   late

s' **attarder**   to linger

atteindre   to attain, reach

atteint(e)   affected

attendre   to wait (for), await, expect;

en attendant meanwhile; **s'___ à** to expect

attendri(e)   moved

s' **attendrir**   to grow tender, be moved

l' **attentat**   *m*   attempt

l' **attente**   *f*   wait, expectation

l' **attention**   *f*   attention; **faire ___** to pay attention, be careful

attentivement   attentively

atténuant(e)   extenuating

atterré(e)   overwhelmed, felled

atterrer   to bowl over

attifer   to dress up, deck out

attirant(e)   attractive

attirer   to attract

l' **attrait**   *m*   attraction

attraper   to catch

attribuer   to attribute

l' **aube**   *f*   early dawn

l' **auberge**   *f*   inn

l' **aubergiste**   *m, f*   innkeeper

aucun(e)... ne   no, not any, none

l' **audace**   *f*   audacity, boldness, daring

audacieux (audacieuse)   bold

l' **au-delà**   *m*   life beyond

au-devant de   before

l' **audience**   *f*   session

l' **auditeur (l'auditrice)**   *m, f*   listener

augmenter   to increase, go up, grow

aujourd'hui   today

l' **aumône**   *f*   alms

auparavant   before

auprès de   beside, next to, at the side of

aussi   as; also; and so

aussitôt   immediately; ___ **que** as soon as, once

autant   as much, as many; ___ **que** as much as; ___ **dire** one might as well say; **pour ___** on that account

l' **auteur**   *m*   author; ___ **dramatique** playwright

l' **auto**   *f*   car

l' **autobus**   *m*   city bus

l' **automate** *m*   robot

l' **automatisme** *m*   automatism

l' **automne** *m*   autumn, fall

l' **automobiliste** *m, f*   motorist

l' **autoroute** *f*   highway; ___ **à péage** toll road

autour de   around

autre   other, else; **vous ___s riches** you rich (people)

autrefois   in the past

autrement   differently, otherwise

l' **Autriche** *f*   Austria

autrichien (autrichienne)   Austrian

autrui   others, other people

avaler   to swallow

l' **avance** *f*   advance, start; **par ___** beforehand; **d'___** beforehand

avancer   to advance, put forward

avant   before; ___ **de** before; ___ **que** before; *adv* deep; **en ___!** forward, march!

l' **avantage** *m*   advantage

avant-dernier (avant-dernière)   next to the last

l' **avant-propos** *m*   foreword

avare   miserly, sparing

avec   with

l' **avenir** *m*   future

l' **aventure** *f*   adventure

averti(e)   well-informed

avertir   to inform, to warn

l' **aveu** *m*   avowal, confession

aveugle   blind

avidement   eagerly

l' **avidité** *f*   eagerness, greediness

l' **avion** *m*   plane

l' **avis** *m*   opinion; **à mon ___** in my opinion

aviser   to take stock, see where one stands; **s'___ de** to take it into one's head to

l' **avocat(e)** *m, f*   lawyer; ___ **général** prosecutor

l' **avoir** *m*   assets, holdings, property, possessions; *verb* to have; ___ **beau** faire quelque chose to do something in vain; ___ **besoin de** to need; ___ **d'autres chiens à fouetter** to have other fish to fry; ___ **envie de** to feel like; ___ **l'air de** to appear, seem; ___ **lieu** to take place; ___ **peur** to be afraid; ___ **raison** to be right; ___ **tort** to be wrong; ___ **19 ans** to be 19 years old; **y ___** to be; **il y a** there is, there are; **il y a deux ans** two years ago

avouer   to admit

avril *m*   April

B

badiner   to jest

bafouiller   to stammer

les **bagages** *m*   baggage, bags

le **bagne**   penitentiary

la **bague**   ring

le **bahut**   wardrobe

la **baie**   bay

baigner   to soak, steep; **se ___** to bathe, go swimming

bailler *(archaic)*   to give

bâiller   to yawn

le **bâillon**   gag

le **bain**   swim, bath

baiser   to kiss

le **baiser**   kiss

baisser   to lower, to sink; to go down

le **bal**   dance

balayer   to sweep

balbutier   to stammer

le **balcon**   balcony

les **balivernes** *f*   nonsense

la **balle**   bullet, shot

ballotter   to toss about

la **balustrade**   railing

banal(e)   trite

la **banalité**   triteness

le **banc**   bench, seat

la **bande**   gang; reel; ___ **magnétique** tape; ___ **sonore** sound track

la **banlieue**   suburbs

le, la **banlieusard(e)**   suburbanite

bannir   to banish

la **banqueroute**   bankruptcy; **faire** ___ to go bankrupt

la **banquette**   bench

le **banquier**   banker

la **baraque**   booth, stall

baratter   to churn

la **barbe**   beard

barbouiller   to smear

barbu(e)   bearded

le **baril**   barrel, keg

la **barquette**   pastry

le **barrage**   dam

la **barre**   helm

barrer   to steer

la **barrière**   fence

le **bas**   bottom; **en** ___ below; *adv* low, quietly; **mettre** ___ to put down

la **base**   basis, foundation

se **baser**   to be founded

la **bassesse**   baseness, vileness

le **bassin**   pond, ornamental lake

la **bataille**   battle; **livrer** ___ to give battle

le **bateau**   boat

le **bâtiment**   building

bâtir   to build

le **bâton**   stick

le **battant**   leaf (of a door or table)

le **battement**   flapping

la **batterie**   set; ___ **de cuisine** set of kitchen utensils

battre   to beat, strike; ___ **sa coulpe** to beat one's breast; **se** ___ to fight

battu(e)   beaten

le **baudet**   donkey

le **baume**   balm

bavard   babbler, chatterer

le **bavardage**   babble, chatter

bavarder   to chat, to babble

beau (belle)   handsome, beautiful; **il a**

___ **croire** in vain does he believe; **il fait** ___ the weather is beautiful

beaucoup   a lot, much; ___ **de** a lot of

le **beau-frère**   brother-in-law

le **beau-père**   father-in-law

la **beauté**   beauty

les **beaux-arts** *m*   fine arts

le **bébé**   baby

bégayer   to stutter, stammer

le **béguin : avoir le** ___ **pour quelqu'un**   to have a crush on someone

le **bêlement**   bleating

bêler   to bleat

la **belle**   beauty

la **belle-fille**   daughter-in-law

la **belle-mère**   mother-in-law

la **belle-sœur**   sister-in-law

la **bénédiction**   blessing

bénéficier   to benefit

bénéfique   beneficial

bénir   to bless

le, la **benjamin(e)**   the youngest child

le **berceau**   cradle

bercer   to rock, to sway

la **berceuse**   lullaby

la **berge**   bank

le **berger (la bergère)** *m, f*   shepherd, shepherdess

la **besogne**   task

besogner   to work

besogneux (besogneuse)   poor, hard-working

le **besoin**   need; **avoir** ___ **de** to need; **au** ___ if need be

le **bétail (les bestiaux)**   cattle, livestock

la **bête**   fool; animal; *adj* stupid, foolish

la **bêtise**   foolish thing; **faire des** ___**s** to blunder

beurré(e)   buttered

la **bibine**   bad wine

la **bibliothèque**   library

la **bicyclette**   bicycle

le **bien**   good, wealth; *pl* belongings; *adv* well; indeed; very; **ou** ___ or else; ___ **sûr** of course; ___ **des** many; ___

du, ___ de la a great deal of; **___ que** although; **si ___ que** so that

bien-aimé(e) beloved

le **bien-être** well-being

le **bienfait** benefit

le **bienfaiteur (la bienfaitrice)** *m, f* benefactor

bientôt soon

bienvenu(e) welcome

bigarré(e) motley, varied

le **bijou** jewel

le **bilan** appraisal, balance sheet

bilingue bilingual

le **billet** ticket, note, bill (currency)

bis(e) grayish brown

la **bise** north wind

bizarrement strangely

la **blague** joke, story

blanc (blanche) white, clean, blank

le **blanc-bec** greenhorn, novice

blanchir to turn white

blanchissant(e) turning white

le **blason** coat of arms

le **blé** wheat

blesser to wound, injure, hurt, offend

bleu(e) blue

bleuâtre bluish

blinder to armor-plate

le **bloc** block; **faire ___** to unite

le **bocage** sparse, shady woods

la **bohème** bohemian life

boire to drink; **à ___!** something to drink!

le **bois** wood

la **boisson** beverage

la **boîte** box; tin can; **___ aux lettres** mailbox

la **bombance** feasting; **faire ___** to feast, revel

la **bombe** bomb

bon (bonne) good, right; **il fait ___** it is good; **pour de ___** for good

le **bonbon** candy

le **bond** bound; **d'un ___** at one bound

bondé(e) packed

bondir to leap, spring

le **bonheur** happiness

la **bonhomie** good nature

la **bonne** maid

le **bonnet** cap

le **bord** edge, side

la **bordée** tack, course

le **bordel** bordello

border to border, line

borgne one-eyed

la **borne** boundary, limit, milestone

borner to limit

la **bosse** hump

le **bottillon** little boot

la **bottine** ankle boot

le **bouc** goat

la **bouche** mouth

le **boucher** butcher

bouder to sulk

la **bouderie** sulkiness

boudhique Buddhist

la **boue** mud

le **bouffon** buffoon, clown

bouger to stir, budge

la **bougie** candle

bouillir to boil

le **bouillon** broth

le **bouillonnement** gush

le **boulanger** baker

la **boule** ball; **___ de neige** snowball

le **boulet** cannonball

bouleversé(e) distraught

le **boulomane** bowls player

le **boulot** work

le, la **bouquiniste** secondhand bookseller

le **bourdonnement** buzz, hum

bourgeois(e) middle-class

la **bourgeoisie** middle class

la **bourse** purse

la **bousculade** scuffle, jostling

bousculer to jostle

le **bout** end, tip, tag, piece; **au ___ de** at the end of

la **bouteille** bottle

la **boutique**   shop
le **boutiquier (la boutiquière)**   shopkeeper
le **bouton**   button; ___ **de rose** rosebud
  boutonner   to button
la **boutonnière**   buttonhole
le **boxeur**   boxer
  braire   to bray (as a donkey)
le **bras**   arm; ___ **dessus** ___ **dessous**
  arm in arm
le **brasier**   coal
  brave   good, decent, brave
la **bravoure**   bravery, braveness
la **brebis**   female sheep, ewe
  bredouiller   to mumble, to stammer
  out
  bref (brève)   short, brief; *adv* in short
le **breuvage**   beverage, drink
  breveter   to patent
la **bribe**   fragment
la **bride**   bridle
  brièvement   briefly
le **brillant**   diamond
  briller   to shine
  briser   to break, shatter, crush
le **brocard**   insult, jeer
  brodé(e)   embroidered
le **brouillard**   mist, fog, haze
la **brousse**   bush
la **bru**   daughter-in-law
le **bruit**   sound, noise
  brûler   to burn; ___ **un feu rouge** to
  go through a red light
la **brume**   fog
  brumeux (brumeuse)   hazy, foggy
  brun(e)   brown, dark
  brusque   sudden; brusque, abrupt
  brusquement   abruptly, suddenly
  brusquer   to quicken
la **brusquerie**   abruptness
  bruyamment   loudly
la **bruyère**   heather
le **bûcher**   stake
le **buffet**   (railroad station) buffet
le **buisson**   bush, thicket

le **bureau**   office
la **buse**   blockhead
le **buste**   bust
le **but**   goal, aim
le **buveur (la buveuse)**   drinker

C

  ça   that; **comme** ___ like that, that
  way; ___ **et là** here and there
la **cabane**   hut, shanty
le **cabaret**   tavern
le **cabinet**   small room, study, office
  cabrer   to rear up (horse)
  cacher   to hide, conceal
la **cachette**   hiding place
le **cadeau**   gift
le **cadet**   younger brother
la **cadette**   younger sister
le **cadre**   setting, frame; executive
le **cafard: avoir le** ___   to have the blues
le **café-concert**   cabaret
le **cahier**   notebook
la **caisse**   crate, box; cash register
  calculer   to calculate
  calé(e)   wedged, steadied
la **calebasse**   calabash, gourd
le **caleçon**   drawers, short pants
le **calembour**   pun
  calme   calm
  calmé(e)   calmed
  calomnier   to slander
le, la **camarade**   friend, chum, mate; ___
  de chambre roommate; ___ **de**
  classe classmate
le **cambriolage**   burglary
la **caméra**   movie camera
le **camion**   truck
le **camp**   camp; side; **ficher le** ___ to
  clear out
le, la **campagnard(e)**   country dweller
la **campagne**   country (rural district),
  fields
la **canaille**   rabble

la **canaillerie** dishonest deed

le **canapé** couch

le **canari** canary

la **canne** cane

  canoter to go boating

le **canotier** straw hat

la **cantatrice** classical singer, vocalist

le **cantique** hymn

la **capacité** capability

le **capitaine** captain

le **caprice** caprice, whim

  car for, because

le **caractère** character, letter

la **carcasse** frame

  caresser to caress, flatter

le **carnet** notebook

  carré(e) square

le **carreau** window pane

le **carrefour** crossroad

la **carrière** career; quarry

la **carte** card, map, menu

  cartésien (cartésienne) Cartesian

le **cas** case; **c'est le ___ de dire** now's the time to say it; **en tout ___** in any case; **faire ___ de** to pay attention to; **le ___ échéant** should the occasion arise

la **case** hut, cabin

la **caserne** barracks

  cassé(e) broken

le **cassement de tête** bother, nuisance, annoyance

  casser to break; **___ la tête** to bother, annoy

la **cassette** money box

la **cause** cause; **à ___ de** because of, owing to; **en connaissance de ___** with full knowledge

  causer to chat, converse

la **cave** cellar

  ce this, that; **___ disant** in saying this

  céder to yield

  ceindre to gird

  cela that, this; **par ___ même** by that very fact

  célèbre famous, well known

  celer to conceal

le **célibat** celibacy

  célibataire single, unmarried

la **cendre** ash(es)

le **cendrier** ashtray

  Cendrillon Cinderella

  censé(e) supposed to

le **censeur** study supervisor in French secondary schools

la **censure** censorship

  cent (one) hundred

la **centaine** about a hundred

  centième hundredth

le **centre** center

  cependant however, yet, meanwhile, nevertheless; **___ que** while

le **cercle** circle

  certainement certainly

  certains (certaines) some

  certes indeed

le **certificat** certificate

la **certitude** certainty

le **cerveau** brain

  cesse : sans ___ unceasingly

  cesser to stop, cease

  c'est-à-dire that is to say

  chacun(e) each one

  chagrin(e) glum, bitter; **le ___** grief, worry

  chagriner to annoy, grieve

la **chaîne** chain; **___ stéréo** stereo system

la **chaînette** small chain

la **chair** flesh

la **chaire** rostrum

la **chaise** chair; **___ de poste** post chaise; **___ électrique** electric chair

la **chaleur** warmth, heat

  chaleureusement warmly

la **chambre** room; **___ à coucher** bedroom; **___ des députés** lower house of French parliament

la **chambrée** barracks room

le **champ** field

le **champignon** mushroom

la **chance**   chance, luck; **les ___s** odds;
   avoir de la ___ to be lucky
le **changement**   change
  changer   to change
la **chanson**   song
le **chansonnier**   writer of satirical songs
le **chant**   song
  chantant(e)   singsong
  chanter   to sing
le **chanteur (la chanteuse)**   singer
  chantonner   to hum
le **chapeau**   hat
le **chaperon**   hood
le **chapitre**   chapter; **sur ce ___** on this
   subject
  chaque   each
le **char**   tank
le **charbon**   coal
la **charge**   load, burden; **être, rester à**
   ___ to be, remain a burden
le **chargement**   load
  charger   to load, to burden; to lay it
   on thick, to exaggerate; **se ___ de** to
   take upon oneself, to take care of
la **charité**   charity, love
  charmant(e)   charming
le **charme**   charm
la **chasse**   hunting, chase, hunt
la **châsse**   reliquary
  chasser   to hunt, drive away
le **chasseur**   hunter
le **chat**   cat; **donner sa langue au ___** to
   give up guessing
le **châtaignier**   chestnut tree
le **château**   castle
  châtier   to chastise
  chaud(e)   hot; **avoir ___** to be hot; **il**
   fait ___ it is hot (weather)
le **chaudron**   cauldron, kettle
le **chauffard**   road hog
  chauffer   to heat, warm
le **chauffeur**   chauffeur, driver
la **chaussée**   pavement, roadway
la **chaussette**   sock
  chauve   bald

le **chauvinisme**   chauvinism
le **chef**   head, leader, chief; **___ de**
   famille head of the family
le **chef-d'œuvre**   masterpiece
le **chemin**   way, road; **___ de fer** railroad; **faire du ___** to cover ground
la **cheminée**   chimney, fireplace; **___**
   d'aération ventilation shaft
la **chemise**   shirt
le **chêne**   oak (tree)
  cher (chère)   *(before the noun)* dear;
   (after the noun) expensive; *adv* dearly
  chercher   to look for, seek; **aller ___**
   to fetch; **___ querelle** to try to pick a
   fight
  chéri(e)   cherished, beloved; **le, la**
   ___ darling
le **cheval**   horse
le **chevalier**   knight
le **chevet**   headboard, bedside
le **cheveu**   hair
la **chèvre**   goat
  chez   among, at, in the house of
le **chien**   dog
le **chiffon**   material, cloth
le **chiffre**   figure
  chinois(e)   Chinese
  chirurgical(e)   surgical
le **chirurgien**   surgeon
le **choc**   impact
  choir   to fall
  choisir   to choose
le **choix**   choice
le **chômage**   unemployment
le **chômeur (la chômeuse)**   unemployed
   person
  choquer   to offend
la **chose**   thing
le **chou**   cabbage
  choyer   to pamper
  chrétien (chrétienne)   Christian
la **chrétienté**   Christianity
  chuchoter   to whisper
la **chute**   fall; **___ des reins** small of the
   back

le **cidre**   cider

le **ciel**   sky, heaven

la **cigogne**   stork

le **cimetière**   cemetery

le, la **cinéaste**   filmmaker

le **cinéma**   cinema, movie theater

cinquante   fifty

cinquième   fifth

cintré(e)   tight at the waist

la **circonstance**   circumstance

la **circulation**   traffic

la **cire**   wax

le **cirque**   circus

les **ciseaux** *m*   scissors

citadin(e)   of the city; **le, la ___** city dweller

la **cité**   city, housing development

citer   to cite, mention

la **cithare**   cithara, kithara

le **citoyen (la citoyenne)**   citizen

clair(e)   clear, light; **le ___ de lune** moonlight

claquer   to snap

la **clarté**   light

la **classe**   class, classroom

classé(e)   filed, settled, ranked

classer   to classify, to rank

la **clé**   key

la **clef**   key; **mot-___** key word

le **clerc**   cleric, scholar

le **cliché**   hackneyed expression

le, la **client(e)**   customer, patient

le **clignement**   wink

le **climat**   climate

le, la **clochard(e)**   bum

la **cloche**   bell

clos(e)   closed, shut

la **clôture**   fence

clouer   to nail

le **clystère**   enema

le **cocotier**   coconut tree

le **cœur**   heart, courage; **de bon ___** heartily; **par ___** by heart; **avoir le ___ gros** to have a heavy heart

cogner   to bang, drive in

la **cohue**   crowd

coiffer   to fix someone's hair

le **coiffeur (la coiffeuse)**   hairdresser

la **coiffure**   headdress, hair style

le **coin**   corner

la **colère**   anger; **se mettre en ___** to become angry

coléreux (coléreuse)   quick-tempered

colérique   irascible

le **colimaçon**   snail; **escalier en ___** spiral staircase

le **collaborateur**   collaborator

le **collège**   secondary school

le **collégien (la collégienne)**   schoolboy (schoolgirl)

coller   to stick, to hold together; **___ une blague à quelqu'un** to put one over on someone; **être collé(e)** to flunk

le **collier**   necklace

la **colline**   hill

le **colloque**   colloquium

la **colombe**   dove

le **colon**   colonist

la **colonne**   column

le **combat**   fight, fighting

combattre   to fight, battle with

combien   how much

la **combinaison**   combination

le **comble**   top, height; **au ___** filled

combler   to fill

la **Comédie-Française**   French National Theater

le **comédien (la comédienne)**   theater actor

comestible   edible

comique   comic

commander   to order

comme   as, since, like; how; **___ si** as if; **___ d'habitude** as usual

commencer   to begin

comment   how? what? what!

commerçant(e)   commercial; **le, la ___** merchant

le **commerce**   business, trade

la **commère**   godmother, gossip (person)

commettre to commit

le **commis voyageur** traveling salesman

le **commissaire** commissioner

le **commissariat** police station

commode convenient, easy

commodément conveniently

les **commodités** *f* conveniences

commun(e) common

la **communauté** community

communicatif (communicative) communicative

communiquer to communicate

la **compagnie** company

le **compagnon (la compagne)** companion

comparer to compare

le **compartiment** compartment

le, la **compatriote** compatriot, fellow countryman (countrywoman)

le **compère** old friend

complaisant(e) obliging

complet (complète) total, full

compléter to complete

complexe complex

le, la **complice** accomplice

compliquer to complicate

le **comportement** behavior

se **comporter** to behave

composer to compose

le **compositeur** composer

le **compotier** fruit stand

compréhensif (comprehensive) understanding, tolerant

la **compréhension** understanding

comprendre to understand, realize

compris(e) understood; **y ___** including

compromettre to compromise

le **compromis** compromise

le **comptant** cash; **au ___** for cash

le **compte** account, count; **tenir ___ de** to take into account; **se rendre ___ de** to realize; **pour mon ___** for my part; **en fin de ___** in the final analysis

le **compte rendu** report

compter to intend; to count

le **comptoir** counter

le **comte** count

la **comtesse** countess

se **concentrer (sur)** to concentrate (on)

la **concession** plot of land

concevoir to conceive, to comprehend

le, la **concierge** doorkeeper, caretaker

le **concitoyen (la concitoyenne)** fellow citizen

conclure to conclude

le **concours** contest, examination

concret (concrète) concrete

la **concurrence** competition

concurrencer to threaten by competition

le, la **concurrent(e)** contestant, competitor

condamner to condemn

la **condoléance** condolence

le **conducteur (la conductrice)** driver

conduire to lead, to drive; **se ___ to** behave

la **conduite** conduct, behavior

la **conférence** lecture

le **conférencier (la conférencière)** lecturer

la **confiance** confidence, faith, trust; **faire ___ à** to trust

confiant(e) confident; trusting

la **confidence** confidence, secret

confier to entrust

les **confins** *m* confines

le **conflit** conflict

confondre to blend, merge (into one); to mistake; to confound; **se ___ to** coincide; to confuse

se **conformer à** to conform to, comply with

conformiste conformist

le **confort** comfort

confus(e) confused

le **congé** leave; **donner ___ à** to dismiss, tell someone to leave

congédier to dismiss, send away

conjurer   to avert; to exorcise; to conspire

la **connaissance**   knowledge, acquaintance; **en ___ de cause** with full knowledge; **de votre ___** of your acquaintance

connaître   to know; **se ___** to be acquainted with

connu(e)   known

le **conquérant**   conqueror

conquérir   to conquer

consacrer   to confirm; **se ___** to dedicate oneself

la **conscience**   conscience, consciousness, awareness; **avoir ___ de** to feel, be aware of

consciencieusement   conscientiously

la **consécration**   acknowledgment

le **conseil**   advice, piece of advice, council; **tenir un ___** to hold a council

conseiller   to advise; **le ___** adviser

consentir   to accept; **___ à** to consent to

la **conséquence**   consequence; **en ___** consequently

conséquent:par ___   consequently

conservateur (conservatrice)   conservative

la **conserve**   canned food

considérer   to consider

consigné(e)   recorded

consolant(e)   consoling

la **consonne**   consonant

la **constatation**   statement, observation, discovery

constater   to ascertain, verify, observe

construire   to construct, build

consumer   to consume, burn

le **conte**   story, short story

contempler   to contemplate, gaze upon

contemporain(e)   contemporary

la **contenance**   countenance, bearing

content(e)   happy, pleased

contenter   to satisfy; **se ___ de** to be satisfied with, to be content

le **contenu**   contents; *adj* contained

conter   to tell, narrate

le **contexte**   context

la **contiguïté**   contiguity

continuellement   continually

continuer   to continue

contraindre   to force

le **contraire**   contrary; **au ___** on the contrary

contrarié(e)   annoyed

contre   against; **par ___** on the other hand

la **contre-allée**   side alley

contredire   to contradict

la **contrée**   region, district

contrefaire   to imitate

contrefait(e)   deformed

le **contresens**   mistranslation

le, la **contribuable**   taxpayer

contribuer   to contribute

convaincant(e)   convincing

convaincre   to convince

convaincu(e)   convinced; convicted

convenable   suitable, fitting, proper

convenablement   decently

la **convenance**   propriety

convenir   to be fitting; **___ (de)** to agree (to)

convenu(e)   agreed upon

convertir   to convert

la **convoitise**   desire, covetousness

coopérer   to cooperate

le **copain (la copine)**   chum, pal

copier   to copy

le **coq**   cock

la **coquine**   hussy

le **cor**   horn

la **corbeille**   basket; round flower bed

la **corde**   rope

le **cordeau**   fuse; **___ Bickford** safety fuse

cordialement   cordially

le **cordon bleu**   expert cook

le **cordonnier**   shoemaker

la **corne de bouc**   goat's horn

la **Cornouailles**   Cornwall

corporel (corporelle) corporal, physical

le **corps** body; institution

corriger to correct, chastise

corrompre to corrupt

le **corsage** blouse

le **cortège** procession

la **corvée** drudgery, hard task

le **costume** costume, dress; ___ **marin** sailor suit

la **côte** coast; ___ **à** ___ side by side

le **côté** side; **à** ___ next door; **de** ___ to the side; **à** ___ **de** next to; **d'à** ___ neighboring; **de son** ___ for his part; **du** ___ **de** in the direction of

le **cou** neck

le **couard** coward

le **couchant** setting sun

couché(e) lying; in bed

coucher to put to bed; to sleep; ___ **à la belle étoile** to sleep under the stars; **se** ___ to lie down, go to bed

le **coude** elbow

le **coudrier** hazel tree

couler to flow; **se** ___ to slip by

la **couleur** color

le **couloir** corridor, passage, hallway

la **coulpe : battre sa** ___ to beat one's breast

le **coup** blast, blow, stroke, deed; ___ **de foudre** thunderbolt, love at first sight; ___ **d'œil** glance; ___ **de fusil** gunshot; ___ **de téléphone** telephone call; ___ **de tête** impulse; **du** ___ all of a sudden; **du premier** ___ with the first attempt; **tout à** ___ all of a sudden; **tout d'un** ___ all at once

coupable guilty

la **coupe** cup

le **coupe-papier** paper cutter

couper to cut; ___ **court à** to put an end to

la **coupure** cutout

la **cour** court, playground, yard

courageux (courageuse) courageous

couramment fluently

courant(e) current; **le** ___ current; **mettre au** ___ to bring someone up to date

courbé(e) curved, bent

courir to run

la **couronne** crown

couronné(e) crowned

le **courrier** mail

la **courroie** strap

courroucé(e) wrathful, incensed

le **courroux** wrath, anger

le **cours** course; **au** ___ **de** in the course of

la **course** run, errand, race, walk, journey

court(e) short

le **courtisan** courtier

la **courtisane** courtesan; prostitute

courtois(e) courteous, polite; courtly

la **courtoisie** courtesy

le **coût** cost; ___ **de la vie** cost of living

le **couteau** knife

coûter to cost

la **coutume** custom; **avoir** ___ **de** to be in the habit of

la **couture** needlework; **haute** ___ high fashion

le **couvent** convent

le **couvercle** lid

le **couvert** place setting

couvert(e) covered

la **couverture** blanket

couvrir to cover

le **crabe** crab

le **crachat** spit

cracher to spit

la **craie** chalk

craindre to fear

la **crainte** fear

craintif (craintive) fearful, timid

le **crâne** skull

le **crapaud** toad

craquer to crack, snap; to strike (a match); **plein à** ___ completely full

crasse crass; **la** ___ squalor, filth

la **cravate**   tie
  crédibiliser   to make credible
le **crédit**   credit; ___ **foncier** real-estate
    bank
la **crédulité**   credulity
  créer   to create
  crépitant(e)   crackling
le **crépuscule**   dusk, twilight
le **cresson**   watercress
la **crête**   crest
  creusé(e)   hollowed
  creuser   to dig
  creux (creuse)   hollow, sunken; **le** ___
    hollow, hole
le **crève-cœur**   heartbreak
  crever   to burst, die, split, puncture,
    put out
le **cri**   cry, shout
  crier   to cry out, shout; ___ **à tue-tête**
    to shout one's head off
le **criminel (la criminelle)**   criminal
la **crise**   crisis, attack
la **critique**   criticism
le **critique**   critic
  critiquer   to criticize
le **croc-en-jambe**   trip; **passer un beau**
    ___ to trip someone up nicely
le **crochet**   hook, rack
  croire   to believe, think
la **croisade**   crusade
le **croisé**   crusader
le **croisement**   meshing; intersection
  croiser   to cross, to meet
la **croix**   cross
le, la **croquant(e)**   peasant
  le **croque-mort**   undertaker
  croquer   to crunch, devour; to sketch
  crotté(e)   dirty
la **croupe**   croup, hindquarters
la **croyance**   belief, faith
la **cruauté**   cruelty
  cruel (cruelle)   cruel
  cueillir   to pick
la **cuiller**   spoon
le **cuir**   leather
  cuire   to cook

la **cuisine**   kitchen; **faire la** ___ to cook
le **cuisinier (la cuisinière)**   cook
la **cuisse**   thigh
le **cuivre**   brass
le **cul de basse-fosse**   dungeon
la **culotte**   trousers, short pants
la **culpabilité**   guilt
le **cultivateur**   farmer, grower
  cultiver   to grow something, cultivate
  culturel (culturelle)   cultural
le **curé**   pastor
  curieusement   curiously, strangely
  curieux (curieuse)   curious, odd
la **curiosité**   curiosity; peculiarity

D

  daigner   to deign, to condescend
la **dame**   lady
  damner   to damn
  dangereux (dangereuse)   dangerous
  danser   to dance
le **datif**   dative
la **datte**   date (fruit)
  davantage   any further, more
  débarqué(e)   detrained
se **débarrasser de**   to get rid of
le **débat**   debate
  débattre   to debate, discuss; **se** ___ to
    struggle
  débiter   to tell, spout
  débonnaire   good-natured
le **débouché**   opening
  déboucher   to emerge, open onto; to
    uncork
  debout   standing; **tenir** ___ to hold up
le **déboutonnage**   unbuttoning
  déboutonner   to unbutton
se **débrouiller**   to get out of trouble; to
    manage
le **début**   beginning
le **débutant**   beginner
  décédé(e)   deceased
la **déception**   disappointment
le **décès**   demise, death

décevoir to disappoint
décharné(e) skinny
déchiffrer to decipher
déchirer to tear up; to rent (the air)
décidé(e) decided, resolute
décidément decidedly
décider to decide, determine; **se ___ à** to make up one's mind
la **décision** decision
déclamer to declaim
la **déclaration** declaration, statement
la **déclinaison** declension
se **décoiffer** to take off one's hat
se **décolleter** to wear a low-cut gown
se **décontracter** to relax
le **décor** scenery
découper to carve, cut out
la **découverte** discovery
découvrir to discover, find, uncover; **se ___** to clear up (weather)
décrire to describe
déçu(e) disappointed
dédaigner to disdain, scorn
dédaigneusement scornfully
le **dédain** disdain
le **dédale** maze
le **dédommagement** compensation
la **défaite** defeat
le **défaut** fault
défavorable unfavorable
le **défendeur (la défenderesse)** defendant
défendre to protect, defend; to prohibit
défendu(e) forbidden, not allowed
déférer to confer
défiguré(e) disfigured
le **défilé** parade
défiler to march past
définir to define
définitif (définitive) definitive, final, definite
définitivement for good, permanently
défoncé(e) ploughed up, ripped open

défoncer to burst, smash
défricher to clear the land
défunt(e) deceased
se **dégager** to break away
le **dégel** thaw
dégeler to thaw
dégoiser to blab, rattle on
le **dégoût** loathing
déguster to sample
le **dehors** exterior, outside; *adv* outside; **en ___** outward; **en ___ de** outside of
déjà already, before, as it is
le **déjeuner** breakfast, lunch; *verb* to breakfast, to lunch
delà: par-___ beyond
délaisser to forsake
délasser to refresh, relax
la **délation** informing
se **délecter** to take delight
délibéré(e) deliberate, purposeful
la **délicatesse** considerateness, delicacy
le **délice** delight
délicieux (délicieuse) delightful, delicious, sweet
le **délire** madness, delusion, delirium
délirer to rave, be delirious
délivrer to free, release
demain tomorrow
la **demande** request
demander to ask, require; **se ___** to wonder; **___ pardon** to beg pardon
le **demandeur (la demanderesse)** plaintiff
la **démarche** step, move, action, approach, walk, bearing
le **démêlé** quarrel
déménager to move
se **démener** to stir
démentir to contradict
démesuré(e) extraordinary, immoderate
demeurant: au ___ after all
la **demeure** dwelling
demeurer to stay, remain; to live
demi(e) half
la **demi-solde** half-pay

démissionner to resign

la **démocratie** democracy

démodé(e) outmoded

démolir to demolish

démontrer to demonstrate, prove

dénicher to unearth

dénigrer to denigrate, discredit

dénoncer to denounce

le **dénouement** ending, outcome

la **dent** tooth

le, la **dentiste** dentist

le **départ** departure, start

dépasser to go beyond, surpass, pass

dépayser to disconcert

se **dépêcher** to hurry

dépeindre to depict

dépendant(e) dependent

dépendre (de) to depend (on)

la **dépense** expense

dépenser to spend

dépersonnalisé(e) depersonalized

se **déplacer** to get around, travel

déplaire à to displease

déplaisant(e) unpleasant

déplier to unfold

déployer to unfold

déposer to put down

le **dépôt** depot

dépouiller to strip, plunder

dépourvu(e) devoid, bereft

déprimé(e) depressed

déprimer to depress

depuis since, from, for; ___ **que** since

le **député** deputy, delegate

déraisonnable unreasonable

déranger to disturb

déridé(e) smoothed over, cheered up

dernier (dernière) last, final

dérober to steal, rob; **se** ___ to escape, avoid

déroger to lose rank and title

dérouler to unroll

derrière behind

dès (immediately) upon, from; ___ **que** as soon as

le **désabusement** disillusion

le **désaccord** disagreement, variance

désagréable unpleasant

se **désaltérer** to quench one's thirst

désapprouver to disapprove of

le **désarmement** disarmament

désarmer to disarm

descendre to come down, go down, bring down, get off, descend

le **désert** desert; *adj* deserted

désespéré(e) desperate, hopeless

désespérément desperately

désespérer to despair

le **désespoir** despair

déshabiller to undress

déshérité(e) disinherited

désigner to designate, show

désintéressé(e) unselfish

le **désir** desire

désobéir à to disobey

le **désœuvrement** idleness; **par** ___ for want of something to do

désolant(e) distressing

la **désolation** grief

le **désordre** disorder

désormais henceforth

le **despote** despot

le **dessein** intention, purpose

desserrer to loosen

le **dessin** drawing, design; ___ **animé** cartoon

dessiner to draw

le **dessous** bottom; **au** ___ **de** below

le **dessus** top; *adv* on it; **au** ___ **de** above; **prendre le** ___ to gain the upper hand; **par-**___ over

le **destin** destiny, fate

destiné(e) destined

la **destinée** fate, destiny, fortune

se **destiner à** to be destined for

détaillé(e) detailed

se **détendre** to relax

détestable hateful, odious

détester to detest, hate

le **détonateur** detonator

le **détour** turning, bend

détourner   to divert, turn away; **se ___** to turn aside, detour

la **détresse**   distress

détromper   to put right; **détrompe-toi** get that out of your head

détruire   to destroy

la **dette**   debt

le **deuil**   mourning

deuxième   second

devant   in front of, before (in space)

dévasté(e)   devastated

développer   to develop

devenir   to become

déverser   to pour out

deviner   to guess, foresee, see into someone

le **devoir**   duty; **___s** homework; *verb* must, have to, should

dévorer   to devour

le, la **dévot(e)**   devout person

dévoué(e)   devoted

le **dévouement**   devotion

dévouer   to devote

le **diable**   devil; **tirer le ___ par la queue** to be hard up

la **diablerie**   mischievousness

le **diagnostic**   diagnosis

le **diamant**   diamond

le **dictateur**   dictator

la **dictature**   dictatorship

dicter   to dictate

le **dicton**   saying

le **dieu**   God; **mon ___!** good heavens!
  le bon Dieu God

la **différence**   difference; **à la ___ de** unlike

le **différend**   difference of opinion

différent(e)   different

la **difficulté**   difficulty

diffuser   to broadcast

digne   worthy

se **dilater**   to dilate, expand, rejoice

le **dimanche**   Sunday

diminuer   to diminish, lessen

la **diminution**   reduction, diminishing

dîner   to have dinner

dire   to say, tell; **___ vrai** to speak the truth; **vouloir ___** to mean; **pour tout ___** in short

le **directeur (la directrice)**   director, manager

diriger   to direct; **se ___** to make one's way, proceed; be directed

discordant(e)   harsh, grating

discourir   to discourse, hold forth

le **discours**   speech

discrètement   discreetly

discuter   to discuss

disparaître   to disappear

la **disponibilité**   availability, openness

disposer   to arrange, set; **___ de** to have at one's disposal

la **disposition**   arrangement

la **dispute**   argument, quarrel

se **disputer**   to argue, quarrel

le **disque**   phonograph record

dissimuler   to hide

dissipé(e)   dissipated

distingué(e)   distinguished

distinguer   to distinguish, discriminate

les **distractions** *f*   recreation, diversion, entertainment

se **distraire**   to amuse oneself

distrait(e)   absent-minded

distribuer   to distribute, arrange

divaguer   to ramble

le **divan**   divan, couch

diversement   diversely, differently

le **divertissement**   entertainment

divin(e)   divine

diviser   to divide

divorcer d'avec quelqu'un   to divorce someone

la **dizaine**   ten or so

docile   manageable

documenté(e)   informed

le **dodo**   sleep; **faire ___** to go to sleep

le **doigt**   finger

dolent(e)   doleful, mournful

le **domaine**   domain

le, la **domestique**   servant

dominer   to dominate

le **dommage**   harm, damage, pity; **c'est
___** it's too bad
  dompter   to tame
  donc   therefore, then
le **donjon**   tower
les **données** *f*   facts, particulars, data
  donner   to give; **___ sur** to open onto;
___ à entendre to intimate; **___ du
bout de la langue** to strike with the
tip of the tongue; **___ sa langue au
chat** to give up guessing; **étant
donné** given, in view of
  dont   of whom, of which, whose, in
which
  doré(e)   golden
  dorique   Doric
le **dormeur (la dormeuse)**   sleeper
  dormir   to sleep
le **dos**   back
le **dossier**   back
  doubler   to pass
  doucement   softly, gently
la **douceur**   sweetness, gentleness, calm
  doué(e)   endowed
  douer   to endow
la **douleur**   suffering, sorrow, pain; **dans
les ___s** in labor
  douloureusement   painfully,
sorrowfully
  douloureux (douloureuse)   painful,
sorrowful
le **doute**   doubt
  douter (de)   to doubt; **se ___ de** to
suspect
  doux (douce)   gentle, sweet, quiet,
soft, pleasant
  douze   twelve
le **dramaturge**   dramatist
la **dramaturgie**   dramaturgy
le **drame**   drama
le **drap**   cloth, sheet
  drapé(e)   draped
le **drapier**   cloth merchant
  dresser   to draw up, make out; to
raise; to train; **se ___** to rise
la **drogue**   drug

droit(e)   straight; right; **tout ___**
straight ahead; **le ___** right; law
la **droite**   right (opposite of left)
la **droiture**   integrity
  drôle   funny, odd; **un ___ de type** an
odd fellow
  drôlement   oddly, strangely
  dû (due)   due; **le ___** due
le **duc**   duke
la **duchesse**   duchess
  dur(e)   hard, harsh, **oeuf ___** hard-
boiled egg
se **durcir**   to harden
la **durée**   duration
  durement   harshly, severely
  durer   to last
la **dureté**   harshness
  dus, dut   *ps* of **devoir**
  duveteux (duveteuse)   downy, fluffy

E

l' **eau** *f*   water
l' **éblouissement** *m*   dizzy spell
l' **éboulement** *m*   landslide
  ébranler   to shake, rattle
  écailleur (écailleuse)   scaly
  écarlate   scarlet
  écarté(e)   remote
  écarter   to spread apart, to set aside;
s'___ to step away
  échancrer   to cut low
l' **échancrure** *f*   opening
l' **échange** *m*   exchange
  échanger   to exchange
  échapper à   to escape
  échauffé(e)   irritated
s' **échauffer**   to warm up
l' **échec** *m*   failure
  échouer   to fail
  éclaboussé(e)   spattered
l' **éclair** *m*   lightening, flash
  éclairé(e)   enlightened
  éclairer   to enlighten, shed light on,
light

l' **éclat** *m* gleam, brilliancy; burst; splinter; **voler en ___s** to smash into pieces

éclatant(e) resounding

éclater to burst, to split

s' **éclipser** to slip away

écœuré(e) disgusted

s' **écœurer** to be disgusted, nauseated

l' **école** *f* school

l' **économie** *f* saving

économiser to save (money)

écorcher to skin; **___ la langue** to murder the language

s' **écouler** to pass, go by

écouter to listen (to)

l' **écran** *m* (movie) screen

écrasé(e) crushed

l' **écrasement** *m* crushing defeat

écraser to crush

s' **écrier** to cry out

écrire to write; **par écrit** in writing

l' **écriture** *f* writing

l' **écrivain** *m* writer

s' **écrouler** to collapse

l' **écu** *m* crown (money)

éculé(e) worn out

l' **écume** *f* foam

édifier to erect

l' **éditeur** *m* publisher

l' **édredon** *m* quilt

l' **éducation** *f* education, upbringing, training

effacer to erase; **s'___** to fade

effaré(e) alarmed

l' **effarement** *m* alarm

effectivement as a matter of fact

l' **effet** *m* effect; **en ___** in fact, indeed

efficace efficacious, effective

efficacement effectively

l' **efficacité** *f* effectiveness

s' **efforcer de** to endeavor to

effrayant(e) frightening

effrayer to frighten

effronté(e) shameless, impudent

effrontément shamelessly

effroyable frightful

égal(e) equal, same, even; **c'est ___** it's all the same

également equally, as well

l' **égalité** *f* equality

l' **égard** *m* consideration; **à l'___ de** with regard to

égaré(e) wild

s' **égarer** to go astray, digress, get lost

l' **église** *f* church

l' **églogue** *f* eclogue

l' **égoïsme** *m* selfishness

égoïste selfish

égorger to cut the throat of

égrener to cast off one by one

eh bien! well!

l' **élan** *m* outburst, burst, impulse

s' **élancer** to spring forward, surge

élargir to widen; **___ ses perspectives** to broaden one's horizons

l' **élastique** *m* elastic

l' **électeur (l'électrice)** *m, f* voter

élémentaire elementary

l' **élève** *m, f* pupil, student

élevé(e) elevated; brought up; **bien, mal ___** well-, ill-mannered

élever to raise, elevate; **s'___** to rise, raise

élire to elect

éloigné(e) distant

éloigner to send away, put farther away; **s'___** to move away, withdraw

élu(e) elected; **l'___** *m, f* chosen one

s' **embarquer** to embark

l' **embarras** *m* obstruction

embarrassé(e) embarrassed; muddled

embarrasser to embarrass, obstruct

embêter to annoy

l' **embouteillage** *m* traffic jam

emboutir to stamp

embrasser to kiss, embrace, hug

embrouiller to embroil, confuse

embroussaillé(e) disheveled, bushy

embusqué(e) under cover

émerveillé(e) amazed

l' **émerveillement** *m* amazement, wonder

éminent(e) eminent, distinguished
emmailloter to swaddle
emmener to lead away
émotif (émotive) emotional
émouvant(e) moving
s' **émouvoir** to be moved, be agitated; to arise
s' **emparer de** to seize, get hold of
empêcher to prevent; **s'___** to refrain
empêtré(e) hampered
l' **emphase** *f* bombast, grandiloquence
emplir to fill
l' **emploi** *m* use, job; **___ subalterne** unimportant post
l' **employé(e)** *m, f* employee, white-collar worker
employer to employ, use
l' **emportement** *m* anger
emporter to take along, carry away; **l'___** to prevail
empressé(e) eager, attentive
l' **empressement** *m* eagerness
emprisonner to imprison, confine
emprunter to borrow; **___ la porte** to take the door
ému(e) moved, touched with emotion, excited
en in; of it, of them; some, any
enceinte pregnant
l' **enchaînement** *m* series
enchaîner to chain
enchanté(e) delighted
l' **enchantement** *m* delight
enchérir to go up in price
l' **encoignure** *f* corner
l' **encolure** *f* neck and shoulders
encore still, again; even; **___ que** although; **pas ___** not yet
l' **encre** *f* ink
s' **endetter** to go into debt
endormi(e) asleep
endormir to put to sleep; **s'___** to fall asleep
l' **endroit** *m* place, spot
énergiquement energetically
l' **énergumène** *m, f* fanatic, ranter

énervant(e) nerve-wracking
l' **enfance** *f* childhood
l' **enfant** *m, f* child
l' **enfer** *m* hell
enfermer to shut in; **___ à clef** to lock up
enfin finally, in short
enflammé(e) ablaze, burning
enfoncé(e) settled
enfoncer to drive in; **s'___** to plunge
enfourcher to straddle
s' **enfuir** to run away, escape, flee
engager to engage, enter into
l' **engeance** *f* breed
l' **engin** *m* device, machine
englouti(e) engulfed, swallowed up
l' **engouement** *m* infatuation
s' **engouffrer** to surge
engueuler to tell off
l' **énigme** *f* enigma
enjamber to step over
enjoué(e) lively, jovial
l' **enlacement** *m* embrace
enlever to take off, carry off, take away
l' **ennemi(e)** *m, f* enemy
l' **ennui** *m* worry, problem, trouble, boredom
ennuyer to bore; to bother; **s'___** to be bored
ennuyeux (ennuyeuse) dull, boring
l' **énoncé** *m* statement
énoncer to state
énorme enormous, huge
l' **énormité** *f* enormity
l' **enquête** *f* investigation
enragé(e) mad, rabid, enthusiastic
enrager to be enraged, fume
l' **enregistrement** *m* recording
enregistrer to record
enrichir to enrich
ensanglanté(e) covered with blood
ensanglanter to soak with blood
l' **enseigne** *f* shop sign, emblem
enseigner to teach
ensemble together

ensuite   then

s' **ensuivre**   to ensue, follow

entendre   to hear, understand, mean, intend; **donner à** ___ to intimate; **s'**___ **bien ou mal** to get along well or badly; **cela s'entend** that's understood

entendu(e)   overheard; capable, shrewd; knowing; ___! agreed!; **bien** ___ of course

l' **entente** *f*   understanding

l' **enterrement** *m*   burial

enterrer   to bury

entier (entière)   whole, entire

entièrement   entirely, completely

entourer   to surround

l' **entracte** *m*   intermission

s' **entraider**   to help one another

s' **entraimer**   to love one another

l' **entraînement** *m*   training

entraîner   to lead to; to lead away

entre   between, among

entréchanger   to exchange with one another

l' **entrée** *f*   entrance

entrelarder   to intersperse

entreprendre   to undertake

l' **entreprise** *f*   business, firm, concern

entrer   to enter

entretenir   to talk to, maintain, support, foster

l' **entrevue** *f*   interview

entrouvrir   to open a little; **s'**___ to open up, part

envahir   to spread over, invade

envelopper   to wrap, surround

envers   toward

envi: à l'___   vying with one another

l' **envie** *f*   urge, envy, desire; **avoir** ___ **de** to feel like, want to

envier   to envy

environ   approximately; *m pl* vicinity

environné(e)   surrounded

s' **envoler**   to take flight

envoyer   to send

épais (épaisse)   thick

épandu(e)   spread

s' **épanouir**   to bloom

épargner   to spare

l' **épaule** *f*   shoulder

l' **épave** *f*   jetsam, wreckage; waif, stray person

l' **épée** *f*   sword

éperdument   desperately, madly

éphémère   ephemeral

l' **épicentre** *m*   epicenter

épier une proie   to lie in wait for prey

l' **épine** *f*   thorn

l' **épiscopat** *m*   episcopate

l' **éponge** *f*   sponge

l' **époque** *f*   time, epoch

épouser   to marry

épouvantable   terrifying, dreadful

épouvanter   to terrify

l' **époux (l'épouse)** *m, f*   spouse

l' **épreuve** *f*   ordeal

éprouver   to experience, feel

épuisé(e)   exhausted, tired out

épuiser   to exhaust

l' **équipage** *m*   crew; equipment

l' **équipe** *f*   team

l' **équitation** *f*   horsemanship

l' **équité** *f*   equity, fairness

équivoque   equivocal, ambiguous

s' **éreinter**   to work oneself to death

errer   to roam

l' **erreur** *f*   mistake, error

l' **érudition** *f*   scholarship

l' **escalier** *m*   staircase, stairs

l' **escapade** *f*   adventure, prank

l' **escargot** *m*   snail

escarpé(e)   steep

l' **esclavage** *m*   slavery

l' **esclave** *m, f*   slave

l' **escompte** *m*   discount

l' **escouade** *f*   squad

l' **espace** *m*   space, interval

l' **Espagne** *f*   Spain

espagnol(e)   Spanish

l' **espèce** *f*   kind, species, type, sort; ___ **d'imbécile!** what an imbecile!

l' **espérance** *f*   hope

espérer   to hope
l' espoir *m*   hope
l' esprit *m*   mind, spirit, wit; ___ **de famille** family spirit; ___ **étroit** narrowmindedness
   esquisser   to sketch, outline
s' esquiver   to slip away
l' essai *m*   essay; try, attempt
   essayer   to try, try on
   essentiel (essentielle)   essential
l' essor *m*   flight
   essoufflé(e)   out of breath
l' essoufflement *m*   breathlessness
   essuyer   to wipe
l' estime *f*   esteem, regard
   estimer   to deem, consider, think, find, esteem
l' estomac *m*   stomach
l' étable *f*   stable
   établir   to draw up, make out
l' étage *m*   floor, story
s' étaler   to sprawl
l' été *m*   summer
   éteindre   to extinguish; **s'**___ to be extinguished, go out
   éternel (éternelle)   eternal
   éternellement   eternally
   étouffer   to smother, suffocate
l' étourdissement *m*   dizziness, vertigo
   étrange   strange
   étranger (étrangère)   foreign, unfamiliar; **l'**___ *m, f* stranger; **à l'**___ abroad
l' être *m*   being
   étreindre   to embrace
l' étreinte *f*   embrace
   étroit(e)   narrow
   étroitement   tightly, closely
l' étroitesse d'esprit *f*   narrowmindedness
l' étude *f*   study
l' étudiant(e) *m, f*   student
   étudier   to study
l' eunuque *m*   eunuch
   eus   *ps* of **avoir**
   évacuer   to evacuate

s' évader   to escape
l' évangile *m*   gospel
s' évanouir   to faint, disappear
l' évasion *f*   escape
   éveillé(e)   awake
   éveiller   to awaken, to arouse
l' événement *m*   event
l' éventaire *m*   flat wicker basket
   éventrer   to rip open
   éventuel (éventuelle)   possible
l' évêque *m*   bishop
   évidemment   obviously
l' évidence *f*   obviousness, evidence
   évident(e)   evident
   éviter   to avoid
   évoluer   to evolve
   évoquer   to evoke
   exactement   exactly
   exaspérer   to exasperate
   exceptionnel (exceptionnelle)   exceptional
l' excès *m*   excess
   exclure   to exclude
l' excuse *f*   apology
s' excuser   to apologize
   exécrer   to execrate, abhor
   exécutif (exécutive)   executive
l' exécution *f*   execution
l' exemplaire *m*   copy of a book
l' exemple *m*   example; **par** ___ for example
l' exempt *m*   police officer
   exercer   to exert, to exercise, to fulfill; ___ **une profession** to practice a profession
   exhorter   to exhort, urge
l' exigence *f*   demand
   exiger   to demand, insist, require
   exister   to exist
   expansif (expansive)   expansive
   expédier   to dispatch, send off
l' expérience *f*   experience, experiment
   expérimenté(e)   experienced
l' explication *f*   explanation; ___ **de texte** textual analysis
   expliquer   to explain

exploiter to develop, exploit

l' **exportateur** *m* exporter

exprès expressly, on purpose; **l'___** *m* express letter

exprimer to express

l' **extase** *f* ecstasy

extatique ecstatic

l' **extérieur** *m* exterior; **à l'___** outside

extérioriser to exteriorize

l' **externe** *m, f* day student

extorqué(e) extorted

extraire to extract

l' **extrait** *m* excerpt

extraordinaire extraordinary; **par ___** exceptionally

extraverti(e) extravert

extroverti(e) extrovert

F

fabriquer to fabricate

la **face** face; **en ___** opposite; **en ___ de** opposite; **faire ___ à** to face up to, confront

fâché(e) angry

se **fâcher** to get angry

facile easy

facilement easily

la **facilité** fluency

faciliter to facilitate

la **façon** manner, way; **de toute ___** in any case; **en aucune ___** in no way; **sans ___** simply, without ceremony

le **facteur** factor; mail carrier

la **faculté** faculty

fade insipid, stale

faible weak; **le ___** weakness

la **faiblesse** weakness

faillir to fail; **j'ai failli te perdre** I almost lost you

la **faim** hunger; **avoir ___** to be hungry; **avoir une ___ de loup** to be ravenously hungry

le, la **fainéant(e)** idler, loafer

faire to make, do; **___ attention** to pay attention; **___ mal** to hurt; **___ confiance à** to trust; **___ un enfant** to beget a child; **___ partie de** to belong to, be part of; **___ venir** to send for, bring about; **___ voir** to show; **___ de la peine** to cause sorrow; **___ sauter** to blow up; **se ___** to become; **se ___ une idée** to form an idea; **pourquoi ___?** what for? **fis-je** said I; **comment se fait-il?** how is it?

faisable doable

le **fait** fact, deed; **en ___** in fact; **___ divers** news item

la **falaise** cliff

falloir to be necessary; to have to; **comme il faut** suitably, properly; suitable, proper; **il ne faut pas** one must not; **il me faut** I need

fameux (fameuse) famous

familial(e) *adj* family; **allocation ___e** family allowance

familier (familière) familiar

la **famille** family

la **fanfare** band

la **fantaisie** fancy, imagination, fantasy

fantastique fanciful, fantastic, eerie

le **farceur** practical joker

le **fardeau** burden

farder to put on makeup

farouche wild, fierce

farouchement fiercely

le **fascicule** fascicle, installment

fasciné(e) fascinated

la **fatigue** fatigue, tiredness

fatigué(e) tired

le **faubourg** outskirts, suburb

faussé(e) falsified

la **faute** fault; lack; mistake; **___ de** for lack of

le **fauteuil** armchair

fauve fawn(-colored)

faux (fausse) false; **___ air** resemblance

le **faux-bourdon** drone

la **faveur** favor

favori (favorite) favorite

favoriser   to favor
le, la **féal(e)**   loyal servant
fécond(e)   fertile
la **fée**   fairy
feindre   to feign, pretend
féliciter   to congratulate
féministe   feminist
la **féminité**   femininity
la **femme**   woman, wife; ___ **de chambre**
maid; ___ **de ménage** housekeeper
fendre   to split, break into pieces
la **fenêtre**   window
le **fer**   iron
ferme   firm; **la ___** farm
fermement   firmly
fermer   to close
le **fermier (la fermière)**   farmer
féroce   ferocious
la **ferveur**   fervor
fesser   to whip, to spank
le **festin**   banquet, feast
la **fête**   feast, holiday
fêter   to celebrate
le **fétiche**   fetish
feu(e)   late, deceased
le **feu**   fire; **à petit ___** slowly, cruelly
le **feuillage**   foliage
la **feuille**   leaf, sheet
le **feuillet**   sheet
feuilleter   to leaf through
le **feutre**   felt hat
février *m*   February
les **fiançailles** *f*   engagement
fiancé(e)   engaged
se **fiancer**   to become engaged
ficeler   to tie up
la **fiche**   index card
ficher: ___ le camp   to clear out; **s'en
___** not to give a damn
le **fichu**   small shawl
le **ficus**   fig tree
fidèle   faithful
fidèlement   faithfully
la **fidélité**   loyalty, faithfulness
fier (fière)   proud

se **fier à**   to trust
fièrement   proudly
la **fierté**   pride
la **fièvre**   fever
fiévreux (fiévreuse)   feverish
la **figure**   face
figurer   to represent; **figurez-vous
que** would you believe that
le **fil**   wire, thread; **coup de ___** buzz
(telephone call)
la **file**   file; **à la ___** one after another
filer   to buzz off, spin, go, slip away
le **filet**   luggage net; trace, drop
la **fille**   girl; daughter; streetwalker;
vieille ___ old maid
la **fillette**   little girl
le **filou**   crook, swindler
le **fils**   son
fin(e)   fine, delicate; **la ___** end; **à la
___** finally
finalement   finally
financier (financière)   financial
finir   to finish; **___ par** to end up; **en
___ avec** to have done with
fis   *ps* of **faire**
fixe   fixed
fixement   fixedly, steadily
fixer   to fix, establish
la **flamme**   flame
le **flanc**   side
flâner   to dawdle, stroll
la **flânerie**   idling
flanquer   to flank; to deal (a blow)
flasque   flabby
flatter   to flatter, please
flatteur (flatteuse)   flattering; **le, la
___** flatterer
la **flèche**   arrow
la **fleur**   flower, blossom, bloom
fleuri(e)   in bloom, flourishing
fleurir   to flower, blossom, bloom
le, la **fleuriste**   florist
le **fleuve**   river that empties into the
ocean
le **flic**   cop

le **flot**   surge, flood, wave, stream
  flotter   to float
  flou(e)   hazy
le **fluide**   fluid
la **foi**   faith; **ma ___!** my goodness! **ma ___ oui!** yes indeed! **___ de diable!** by the devil!
la **foire**   fair
la **fois**   time; **des ___** sometimes; **une ___** once; **à la ___** at one and the same time; **une ___ de plus** once again; **une ___ pour toutes** once and for all
la **folie**   folly
  folklorique   folk
  follement   crazily
  foncé(e)   dark, deep
  foncier (foncière)   land
la **fonction**   function
le, la **fonctionnaire**   civil servant
le **fond**   bottom, depth, far end, back; **à ___** thoroughly; **au ___ de** at the bottom of, at the end of, deep in
  fondamental(e)   fundamental
  fonder   to base, to found
  fondre   to melt, dissolve; **se ___** to melt away
les **fonds** *m*   funds, money
la **fontaine**   fountain
le **for: dans mon ___ intérieur**   in my heart of hearts
le **forçat**   convict
la **force**   strength; **de toutes ses ___** with all his (her) might; **de ___** by force; **à ___ de** by virtue of, thanks to
  forcer   to force, compel
la **forêt**   forest
le **forfait**   crime
  forger   to forge
le **formalisme**   formalism
la **formation**   training, education
la **forme**   form
  former   to form
  formidable   tremendous, fantastic
la **formule**   formula

fors   except; **___ que** except that
fort(e)   strong, shocking, large; fortified; *adv* very, hard, loud
  fortifier   to fortify
  fortuit(e)   fortuitous
le **fossé**   ditch, moat, gap
la **fossette**   dimple
  fou (folle)   foolish, crazy; **le ___** madman
la **foudre**   lightning, thunderbolt; **coup de ___** love at first sight
  foudroyant(e)   overwhelming
  foudroyer   to strike down (as by lightning)
  fouetter   to whip
  fouiller   to search
le **foulard**   scarf
la **foule**   crowd
  fouler   to tread on
le **four**   (theater) flop
la **fourberie**   deceit
  fourchu(e)   cleft
la **fourmi**   ant
le **fourneau**   stove
  fournir   to furnish, provide
  fourrer   to shove, stuff
le **fourreur**   furrier
la **fourrure**   fur
se **foutre de** *(vulg)*   not to give a damn about
le **foyer**   hearth, home
le **fracas**   crash
  fracasser   to smash
la **fraîcheur**   coolness
  fraîchir   to cool
  frais (fraîche)   fresh, cool
  franc (franche)   honest, open
  français(e)   French
  franchement   openly, honestly
  franciser   to Frenchify
  franco-américain(e)   Franco-American
  francophone   French-speaking
le **franglais**   highly Anglicized French
  frappant(e)   striking

frapper   to strike, knock
fredonner   to hum
freiner   to put on the brakes
frelaté(e)   adulterated
frêle   frail
frémir   to quiver
frénétique   frantic
la **fréquentation**   frequenting
fréquenter   to frequent
le **frère**   brother
le **fripon (la friponne)**   swindler
frissonner   to shiver, quiver
frivole   frivolous
froid(e)   cold; **avoir ___** to be cold; **il fait ___** it is cold (weather)
froidement   coldly
le **froissement**   rumpling
froisser   to rumple
frôler   to graze, brush up against
le **fromage**   cheese
froncer les sourcils   to frown, scowl
le **front**   forehead, brow
la **frontière**   border
frotter   to rub
le **frou-frou**   rustling
la **fruiterie**   fruit store
frustré(e)   frustrated
fuir   to flee
la **fuite**   flight, escape
la **fumée**   smoke
fumer   to smoke
funèbre   dismal, sad; **pompes ___s** funeral ceremony
funeste   disastrous, deadly
fur: au ___ et à mesure   gradually, as the work proceeds
la **fureur**   furor, anger, fury
la **furie**   fury, rage
le **fusil**   gun, rifle
fut   *ps* of **être**

G

la **gaffe**   blunder, faux pas
le **gage**   token

gager   to wager
le, la **gagnant(e)**   winner
gagner   to win, earn, gain; **___ sa vie** to earn one's living
gai(e)   gay, happy
gaiement   gaily
gaillard(e)   spicy, strong, vigorous
le **gain**   earnings, material gain
la **gaine**   holster
galant(e)   gallant, amatory, attentive to ladies
la **galerie**   gallery, arcade, tunnel
galeux (galeuse)   mangy
Galles: le pays de Galles   Wales
le **gallicisme**   gallicism
le **galon**   band, braid
le **galop**   gallop; **partir au ___** to gallop off
le **gant**   glove
la **garantie**   guarantee
garantir   to guarantee
le **garçon**   boy; waiter; **vieux ___** bachelor
la **garde**   guard; hilt; **prendre ___** to watch out, be careful
garder   to keep; to guard; **___ son sang-froid** to keep one's cool; **se ___ de** to be careful not to, to refrain from
le **gardien (la gardienne)**   guardian, keeper
la **gare**   railroad station
garer   to park
garni(e)   garnished, trimmed
gâter   to spoil
gauche   awkward; left; **la ___** left
gaulois(e)   Gallic
se **gaver**   to gorge
le **gaz**   gas
le **gazon**   grass
le **géant**   giant
geindre   to whimper
geler   to freeze
gémir   to moan, wail
le **gendarme**   policeman
le **gendre**   son-in-law

la **gêne**   embarrassment
gêner   to bother, inconvenience, disturb
la **génération**   generation
généreux (généreuse)   generous, unselfish
la **générosité**   generosity
le **génie**   genius
le **genou**   knee; **sur ses ___x**   on his (her) lap
le **genre humain**   humankind
les **gens** *m, f*   people; **les jeunes ___**   young men, young people
la **gent**   people, nation
gentil (gentille)   nice, kind
le **gentilhomme**   nobleman
la **gentillesse**   graciousness, kindness
gentiment   nicely, like a good boy or girl
le **géranium**   geranium
la **gerbe**   spray, shower
gérer   to manage
gésir   to lie
le **geste**   gesture, act, deed
la **gifle**   slap in the face, box on the ear
gifler   to slap in the face
la **glace**   mirror; ice
glacé(e)   freezing, chilling, frozen
le **glaïeul**   gladiolus
la **glaise**   clay
le **gland**   acorn; tassel
la **glèbe**   land, soil
la **glissade**   slide
glisser   to slide, glide
la **glu**   birdlime
le **godillot**   boot
goguenard(e)   mocking, joking
gonfler   to swell
la **gorge**   throat, breast
gorge-de-pigeon   variegated
la **gorgée**   sip
le, la gosse   kid
le **gourdin**   club
le **gourmet**   epicure
le **goût**   taste, liking; **prendre ___**   to get to like

goûter   to taste, enjoy
la **goutte**   drop; **je n'y vois ___**   I don't understand in the least
le **gouvernement**   government
gouverner   to govern, control
la **grâce**   grace, mercy; **___ à** thanks to; **de ___** for mercy's sake
gracieux (gracieuse)   graceful
la **grammaire**   grammar
grand(e)   great, big, tall, large, wide; **une ___e heure** a good hour; **___ magasin** department store; **___e personne** grown-up; **___e sœur** big sister
grand-chose   much; **pas ___** not much
grandement   greatly
la **Grande-Ourse**   Great Bear, Ursa Major
grandir   to grow up
la **grand-mère**   grandmother
grand-peine: à ___   with great difficulty
le **grand-père**   grandfather
la **grange**   barn
la **grappe**   bunch
gras (grasse)   fat, heavy, slippery; **faire la grasse matinée** to lie in bed late in the morning
le **gratte-ciel**   skyscraper
gratter   to scratch; **se ___ la gorge** to clear one's throat
grave   grave, serious, solemn
les **gravois** *m*   plaster
le **gré**   liking, taste, will; **bon ___ mal ___** willy-nilly; **je ne lui sais aucun ___** I don't recognize
grec (grecque)   Greek
greffer   to graft
le **grelot**   bell
grelotter   to shiver
le **grenier**   attic
la **grève**   strike; **faire la ___** to be on strike
le, la gréviste   striker
la **griffe**   claw

le **gril**   rack
  grimacer   to make faces
  grimper   to climb
  grincer   to gnash, grate
  grincheux (grincheuse)   ill-tempered, surly
la **grippe**   flu
  gris(e)   gray; intoxicated
  grisonnant(e)   graying
  grogner   to grumble
  gronder   to scold
  gros (grosse)   big; **avoir le cœur ___** to have a heavy heart; **jouer ___ jeu** to play for high stakes
la **grossièreté**   coarseness
  grossir   to grow bigger, swell
le **groupe**   group
les **guenilles** *f*   rags
  guère: ne... ___   hardly
le **guéridon**   pedestal table
  guérir   to cure, heal, get better
la **guérison**   healing
la **guerre**   war; **faire la ___** to wage war; **première, deuxième ___ mondiale** First, Second World War
le **guet**   watch; **faire le ___** to stand watch
  guetter   to be on the lookout (for)
le **gueux (la gueuse)**   beggar, wretch
le **guichet**   ticket window
la **guipure**   lace
la **guirlande**   garland
la **guise**   way, manner; **en ___ de** as; **à leur ___** as they wish
la **Guyane Française**   French Guiana

H

  habile   skillful, clever, able
  habilement   ably, skillfully
l' **habillement** *m*   dress, wearing apparel
  habiller   to dress; **s'___** to dress up
l' **habit** *m*   clothes, dress, suit; **les ___s** clothes

l' **habitant(e)** *m, f*   inhabitant, resident
  habiter   to dwell (in), live (in); **___ la campagne** to live in the country
l' **habitude** *f*   habit; **comme d'___** as usual; **d'___** usually
  habitué(e)   accustomed; **l'___** *m, f* frequenter
  habituer   to accustom
la **haie**   hedge
le **haillon**   rag
la **haine**   hatred, hate
  haineux (haineuse)   hateful
  haïr   to hate
l' **haleine** *f*   breath; **reprendre ___** to catch one's breath
la **halle**   marketplace
la **halte**   stop
le **hamac**   hammock
le **hameau**   hamlet
le **hanneton**   May bug
  harcelé(e)   harassed
les **hardes** *f*   old clothes
  hardi(e)   bold
  hardiment   boldly, brazenly
  harnaché(e)   harnessed
le **hasard**   chance, luck, accident; **au ___ de** according to
se **hâter**   to hurry
  hausser   to raise; **___ les épaules** to shrug one's shoulders
  haut(e)   high, lofty, loud; **à ___e voix** out loud; **le ___** top; **en ___** above, upstairs; **en ___ de** at the top of; *adv* aloud
  hautain(e)   haughty
la **hauteur**   height
le **haut-parleur**   loudspeaker
  héberger   to lodge
  hébété(e)   dazed
  hein!   eh!; **___?** what?
  hélas!   alas!
  héler   to hail (a taxi)
l' **herbe** *f*   grass
  hériter (de)   to inherit
la **hernie**   rupture

l' **héroïne** *f*   heroine

l' **héroïsme** *m*   heroism

le **héros**   hero

hésiter   to hesitate

l' **heure** *f*   hour, o'clock; **de bonne** ___ early; **tout à l'**___ a while ago; **une grande** ___ a good hour

heureusement   fortunately

heureux (heureuse)   happy, fortunate

heurter   to knock against; **se** ___ **à** to run into

le **hibou**   owl

hideux (hideuse)   hideous

hier   yesterday

l' **hirondelle** *f*   swallow

l' **histoire** *f*   history, story

l' **hiver** *m*   winter

le **hochement de tête**   nod

hocher   to nod

hollandais(e)   Dutch

l' **homme** *m*   man; ___ **politique** politician

homogène   homogeneous

honnête   honest, decent, cultivated

l' **honneur** *m*   honor

la **honte**   shame; **faire** ___ **à** to shame; **avoir** ___ **de** to be ashamed of

honteux (honteuse)   ashamed; shameful

l' **hôpital** *m*   hospital

l' **horaire** *m*   schedule

l' **horloge** *f*   clock

l' **horreur** *f*   horror, abhorrence; **avoir** ___ **de** to detest

hors de   outside of; ___ **soi** beside oneself

l' **hôte** *m*   host; guest

l' **hôtel** *m*   hotel, townhouse

l' **hôtesse** *f*   hostess

la **housse**   horse blanket

le **houx**   holly

la **huche**   bin

hue!   giddap!

l' **huissier** *m*   usher, bailiff

l' **huître** *f*   oyster

humain(e)   human

l' **humeur** *f*   humor, mood; **d'**___ **changeante** moody; **d'**___ **égale** even-tempered; **avec** ___ testily, crossly

l' **humour** *m*   humor

hurlant(e)   howling, screaming

le **hurlement**   howling, shriek

hurler   to howl

l' **hyène** *f*   hyena

l' **hypothèse** *f*   hypothesis

I

ici   here, now; **d'**___ **là** between now and then; ___**-bas** here below; ___ **même** in this very place

l' **idéalisme** *m*   idealism

l' **idée** *f*   idea; **aux** ___**s larges** broad-minded; **se faire une** ___ to form an idea

l' **identité** *f*   identity

l' **idiotisme** *m*   idiom

ignoblement   ignobly, vilely

ignorer   to be ignorant of

l' **île** *f*   isle

illustre   illustrious, famous

illustrer   to illustrate

l' **image** *f*   picture, image

imaginer   to imagine, fancy; **s'**___ to imagine

imbiber   to imbue, saturate

immédiat(e)   immediate

l' **immensité** *f*   immensity

l' **immeuble** *m*   tenement, apartment building

impatienté(e)   at the end of one's patience, made impatient

l' **imperméabilité** *f*   impermeability, insensitivity

impersonnel (impersonnelle)   impersonal

impitoyable   pitiless, ruthless

impliquer   to involve, to imply

implorer to implore, entreat
impoli(e) impolite
importer to matter; **n'importe** it doesn't matter; **n'importe quel** any; **n'importe qui** anyone; **n'importe quoi** anything; **qu'importe?** what does it matter? **peu m'importe** I couldn't care less
l' **importun(e)** *m, f* intruder
importuner to importune, to pester
s' **imposer** to force oneself upon
les **impôts** *m* taxes
impressionné(e) impressed
imprimé(e) printed; **l'___** *m* printed matter
imprimer to imprint
l' **impuissance** *f* impotence, powerlessness
impuissant(e) powerless
inachevé(e) unfinished
inactif (inactive) inactive
inattendu(e) unexpected
incendier to burn
incertain(e) uncertain
l' **incertitude** *f* uncertainty
incolore colorless
incommoder to inconvenience
incompréhensif (incompréhensive) unsympathetic
incompris(e) misunderstood, not appreciated
l' **inconfort** *m* discomfort
inconfortable uncomfortable
inconnu(e) unknown; **l'___** *m, f* stranger
inconstant(e) fickle
incontinent immediately
l' **inconvénient** *m* disadvantage
incrusté(e) encrusted
inculpé(e) accused, indicted
indéfini(e) indefinite; **le passé ___** compound past
indépendant(e) independent
les **indications** *f* directions
indicible inexpressible

indigène native
indigne unworthy
s' **indigner** to become indignant
indiquer to indicate
indiscutablement indisputably
l' **individu** *m* individual
indulgent(e) lenient
l' **industrie** *f* industry
l' **industriel (l'industrielle)** *m, f* industrialist, manufacturer
inébranlable immovable
l' **inégalité** *f* inequality
inépuisable inexhaustible
inerte lifeless
inespéré(e) unexpected
inexprimable inexpressible, unspeakable
infaillible infallible
l' **infanterie** *f* infantry
l' **infanticide** *m, f* child-murderer
inférieur(e) lower, inferior
infidèle unfaithful
infiniment infinitely
infirme crippled
l' **infirmier (l'infirmière** *m, f***)** nurse
infliger to inflict
l' **infortune** *f* misfortune
infortuné(e) unfortunate
l' **ingénieur** *m* engineer
l' **ingéniosité** *f* ingenuity, cleverness
ingénu(e) ingenuous, innocent, simple
l' **ingénuité** *f* ingenuousness, naiveté
ingrat(e) ungrateful
initier to initiate
l' **injure** *f* abuse, insult
injuste unjust
inné(e) innate
innombrable innumerable
l' **inoccupation** *f* idleness
inoccupé(e) idle
inoffensif (inoffensive) harmless
inquiet (inquiète) worried
inquiéter to worry (someone); **s'___ (de)** to worry (about)

l' **inquiétude** *f* anxiety, worry
s' **inscrire** to register
insensé(e) insane
l' **insensibilité** *f* insensitivity
insensible insensitive
insensiblement imperceptibly
l' **insignifiance** *f* insignificance
insister to insist
insolite unusual
insouciant(e) carefree, heedless
inspirer to inspire
s' **installer** to settle down, to set up
l' **instant** *m:* **sur, à** ___ immediately, just now
instantanément instantaneously
l' **instar** *m:* **à** ___ **de** like
instinctif (instinctive) instinctive
instituer to institute
l' **instruction** *f* education; pretrial inquiry
instruit(e) educated
l' **insu** *m:* **à l'** ___ **de** without someone's knowing
insuffisamment insufficiently
insupportable intolerable, unbearable
intarissable unceasing
intenter un procès to bring legal action
l' **intention** *f* intention; **avoir l'** ___ **de** to intend to
intentionné(e) intentioned
interdire to prohibit, forbid
interdit(e) dumbfounded, taken aback
intéressant(e) interesting
intéressé(e) selfish, interested
intéresser to interest; **s'** ___ **à** to be interested in
l' **intérêt** *m* interest, self-interest; **avoir** ___ **à** to be in one's interest to
l' **intérieur** *m* interior; **à l'** ___ inside
l' **intermédiaire** *m* intermediary; **sans** ___ directly
l' **internat** *m* boarding school

l' **interne** *m, f* boarding student
interpeller to summon, challenge, ask for an explanation
l' **interprète** *m, f* player, actor, interpreter (of song or role)
interrogateur (interrogatrice) interrogative, questioning
l' **interrogatoire** *m* interrogation
interroger to interrogate
interrompre to interrupt
l' **intervalle** *m* interval
intervenir to intervene; **faire** ___ to bring in, call in
intime close, intimate
intimer to notify, announce
l' **intimité** *f* intimacy
intitulé(e) entitled
intrigant(e) scheming
l' **intrigue** *f* plot
introduire to introduce
introverti(e) introvert
inutile useless
l' **inutilité** *f* uselessness
inventer to invent
inverse opposite
l' **invité(e)** *m, f* guest
irrité(e) irritated
l' **isolement** *m* isolation
isoler to isolate
italien (italienne) Italian
ivre drunk
l' **ivrogne** *m, f* drunkard

J

jadis formerly
jaillir to shoot up, spurt, leap
la **jalousie** jealousy
jaloux (jalouse) jealous
jamais ever; **ne...** ___ never; ___ **plus** never again; **à** ___ forever
la **jambe** leg
janvier *m* January
le **jardin** garden

le **jardinier (la jardinière)**   gardener
la **jarretière**   garter
jaune   yellow
jauni(e)   yellowed
jeter   to throw, throw away, fling, cast
le **jeu**   game, gambling, working; ___ **de
mots** play on words; **jouer gros** ___
to play for high stakes
le **jeudi**   Thursday
jeun: à ___   on an empty stomach
jeune   young; ___**s gens** *m* young
men, young people; ___**s filles** *f*
girls
jeûner   to fast
la **jeunesse**   youth
la **joie**   joy
joindre   to join, unite; ___ **les deux
bouts** to make ends meet; **se** ___ **à**
to join (an organization)
joli(e)   pretty
le **jonc**   reed
le **jongleur**   minstrel
la **joue**   cheek
jouer   to play, act out, gamble; ___
gros jeu to play for high stakes;
faire ___ to activate; **se** ___ **de
quelqu'un** to make a fool of
someone
le **joueur (la joueuse)**   gambler, player
joufflu(e)   chubby
le **joug**   yoke, bondage
jouir de   to enjoy
la **jouissance**   pleasure, enjoyment
le **jour**   day; **en plein** ___ in broad daylight; **de nos** ___**s** these days, nowa-
days
le **journal**   newspaper
la **journée**   day
jovialement   jovially
joyeux (joyeuse)   joyful
judiciaire   judicial
le **juge**   judge
le **jugement**   judgment
juger   to judge; ___ **de** to form an
opinion of
juif (juive)   Jewish

juin *m*   June
le **jumeau (la jumelle)**   twin
la **jupe**   skirt
le, la **juré(e)**   juror
jurer   to swear
la **juridiction**   jurisdiction
jusque   until, up to, as far as; **jusqu'à
ce que** until; **jusqu'ici** up to now
juste   just, accurate, fitting; **le** ___ **milieu** happy medium; **au** ___ exactly;
tout ___ barely
justement   precisely
la **justesse**   accuracy, exactness
justiciable   under the jurisdiction of
justifier   to justify

K

le **kilogramme**   kilogram
le **kilomètre**   kilometer

L

là   there; ___**-dessus** on that point;
___**-bas** over there
le **labeur**   labor, toil
le **labour**   tilling
labourer   to till, plow
le **lac**   lake
le **lacet**   (shoe) lace; snare
lâche   cowardly; **le, la** ___ coward
lâcher   to let go, release
les **lacs** *m*   snare
là-dessus   on that subject, thereupon
là-haut   up there
laid(e)   ugly
la **laideur**   ugliness
la **laine**   wool
laisser   to let, leave, quit; ___ **tomber**
to drop
le **lait**   milk
la **lame**   blade
lancer   to throw, hurl, launch
la **lande**   moor, wasteland

le **langage** language

les **langes** *m* swaddling clothes

la **langue** language, tongue; ___
courante everyday speech; ___
étrangère foreign language; ___
vivante modern language; **donner
sa ___ au chat** to give up guessing

la **langueur** languidness, listlessness

languir to languish

le **lapin** rabbit

le **lapis-lazuli** lapis lazuli (a deep-blue
stone)

la **laque** lacquer

laqué(e) greased

le **lard** fat

large wide, big, large; **de long en ___**
up and down

largement broadly, widely

la **largeur** width

la **larme** tear

las (lasse) weary

se **lasser** to grow weary

le **lavage** washing

la **lavandière** washerwoman

laver to wash

le **lecteur (la lectrice)** reader

la **lecture** reading

léger (légère) light, slight

légèrement slightly, lightly

législatif (législative) legislative

légitimer to legitimize

léguer to bequeath, pass on, leave

le **légume** vegetable

le **lendemain** day after, next day

lent(e) hesitant, slow

lentement slowly

lequel (laquelle) which

léser to injure, wrong

la **lessive** wash, laundry

la **lettre** letter; *pl* literature

lever to lift, raise; ___ **l'audience** to
adjourn the session; **se ___** to get
up; **le ___** rising

la **lèvre** lip

le **lézard** lizard

la **liaison** relationship, union

la **liasse** bundle

la **libération** liberation

libéré(e) liberated

libérer to liberate

la **liberté** liberty, freedom

libertin(e) freethinking

la **librairie** bookstore

libre free

le **libre-service** self-service restaurant

licite licit, lawful

lier to link, to tie up

le **lieu** place; **au ___ de** instead of; **avoir
___** to take place; **avoir ___ de** to
have reason to; **donner ___ à** to give
rise to; ___ **commun** commonplace

la **lieue** league (distance)

le **lignage** lineage

la **ligne** line

le **lilas** lilac

limpide limpid, transparent

le **linceul** shroud

le **linge** linen, laundry

la **linguistique** linguistics

la **lippe** pout

lire to read

le **lis** lily

lisse smooth

la **liste** list

le **lit** bed

la **livre** pound

le **livre** book; ___ **de chevet** favorite
book; ___ **de poche** pocketbook;
___ **d'heures** prayer book

livrer to deliver, surrender; ___
bataille to give battle; **se ___** to be
waged

le, la **locataire** tenant

la **location** sale of tickets

la **loge** lodging

logé(e) housed

le **logement** housing

loger to live; to lodge, house

la **logeuse** landlady

la **loi** law

loin far; **de ___** by far, from afar; **au
___** in the distance

lointain(e)   distant
le **loisir**   leisure
Londres   London
le **long**   length; **au ___ de** along; **le ___ de** along; **de ___ en large** up and down, to and fro; *adj* long, lengthy, slow
longer   to run alongside
longtemps   for a long time
longuement   at length, for a long time
la **longueur**   length
la **loque**   rag
lors: pour ___   thence, thenceforth
lors de   at the time of
lorsque   when
louer   to rent; to praise; **se ___ de** to be pleased with
le **louis**   a gold coin
le **loup**   wolf; **un froid de ___** bitter cold; **avoir une faim de ___** to be ravenously hungry
lourd(e)   heavy
le **loyer**   rent
la **lucarne**   (attic) window
la **lueur**   glow, gleam
luire   to shine, gleam
la **lumière**   light
lumineux (lumineuse)   luminous, bright
la **lune**   moon; **___ de miel** honeymoon; **être dans la ___** to daydream
la **lutte**   struggle, contest
lutter   to struggle
le **lutteur**   wrestler
le **luxe**   luxury
le **lycée**   secondary school
lyrique   lyric

M

mâcher   to chew
la **mâchoire**   jaw
le **maçon**   mason

la **madame**   madam, Mrs.
la **mademoiselle**   miss, young lady
le **magasin**   store; **grand ___** department store
magique   magic
le **magnétophone**   tape recorder
magnifique   magnificent
mai *m*   May
maigre   thin, skinny
la **main**   hand; **sous la ___** at hand; **à deux ___s** with both hands
maint(e)   many a
maintenant   now
maintenir   to maintain
le **maintien**   bearing, deportment
mais   but
la **maison**   house, (business) firm; **à la ___** at home; **___ d'édition** publishing house; **___ de repos** rest home
le **maître**   master; schoolmaster, schoolteacher; term of address given to lawyers; **___ d'hôtel** headwaiter
la **maîtresse**   mistress; schoolmistress; **___ femme** super-woman
maîtriser   to master, overcome
majeur(e)   of full legal age, adult
le **mal**   evil, ill, harm; **avoir ___** to hurt; **être au plus ___** to be past recovery; *adv* badly
malade   ill; **le, la ___** patient
la **maladie**   illness
maladif (maladive)   unhealthy
le **malaise**   uneasiness
la **malchance**   bad luck
mâle   male, virile
maléfique   maleficent, harmful
malencontreux (malencontreuse)   unfortunate, untimely
le **malfaiteur**   evildoer, criminal
malgré   in spite of, despite
le **malheur**   misfortune, unhappiness; **___ à vous!** woe to you!
malheureusement   unfortunately
malheureux (malheureuse)   unhappy, unfortunate

malhonnête dishonest

malicieux (malicieuse) malicious

malin (maligne) cunning, sly; **le, la** ___ sly, shrewd person

malsain(e) unwholesome, corrupting

maltraiter to mistreat

malvenu(e) malformed

la **maman** mother, mom

la **manche** sleeve

le **mandat** mandate, term of office

mander to send for; to inform somebody of

le **manège** trick

manger to eat; **se** ___ to be edible

le **manguier** mango tree

manichéen (manichéenne) Manichaean

la **manie** mania, idiosyncrasy

manier to handle, manipulate

la **manière** manner, way, sort

le, la **manifestant(e)** demonstrator

la **manifestation** demonstration

manifeste manifest, obvious

manifestement obviously

la **manne** manna

le **manque** lack

manqué(e) unsuccessful, missed

manquer to be lacking, be missing, fail; **elle me manque** I miss her; ___ **de** to lack

la **mante** mantle

le **manteau** cloak, coat; ___ **le pluie** raincoat

manuel (manuelle) manual; **le** ___ handbook

le **maquillage** makeup

le **marabout** marabout (Moslem holy man)

la **marâtre** stepmother

le **marc** mark

le, la **marchand(e)** shopkeeper, dealer

le **marchandage** dickering, bargaining

marchander to dicker, haggle over

la **marchandise** merchandise

la **marche** step, march, walking; **en** ___ moving, in motion; **se mettre en** ___ to get going

le **marché** market; **le Marché Commun** Common Market; **à bon** ___ cheap

le **marchepied** running board, step

marcher to walk; to work

la **mare** pool

la **margelle** edge

le **mari** husband

le **mariage** marriage

marié(e) married

marier to give in marriage; **se** ___ **(avec)** to marry

marin(e) of the sea; **costume** ___ sailor suit

la **marquise** marchioness, marquise

marron maroon, chestnut-colored

mars *m* March

marseillais(e) from Marseilles

marteler to hammer out

la **massue** club, bludgeon

les **matériaux** *m* material

le **matériel** materials, equipment

la **matière** matter

le **matin** morning; **du** ___ a.m.

la **matinée** morning; **faire la grasse** ___ to lie in bed late in the morning

maudire to curse

maure Moorish

maussade glum, sullen

mauvais(e) bad, evil

mea culpa *(Latin)* by my fault

la **mécanique** mechanics; *adj* mechanical

la **méchanceté** wickedness

méchant(e) wicked, nasty, vivious, bad, spiteful, ill-natured

la **mèche** fuse, wick

méconnaître to misunderstand; to fail to recognize

mécontent(e) discontented, dissatisfied

le **médecin** doctor

la **médecine** medicine (science, profession)

le **médicament** medicine (medication)
le **médiéviste** medievalist
  médiocrement moderately
  médire (de) to slander
  méditer to meditate
la **méduse** jellyfish
la **méfiance** suspicion
  méfiant(e) suspicious, cautious, mistrustful
se **méfier (de)** to be suspicious (of)
le **mélange** mixture
  mêler to mingle, mix
  même very, same; **à Jonzac ___** in Jonzac itself; *adv* even; **___ pas** not even; **à ___** directly from; **de ___** likewise; **de ___ que** just as; **quand ___** nevertheless; **tout de ___** all the same
la **mémoire** memory
  menacer to menace, threaten
le **ménage** housekeeping, housework, household; **la femme de ___** housekeeper
  ménager to spare
la **ménagère** housewife, housekeeper
  mener to lead, to take; **___ à bien** to manage successfully
le **mensonge** lie
  mentalement mentally
la **mentalité** mentality
le **menteur (la menteuse)** liar
  mentir to lie
le **menton** chin
  menu(e) small, tiny
le **mépris** scorn
  méprisable despicable
  mépriser to despise
la **mer** sea; **___ des Antilles** Caribbean Sea
la **merci** mercy
le **mercier (la mercière)** dealer in small wares, notions, etc.
le **mercredi** Wednesday
la **mère** mother
  mériter to deserve

la **merveille** marvel, wonder
  merveilleux (merveilleuse) marvelous
la **mésaventure** misadventure, misfortune
la **mesure** extent, measure; **à ___ que** as; **au fur et à ___** gradually; **sur ___** made to order
  mesurer to measure
la **métaphore** metaphor
  méthodique methodical
le **métier** trade, profession, job
le **métrage** length; **court ___** short subject; **long ___** full-length feature film
le **mètre** meter
le **métro** subway
la **métropole** mother country
le **mets** dish, food
le **metteur en scène** director
  mettre to put, to put on; **___ le feu** to set fire; **___ à la porte** to throw out; **___ au courant** to bring someone up to date; **___ en contraste** to contrast; **___ en pièces** to tear to pieces; **___ en présence** to introduce; **___ en relief** to bring out, emphasize; **___ en scène** to produce; **se ___ à** to begin to; **se ___ à l'abri** to take cover; **se ___ d'accord** to agree; **se ___ de côté** to stand to the side; **se ___ à table** to sit down at the table; **se ___ dans l'idée** to put into one's head; **se ___ en colère** to get angry; **se ___ en marche** to get going
  meublé furnished
la **meule** grindstone
  meurtri(e) bruised, scarred
le **meurtrier (la meurtrière)** killer, murderer
  mi- half, mid
le **microsillon** long-playing record
le **midi** noon; **le Midi** southern France
le **miel** honey; **lune de ___** honeymoon

le **mien (la mienne)**   mine
   mieux   better; **le ___** best
   mignon (mignonne)   darling
le **milieu**   middle; **le juste ___** happy
      medium; **au ___ de** amid
   militaire   military; **le ___** soldier
   mille   (one) thousand
le **mille**   mile
le **milliard**   billion
le **millier**   thousand
   minable   seedy-looking
la **mine**   mine; appearance
le **mineur**   miner; **le, la ___** minor
le **ministère**   ministry, government
   minuit *m*   midnight
   minuscule   tiny
se **mirer**   to admire oneself
le **mirliton**   reed pipe, flute
le **miroir**   mirror
   miroiter   to gleam, sparkle
la **mise en scène**   staging, production
   miser   to gamble
le, la **misérable**   wretch
la **misère**   misery, distress, poverty
la **miséricorde**   mercy
   mit   *ps* of **mettre**
la **mitraillette**   submachine gun
la **mitre**   miter
le **mobile**   motive
la **mode**   fashion; **à la ___** in fashion
le **mode**   way, mode
   modéré(e)   moderate
   moderne   modern
   modestement   modestly
   moelleux (moelleuse)   soft
les **mœurs** *f*   morals, way of life, customs,
      manners
le, la **moindre**   slightest
le **moine**   monk
   moins   less; **le ___** the least; **au ___** at
      least; **du ___** at least; **à ___ que** un-
      less; **à ___ de** unless
le **mois**   month
   moisi(e)   musty, moldy
   moite   moist, clammy

la **moitié**   half
le **moment**   moment; **du ___ que** since,
      once; **au ___ où** when
la **monarchie**   monarchy
le **monarque**   monarch
le **monceau**   heap, pile
le **monde**   world, people, society
   mondial(e)   world
la **monnaie**   change, coin, money
   monotone   monotonous, dull
   monseigneur *m*   my lord
le **monsieur**   gentleman; **___!** my lord!
      your honor!
le **monstre**   monster
   monstrueux (monstrueuse)
      monstrous
le **mont**   mount, mountain, hill
le **montage**   film editing
la **montagne**   mountain
   monter   to rise, climb, get on, mount;
      stage (a play); amount to
   montrer   to show
le **montreur**   showman
se **moquer de**   to make fun of, laugh at
   moqueur (moqueuse)   mocking
la **morale**   moral (of a story); morality
le **morceau**   piece
   mordre   to bite
le **morne**   small mountain
la **mort**   death
   mort(e)   dead, extinct; **le, la ___** dead
      person
   mortel (mortelle)   mortal
le **mortier**   mortar
le **mot**   word; **___ à ___** word for word;
      ___-clef key word
le **motif**   motive
   motiver   to motivate
   mou (molle)   soft, limp
   moucharder   to inform on someone
la **mouche**   fly; beauty spot
se **moucher**   to blow one's nose
le **mouchoir**   handkerchief
la **moue**   pout; **faire la ___** to pout
   mouiller   to wet, moisten

la **moule**   mold
le **moulin**   mill
   mourir   to die; **se ___** to be dying
   mousser   to froth, foam
le **mouton**   sheep, ram
le **mouvement**   movement
se **mouvoir**   to move about, operate
le **moyen**   means; **au ___ de** by means
      of; **il y a ___** it is possible
   moyen (moyenne)   medium, average;
      la classe moyenne middle class
   muer   to molt, cast off a skin or coat
   muet (muette)   silent, mute
   mugir   to bellow
   muni(e)   equipped
les **munitions** *f*   ammunition
le **mur**   wall
   mûr(e)   mature, ripe
la **muraille**   wall
   mûrir   to grow ripe, mature
   murmurer   to murmur
le **musée**   museum
la **musique**   music; **sans plus de ___**
      without further delay
   musulman(e)   Moslem
le **mystère**   mystery

N

la **nacre**   mother-of-pearl
   nager   to swim
le **nageur (la nageuse)**   swimmer
   naïf (naïve)   naive
la **naissance**   birth; **de ___** from birth
   naissant(e)   beginning
   naître   to be born; **faire ___** to
      produce
la **nappe**   tablecloth
la **narine**   nostril
le **narrateur (la narratrice)**   narrator
   natal(e)   native
la **natte**   mat
la **nature**   nature; undergrowth, bushes

naturel (naturelle)   natural; **le ___** na-
      ture, disposition
   naturellement   naturally
le **navet**   (film) flop
le **navire**   ship
   navré(e)   distressed
   ne: ___... pas not; **___... que** only
   né(e)   born
   néanmoins   nevertheless
   nécessaire   necessary
   nécessairement   necessarily
   négatif (négative)   negative
   négliger   to neglect
le, la **négociant(e)**   merchant
   nègre   Negro, black
la **neige**   snow
   net (nette)   clear, distinct; *adv* plainly,
      clearly; suddenly
   nettoyer   to clean
   neuf (neuve)   new
   neutre   neutral
le **neveu**   nephew
le **nez**   nose
la **niche**   doghouse
le **nid**   nest
   nier   to deny
le **niveau**   level; **le ___ de vie** standard
      of living
la **noblesse**   nobility
la **noce**   wedding
le **nœud**   knot; bow
   noir(e)   black, dark
le **nom**   name
le **nombre**   number
   nombreux (nombreuse)   numerous
le **nombril**   navel
   nommer   to name
   non: ___ plus neither; **___ seulement**
      not only
le **nord**   north
la **Norvège**   Norway
   norvégien (norvégienne)   Norwegian
   notamment   particularly
la **note**   bill

nourrir   to feed, provide for, nurture, nourish

la **nourriture**   food, nourishment

nouveau (nouvelle)   new; **à** ___ anew; **de** ___ again

le, la **nouveau-né(e)**   newborn

la **nouveauté**   newness, novelty

la **nouvelle**   piece of news; short story

la **Nouvelle-Angleterre**   New England

la **noyade**   drowning

noyer   to drown

nu(e)   naked

le **nuage**   cloud

la **nuance**   shade, hue

nuancé(e)   varied

nuancer   to vary

la **nue**   cloud

la **nuée**   cloud

nuire à   to harm

la **nuit**   night

nul   no, not one, not a, no one

nullement   in no way

le **numéro**   number

la **nuque**   nape, scruff of the neck

O

obéir (à)   to obey

l' **obéissance** *f*   obedience

objectif (objective)   objective

l' **objet** *m*   object

obligatoire   obligatory

obligé(e)   obliged, grateful

obliger   to compel

obscurcir   to darken

obsédant(e)   obsessive

l' **obstination** *f*   obstinacy, stubbornness

obstruer   to obstruct

obtenir   to obtain

l' **obus** *m*   shell

l' **occasion** *f*   opportunity; **d'**___ second-hand

occupé(e)   occupied, held, busy

s' **occuper de**   to take charge of, take care of, pay attention to, look after

l' **octosyllabe** *m*   eight-syllable verse

l' **odeur** *f*   smell, odor

l' **œil** *m*   eye

l' **œuf** *m*   egg; ___ **dur** hard-boiled egg; ___ **sur le plat** fried egg

l' **œuvre** *f*   work

offensé(e)   offended

offenser   to offend

l' **office** *m*   function

l' **officier** *m*   officer

offrir   to offer, give

l' **oie** *f*   goose; **les pattes d'**___ *f* crow's feet

l' **oiseau** *m*   bird

l' **oiselet** *m*   small bird

oisif (oisive)   idle

l' **oisiveté** *f*   idleness

l' **oison** *m*   gosling; simpleton

l' **olifant** *m*   horn

l' **ombrage** *m*   shade

l' **ombre** *f*   shade, shadow, darkness

omettre   to omit

l' **omnibus** *m*   bus

l' **oncle** *m*   uncle

l' **onde** *f*   wave

l' **ondulation** *f*   wave

l' **ongle** *m*   nail (on fingers or toes)

onzième   eleventh

opérer   to effect, bring about, carry out, operate

opposé(e)   opposite

opprimé(e)   oppressed

l' **or** *m*   gold

l' **orage** *m*   storm

orangé(e)   orangey, orange-colored

l' **oranger** *m*   orange tree

l' **orchestre** *m*   orchestra

l' **ordinateur** *m*   computer

l' **ordonnance** *f*   prescription

ordonné(e)   tidy

ordonner   to order, command

l' **ordre** *m*   order, command

l' **orée** *f*   limits, edge

l' **oreille** *f*   ear

l' **oreiller** *m*   pillow

l' **orfèvre** *m*   goldsmith

orgueilleux (orgueilleuse)   proud

l' **orifice** *m*   opening

originaire   native

l' **origine** *f*   origin; **à l'___** originally

orner   to adorn, to deck

l' **orphelin(e)** *m, f*   orphan

l' **orthographe** *f*   spelling

l' **os** *m*   bone; **en chair et en ___** in the flesh

osé(e)   daring, bold

oser   to dare

ou   or; **___ bien** or else

où   where; when; **d'___** whence

ouais!   sure! of course! (ironic or skeptical)

l' **oubli** *m*   oblivion, forgetfulness

oublier   to forget

ouïr   to hear

l' **ours** *m*   bear

ouste: Allez ___!   off you go!

outre   besides; **en ___** moreover

ouvert(e)   open

ouvertement   openly

l' **ouverture** *f*   opening

l' **ouvrage** *m*   work

ouvrer   to work

l' **ouvrier (l'ouvrière)** *m, f*   worker

ouvrir   to open

P

le **pagne**   loincloth

la **paie**   pay

le **paiement**   payment

païen (païenne)   pagan

la **paille**   straw

le **pain**   bread

le **pair**   peer

la **paire**   pair

paisible   peaceful

paisiblement   peacefully

paître   to graze

la **paix**   peace

le **palais**   palace, palate

pâle   pale

le **paletot**   overcoat

la **pâleur**   pallor, paleness

le **palier**   (stair) landing

pâlir   to turn pale

la **palissade**   fence

la **palme**   palm branch

le **palmier**   palm tree

se **pâmer**   to faint

le **pampre**   vine branch

le **panier**   basket

la **panique**   panic

la **panne**   breakdown

le **panneau**   sign

la **panse**   paunch

le **pantalon**   trousers

la **pantoufle**   slipper; **raisonner ___** to reason like a jackass

le **pape**   pope

le **papier**   paper

le **papillon**   butterfly; **le nœud ___** bow tie

le **paquet**   bundle, package

le **paradis**   paradise, heaven

paradoxal(e)   paradoxical

paraître   to appear, seem

paralyser   to paralyze

le **parc**   park

parce que   because

parcourir   to cover

par-delà   beyond

par-derrière   from behind

par-dessus   above, over; **le pardessus** overcoat

par-devant   in front

le **pardon**   forgiveness

pardonner   to excuse, pardon, forgive

paré(e)   adorned, decked out

pareil (pareille)   similar, same; such, like that

parer to adorn
la **paresse** laziness
paresseux (paresseuse) lazy
parfaire to complete
parfait(e) perfect
parfaitement perfectly
parfois sometimes
le **parfum** perfume, scent
le **pari** bet
parier to wager, bet
se **parjurer** to perjure oneself
parler to speak; ___ **français comme une vache espagnole** to murder the French language
parmi among
la **parodie** parody
la **parole** word; *pl* song lyrics; **avoir la** ___ to have the floor
le **parrain** patron
la **part** part, share; **d'autre** ___ on the other hand; **quelque** ___ somewhere; **à** ___ besides, except for, aside
partager to share, divide, split
partant and so, therefore
le **parti** party; match (marriage); ___ **pris** preconceived notion
la **particularité** peculiarity
particulier (particulière) particular, private; **le, la** ___ individual
particulièrement particularly
la **partie** part; outing; party, opponent; ___ **de cartes** card game; **faire** ___ **de** to belong to, be part of
partir to leave; **à** ___ **de** starting with, from
le, la **partisan(e)** supporter
partout everywhere
la **parure** adornment, finery
parvenir to arrive, reach; ___ **à** to manage to
le, la **parvenu(e)** upstart
le **pas** step, pace; **de ce** ___ directly, just now; **le** ___ **de la porte** doorway; **presser le** ___ to quicken one's pace

le, la **passant(e)** passerby
le **passé** past; ___ **indéfini** compound past
le **passeport** passport
passer to pass, spend (time); to overlook, pass over; to take (a test); to put on; ___ **un film** to show a film; **se** ___ to take place, happen; **se** ___ **de** to do without
le **passe-temps** pastime
passionnant(e) exciting, thrilling
passionné(e) passionate
se **passionner** to be impassioned
le **pasteur** shepherd
le **pastiche** parody
patati: et ___ **et patata!** and so on and so forth
le **pâté** meat pie
paternel (paternelle) paternal
les **pâtes** *f* pasta
pathétique moving, touching
patient(e) patient
patiner to skate
le **patois** dialect
la **patrie** country, fatherland
le **patron (la patronne)** employer, boss
la **patrouille** patrol
la **patte** leg (of an animal), paw; ___**s d'oie** crow's-feet
la **paupière** eyelid
pauvre poor
la **pauvresse** poor woman
le **pauvret (la pauvrette)** poor creature
la **pauvreté** poverty
le **pavé** pavement
payer to pay for; **se** ___ **la tête de quelqu'un** to make fun of someone
le **pays** country, land
le **paysage** landscape
le **paysan (la paysanne)** country dweller, farmer, peasant
la **peau** skin
le **péché** sin
le **pêcheur** fisherman
le **peignoir** dressing gown, bathrobe

peindre   to paint
la **peine**   sorrow, trouble, difficulty; **à**
___ hardly, scarcely, barely; ___ **de**
mort death penalty; **ce n'est pas la**
___ it's not worth it; **se donner de la**
___ to make an effort
le **peintre**   painter
la **peinture**   painting
péjoratif (péjorative)   pejorative
pelé(e)   bald
la **pelouse**   lawn
le **penchant**   impulsion
pencher   to bend, lean
pendable   punishable by hanging
pendant   during, for; ___ **que** while
pendre   to hang
la **pendule**   clock
pénétrer   to penetrate
pénible   painful
péniblement   painfully
le **pénitencier**   penitentiary
la **pénombre**   semidarkness
la **pensée**   thought
penser   to think; **le** ___ thought
la **pension**   boarding house, boarding
school
le, la **pensionnaire**   boarder
le **pensionnat**   boarding school
la **pente**   slope
perçant(e)   piercing
percer   to pierce, break through
perdre   to lose; ___ **connaissance** to
lose consciousness; ___ **de vue** to
lose sight of; **se** ___ to get lost
perdu(e)   lost, doomed
le **père**   father
perfidement   treacherously
périgourdin(e)   from Périgord
périr   to perish
la **permanence**   study hall
permettre   to permit, allow
permis(e)   permitted, allowed; **le** ___
de conduire driver's license
pérorer   to hold forth, harangue
la **perpétuité**   perpetuity; **à** ___ for life
la **perquisition**   inquiry

le **perron**   stoop, porch
le **perroquet**   parrot
persan(e)   Persian
le **persécuteur (la persécutrice)**
persecutor
le **personnage**   character, individual
la **personne**   person; **grande** ___
grown-up
personne... ne   no one
personnel (personnelle)   personal
le **personnel**   personnel, staff
persuader   to persuade, convince
persuasif (persuasive)   persuasive
la **perte**   loss; **à** ___ **de vue** as far as the
eye can see
pesant(e)   heavy
la **pesanteur**   weight
peser   to weigh
la **peste**   plague
le **pétale**   petal
péter   to fart; explode
pétillant(e)   sparkling
petit(e)   small, little; **le, la petit(e)**
ami(e) boy (girl) friend
la **petite-fille**   granddaughter
le **petit-enfant**   grandchild
le **petit-fils**   grandson
le **pétrolier**   oilman
peu   little; **à** ___ **près** almost; ___ **à**
___ little by little; ___ **s'en faut que**
very nearly; **un** ___ a bit; ___ **im-**
porte it matters little
le **peuple**   people, nation
peuplier   poplar
la **peur**   fear; **avoir** ___ to be afraid;
faire ___ to frighten
peut-être   perhaps
le **phare**   headlight, lighthouse
le **philosophe**   philosopher
la **philosophie**   philosophy
philosophique   philosophical
la **phonétique**   phonetics
la **phrase**   sentence
la **physionomie**   appearance, look
physique   physical; **le** ___ physical
appearance

Pie Pius

la **pièce** room; play; coin; piece

le **pied** foot; **à ___** on foot; **au ___ levé** offhand, at a moment's notice

le **piédestal** pedestal

le **piège** trap

la **pierre** stone; **saint Pierre** Saint Peter

les **pierreries** *f* jewels, gems

le **piéton** pedestrian

pieux (pieuse) pious

la **pilule** pill

le **piment** pimento

le **pin** pine tree

le **pince-fesse** fanny-pinching

les **pinces** *f* forceps, tongs, tweezers, pliers

piocher to dig (with a pick)

le **pion** pawn (in chess)

piquer to prick

la **piqûre** injection

pire worse, the worst

pis worse

la **pistole** an old coin

le **pistolet** handgun

la **pitié** pity

le **pitre** clown; **faire le ___** to clown around

pittoresque picturesque

la **place** seat; square; **sur ___** on the spot

placer to place

le **plafond** ceiling

la **plage** beach

plaider to plead

la **plaie** wound

le **plaignant (la plaignante)** plaintiff

plaindre to pity; to feel sorry for; **se ___ (de)** to complain (about)

la **plainte** moan, groan, complaint; case

plaire to please; **se ___** to take pleasure; **à Dieu ne plaise!** heaven forbid!; **s'il vous plaît** please

le, la **plaisant(e)** joker; **mauvais ___** practical joker

plaisanter to joke, kid

la **plaisanterie** joking, joke

le **plaisir** pleasure; **faire ___** to please

le **plan** plane

le **plancher** floor

la **planchette** tablet

planer to hover, soar

la **planète** planet

la **plante** plant; sole (of the foot)

le **plat** dish; **oeufs sur le ___** fried eggs

plat(e) flat, dull; **à plat** flat

le **plateau** tray

la **plate-forme** platform

platonicien (platonicienne) Platonic

plein(e) full; **en ___e poitrine** right in the middle of the chest; **à ___s poumons** at the top of one's lungs

pleinement fully

pleurer to cry; to deplore the loss of

les **pleurs** *m* sobs

pleuvoir to rain

le **pli** fold, pleat

le **pliant** folding chair

plier to fold

plissé(e) wrinkled

le **plongeoir** diving board

le **plongeon** dive, plunge

se **plonger** to be plunged

la **pluie** rain

la **plume** pen; feather

la **plupart** the majority, most

plus more; **de ___** moreover, besides; **ne... ___** no more, no longer; **non ___** neither

plusieurs several

plutôt rather, instead

la **poche** pocket

la **pochette** pocket handkerchief

le **poème** poem

la **poésie** poetry

le **poids** weight

la **poignée** handful

le **poil** hair, coat

le **poing** fist, hand

point: ne... ___ not at all

le **point d'interrogation** question mark

la **pointe** point, tip; **___ de flèche** arrowhead

pointu(e) pointed

la **poire** pear; oaf *(fam)*

le **poireau** leek

le **poisson** fish

la **poitrine** chest, breast; **en pleine ___** right in the middle of the chest

poli(e) polite

le **policier** police officer, detective

polisson (polissonne) naughty, ribald

la **polissonnerie** naughtiness

la **politesse** politeness

le **politicien (la politicienne)** politician

politique diplomatic, political; **l'homme (la femme) ___** politician; **la ___** politics

pollué(e) polluted

la **Pologne** Poland

polonais(e) Polish

polyglotte polyglot

le **pomerol** a variety of Bordeaux wine

le **pommeau** pommel

le **pommier** apple tree

les **pompes funèbres** *f* funeral ceremony

le **pompier (la pompière)** fire fighter

le **pont** bridge

le **porion** mine foreman

portant: être bien ou mal ___ to be in good or bad health

la **porte** door, gate, portal; **mettre à la ___** to throw out

porté(e) inclined

la **portée** reach, range

le **portefeuille** wallet

le **porte-plume** penholder

porter to carry, bear, direct, induce, lead, wear, give, strike; **___ aide** to lend assistance; **___ sur** to bear on; **se ___** to be (health)

la **portière** door (of a car or train)

poser to put down, lay down; **___ en principe** to set up as a principle; **___ une question** to ask a question

posséder to possess

la **poste** mail; **le ___** job

le **pot** pot, chamber pot

le **pot-de-vin** bribe

potelé(e) chubby

la **potence** gallows

le **pouce** thumb

le **poucet** small thumb; **Petit Poucet** Tom Thumb

la **poudre** powder

se **poudrer** to powder oneself

la **poule** hen

le **poulet** chicken

le **poumon** lungs; **à pleins ___s** at the top of one's lungs

la **poupe** stern

pour in order to; **___ que** in order that, so that

le **pourboire** tip

la **pourpre** crimson cloth; **le ___** crimson

pourpré(e) crimson

pour que so that

pourquoi why; **___ faire?** what for?; **___ pas?** why not?

pourri(e) rotten, bad

pourrir to rot

la **poursuite** pursuit

le, la **poursuivant(e)** pursuer

poursuivi(e) pursued

poursuivre to pursue, carry on; **___ (en justice)** to sue; **se ___** to resume

pourtant however, yet, nevertheless

pourvu que provided that

le **pousse** rickshaw

la **poussée** push, shove

pousser to push, advance, utter; grow; **faire ___** to grow something

la **poussière** dust

la **poutre** beam, girder

le **pouvoir** power; *verb* to be able to; **il peut** there can; **il se peut** it is possible, it may be

pratique practical; **la ___** practice

le **pré** meadow

le **précepte** precept

le **prêcheur (la prêcheuse)** preacher

précieusement carefully
précieux (précieuse) precious
précipitamment hurriedly
se **précipiter** to rush, to dart, to hurl oneself
précis(e) specific
précisément precisely, exactly
préciser to specify
préconiser to advocate
prédominant(e) prevailing
préférer to prefer
le **préjugé** preconception
prémédité(e) premeditated
premier (première) first
premièrement first of all
le **premier venu** first comer, anybody
prendre to take, get, catch; ___ **congé** to take leave; ___ **du café** to have some coffee; ___ **en main** to take charge of; ___ **le dessus** to gain the upper hand; ___ **garde** to watch out, be careful; ___ **part à** to take part in; ___ **soin** to take care; **s'en** ___ **à quelqu'un** to lay the blame on someone
le **prénom** first name
les **préparatifs** *m* preparations
préparer to prepare
près near; ___ **de** near; **à peu** ___ almost, approximately; **de** ___ up close
présager to conjecture
prescrire to prescribe
la **présence** presence
présent: à ___ now, at present
la **présentation** presentation
présenter to present
le **président** president, presiding judge
présomptueux (présomptueuse) presumptuous
presque almost, nearly
pressé(e) in a hurry
pressentir to sense, have an inkling of
presser: ___ **le pas** to quicken one's pace; **se** ___ to crowd; to hurry

la **pression** pressure
prêt(e) ready
prétendre to claim; to intend
prétentieux (prétentieuse) pretentious
la **prétention** pretention; aspiration
prêter to lend; to assign (a role); ___ **serment** to be sworn in
la **preuve** proof; **faire** ___ **de** to show, display
prévaloir to prevail
prévenant(e) obliging, kind, attentive, considerate
prévenir to warn, inform, prevent
prévenu(e) prejudiced, biased
prévisible predictable
prévoir to foresee
prévoyant(e) prudent
prévu(e) planned; **comme** ___ as expected
prier to ask, beg, pray
la **prière** prayer, supplication
le **principe** principle
le **printemps** spring
la **priorité** right of way
pris(e) taken; ___ **au piège** trapped
priser to take snuff
privé(e) private
priver to deprive
privilégié(e) privileged
le **prix** price; prize, reward; **à tout** ___ at any price
probe upright, honest
le **procédé** process, method, procedure
le **procès** trial, lawsuit
le **procès-verbal** official report
prochain(e) approaching, next
proche near, close
les **proches** *m* relatives, loved ones
procurer to procure, obtain
le **procureur** prosecutor
prodigieux (prodigieuse) prodigious
prodigue prodigal, lavish
le **producteur** producer
produire to produce

le **professeur**   college professor, high school teacher

professionnel (professionnelle)   professional

profiter de   to take advantage of

profond(e)   deep

profondément   deeply, soundly

la **profondeur**   depth

le **progrès**   progress

la **proie**   prey; **épier une ___** to lie in wait for prey

le **projet**   project, plan; **___ de loi** bill (prospective law)

projeter   to plan

la **promenade**   walk, outing

promener   to parade; **se ___** to go for a walk, stroll

le **promeneur (la promeneuse)**   stroller

la **promesse**   promise

prometteur (prometteuse)   promising

promettre   to look promising, promise

prompt(e)   quick

prononcer   to pronounce

la **prononciation**   pronunciation

la **propagande**   propaganda

propager   to propagate

la **prophétie**   prophecy

le **propos**   remark; *pl* talk; **à ___** judiciously; **à ___ de** about

se **proposer**   to come forward

la **proposition**   clause

propre   own; clean; **le ___** characteristic

proprement   properly

la **propreté**   cleanliness

le, la **propriétaire**   landlord, landlady, owner

la **propriété**   estate

protéger   to protect

la **prouesse**   prowess, courage

prouver   to prove

la **province**   province; **en ___** outside of Paris, in the provinces

provisoire   temporary, provisional

provoquer   provoke

prudemment   prudently, carefully

le **prud'homme**   wise and upright man

la **prunelle**   pupil (of the eye)

la **puanteur**   stench, foul atmosphere

public (publique)   public; **le ___** audience *m*

publier   to publish

puéril(e)   childish

puis   then; **et ___** and besides; *pres* of **pouvoir**

puisque   since

la **puissance**   power

puissant(e)   powerful

le **puits**   well

punir   to punish

la **punition**   punishment

le **pupitre**   desk

pur(e)   pure

Q

le **quai**   wharf

la **qualité**   quality

quand   when; **___ même** nevertheless, still

quant à   as for, as regards, as to

la **quantité**   quantity

la **quarantaine**   about forty

quarante   forty

le **quart**   quarter

le **quartier**   neighborhood

quatorze   fourteen

que: ne... ___   only; **___ de** what a lot of

quel (quelle)   what; **___ que** whatever; **n'importe ___** any (at all)

quelque   some; **___s** some, a few; **___ chose** something; **___ part** somewhere; **___ peu** somewhat

quelquefois   sometimes, occasionally

quelqu'un   someone; **quelques-uns** a few

la **quenouille**   distaff
la **querelle**   quarrel; **chercher** ___ à to try to pick a fight with
se **quereller**   to quarrel
querelleur (querelleuse)   quarrelsome; **le, la** ___ quarreler
questionner   to question
la **queue**   tail; **tirer le diable par la** ___ to be hard up
qui que   whoever, whomever
quinze   fifteen
quitte à   at the risk of
quitter   to leave
quoi   what; **de** ___ **payer** the wherewithal to pay; **en** ___ ? how?; ___ **que ce soit** anything at all
quoi que   whatever
quoique   although
quotidien (quotidienne)   daily

R

rabâcher   to repeat over and over again
le **rabais**   discount
rabaisser   to lower
rabougri(e)   stunted
le **raclement**   scraping
raconter   to tell, relate, tell a story, narrate
le **raconteur (la raconteuse)**   storyteller
radiodiffusé(e)   broadcast
le **raffinement**   refinement
raffoler de   to be crazy about
rafler   to carry off
la **rage des dents**   unbearable toothache
rager   to rage
raide   stiff
se **raidir**   to stiffen
la **raison**   reason; **avoir** ___ to be right
raisonnable   reasonable
le **raisonnement**   reasoning, argument
raisonner   to reason; ___ **pantoufle** to reason like a jackass

le **raisonneur (la raisonneuse)**   disputer
ralentir   to slow down
le **râleur (la râleuse)**   grumbler
rallumer   to light again
le **ramage**   warble, yodel
ramasser   to gather, collect, pick up
la **rambarde**   handrail
ramener   to bring back
ramoner   to sweep (a chimney)
la **rampe**   railing
la **rancune**   rancor, grudge
le **rang**   rank
rangé(e)   correct, proper, well-behaved
la **rangée**   row
ranger   to store; to rank among, include; **se** ___ to place oneself, to fall in
ranimer   to revive; **se** ___ to regain consciousness
le **rapide**   express train
rapidement   quickly
rappeler   to recall; to remind; **se** ___ to remember
rappliquer   to show up
le **rapport**   relationship; **se mettre en** ___ **avec** to contact; **par** ___ **à** with regard to
rapporter   to relate; to bring back; **se** ___ to refer to
le **rapprochement**   comparison, parallel
rapprocher   to bring together; **se** ___ **(de)** to draw nearer
raréfié(e)   rarefied
ras: tondre à ___   to cut to the scalp
raser   to shave, skim
rassemblé(e)   gathered
rassembler   to gather together
rassurer   to reassure
rater   to fail, bungle
se **rattacher**   to be attached, linked
rattraper   to catch up with, reach
rauque   raucous
ravi(e)   delighted, enraptured
se **raviser**   to change one's mind

le **ravisseur (la ravisseuse)** ravisher, kidnapper
le **rayon** ray, beam
rayonnant(e) radiant, beaming
la **réaction** reaction
réagir to react
le **réalisateur (la réalisatrice)** filmmaker
la **réalisation** realization
réaliser to realize, carry out, achieve
réaliste realistic
la **réalité** reality
rebondir to rebound
le **rebord** edge, rim
reboutonné(e) rebuttoned
rebutant(e) repulsive
rebuté(e) repulsed
recevoir to receive; ___ **une contravention** to get a traffic ticket
réchauffer to warm up
la **recherche** pursuit
rechercher to seek
réciproque reciprocal
le **récit** narration
la **réclame** advertisement
réclamer to claim, call for, exact
la **récolte** harvest
récolter to harvest, reap
la **recommandation** recommendation
recommencer to start over again
récompenser to reward
recompter to count over
le **réconfort** consolation
réconfortant(e) comforting
la **reconnaissance** gratitude
reconnaissant(e) grateful
reconnaître to recognize
recopier to recopy
le **recours** recourse
recouvert(e) covered over
recouvrir to cover over
recréer to recreate
se **récréer** to take recreation
le **reçu** receipt
recueillir to gather, take in; se ___ to pause for reflection, collect oneself
se **reculer** to move back

récurer to scour
redevenir to become again
redire to repeat; to find fault with
redoubler to increase
redouter to dread, fear
redresser to set straight, correct; **se** ___ to right oneself
réduire to diminish, reduce
réduit(e) reduced
réel (réelle) real; **le** ___ reality
réellement really, truly
refaire to redo; **se** ___ to recuperate
refermer to close
réfléchi(e) reflexive
réfléchir to reflect, think, consider; ___ **à** to think about, ponder
le **reflet** reflection (of light, etc.)
la **réflexion** reflection, thought
la **réforme** reform
refréner to restrain
se **réfugier** to take refuge
le **refus** refusal, rejection
refuser to refuse; **se** ___ **à** to refuse to accept
réfuter to refute
regagner to regain
le **regard** look, glance; ___ **d'intelligence** knowing glance
regarder to look (at), watch; to concern; ___ **en l'air** to look up
la **région** region
le **registre** register
la **règle** rule
régler to settle, control, direct; **se** ___ **sur** to model oneself on
la **réglisse** licorice
le **règne** kingdom
régner to reign
la **régression** regression
regretter to regret
le **rein** kidney; **chute des** ___**s** small of the back
la **reine** queen
rejeter to reject, throw back
rejoindre to reach again, overtake, join

se **réjouir**   to rejoice
le, la **relâche**   respite
  relever   to be dependent; to raise again; to point out; **se** ___ to get up again
le **relief**   relief, prominence; **mettre en** ___ to bring out, emphasize
la **relique**   relic
  relire   to reread
la **reliure**   (book) binding
  reluire   to glitter, shine
  remarquable   remarkable
la **remarque**   remark
  remarquer   to notice
le **remède**   remedy, cure, medicine
  remercier   to thank
  remettre   to hand over; to restore; to put on again; **se** ___ **à** to begin again; **s'en** ___ **à** to rely on
  remonter   to go up again, raise again
le **remords**   remorse
le, la **remplaçant(e)**   replacement, substitute
  remplacer   to replace
  remplir   to fill, fulfill, carry out
le **remue-ménage**   bustle, stir
  remuer   to stir, to move
  renaître   to be born again
le **renard**   fox
la **rencontre**   meeting
  rencontrer   to meet, encounter
le **rendez-vous**   meeting, appointment
se **rendormir**   to fall asleep again
  rendre   to render, to make; to give up, give back, return; to vomit; ___ **visite** to pay a visit; **se** ___ to go; **se** ___ **à** to bow to; **se** ___ **compte (de)** to realize
  rendu(e)   arrived
  renfermé(e)   closed
  renfermer   to shut up, lock up, contain
  renforcé(e)   reinforced
  renier   to disown, repudiate, deny
le **renom**   renown, fame

la **renommée**   renown, fame
  renoncer   to renounce
  renouveler   to renew
le **renouvellement**   renewal
  renseigné(e)   well-informed
le **renseignement**   piece of information
  renseigner   to inform, give information to; **se** ___ to ask for information, find out
la **rente**   pension
la **rentrée**   return
  rentrer   to come home, to go back in, go home, go in again
  renversant(e)   overwhelming, astounding
  renverser   to reverse, knock over, overturn; **se** ___ to lean back
  renvoyer   to send back
le **repaire**   lair, den
  répandre   to spread, give off, shed
  reparaître   to reappear
  repartir   to set out again
le **repas**   meal
le **repentir**   repentance
  repérer   to spot
  répéter   to repeat
le **répit**   respite
  replier   to fold, coil up
la **réplique**   reply, response
  répliquer   to reply
  répondre   to respond, answer
la **réponse**   answer
le **reportage**   reporting
le **repos**   rest
  reposant(e)   restful
  reposer   to set down; **se** ___ to rest
  repousser   to repulse, push aside
  reprendre   to resume, carry on, take up again, take back, recover, reply; ___ **connaissance** to regain consciousness; ___ **haleine** to catch one's breath; **se** ___ to correct oneself, get hold of oneself
le **représentant**   representative
le **représentation**   performance
  représenter   to show

la **reprise**   revival; **à plusieurs ___s** several times; **à diverses ___s** on various occasions

le **reproche**   reproach, rebuke

reprocher   to reproach

reproduire   to reproduce

repu(e)   satiated, stuffed

la **république**   republic

répudier   to repudiate, renounce

répugné(e)   repulsed, disgusted

la **requête**   request, petition

le, la **rescapé(e)**   survivor

le **résistant**   Resistance worker or fighter

résister   to resist

résolu(e)   resolute, determined

résonner   to reverberate

résoudre   to resolve; to solve

respectueusement   respectfully

respectueux (respectueuse)   respectful

respirer   to breathe

resplendissant(e)   resplendent

la **responsabilité**   responsibility

responsable   responsible; **les ___s** officials

la **ressemblance**   resemblance

ressembler à   to resemble

le **ressentiment**   resentment

ressentir   to feel

ressortir à   to belong to; to come under the heading of

la **ressource**   resource, means

le **reste**   remainder; **au ___** moreover; **du ___** moreover

rester   to stay, remain; **il me reste deux minutes** I have two minutes left

restreint(e)   limited

le **résultat**   result

résulter   to result

résumer   to summarize

le **retard**   delay; **en ___** late

le, la **retardataire**   latecomer

retenir   to retain, hold back, detain

retentir   to reverberate, echo

la **retenue**   withholding, detention

le **réticule**   small purse

retirer   to take out, withdraw, remove, derive

retomber   to fall back

le **retour**   return; **être de ___** to be back

retourner   to turn over, to return; **se ___** to turn around, turn over

rétrograde   backward

retrouver   to meet again, find again, recover, regain

les **rêts** *m*   nets

la **réunion**   meeting

réunir   to gather, unite

réussir   to succeed

la **réussite**   success

revanche: en ___   on the other hand

rêvasser   to dream idly, daydream

le **rêve**   dream

le **réveil**   waking; **à son ___** when he (she) wakes up

se **réveiller**   to wake up

révélateur (révélatrice)   revealing

révéler   to reveal

revenir   to come back; to amount to; **___ à soi** to come to; **en ___** to get over it

rêver   to dream

le **réverbère**   streetlight

reverdir   to become green again

revêtir   to clothe

rêveur (rêveuse)   pensive; **le, la ___** dreamer

revoir   to see again

se **révolter contre**   to rebel against

la **revue**   review

le **rez-de-chaussée**   ground floor

le **rhum**   rum

le **rhume**   cold

ricaner   to snicker, sneer

riche   rich

la **richesse**   wealth, richness

la **ride**   wrinkle

le **rideau**   curtain

ridicule   ridiculous

ridiculiser   to ridicule

rien   nothing; ___ **d'autre** nothing else; ___ **que** just, alone, nothing but

le **rieur (la rieuse)**   person laughing

rigoler   to laugh

rigoureusement   rigorously, strictly

la **rigueur**   strictness

la **rime**   rhyme

rimer   to rhyme

riposter   to retort

rire   to laugh; **le** ___ laughter

risquer   to risk; **se** ___ to venture

rivaliser   to rival

rivé(e)   tethered, tied

la **rivière**   river, stream

la **robe**   dress; animal's coat

le **roi**   king

se **roidir**   to stiffen

le **rôle**   role

le **roman**   novel; ___ **policier** detective story

le **romancier (la romancière)**   novelist

romantique   romantic

rompre   to break, break up

le **rond**   ring, circle; *adj* round

la **ronde**   rounds, patrol; **à des kilomètres à la** ___ for miles around

le **ronflement**   snore, snoring

ronfler   to snore

rose   pink; **la** ___ rose

la **rosée**   dew

le **rossignol**   nightingale

rôti(e)   roasted, broiled

rôtir   to roast

rouge   red

rougeâtre   reddish

rougir   to blush

rouillé(e)   rusty

le **rouleau**   roll

le **roulement**   roll, rumbling

rouler   to roll

la **route**   road, way

rouvrir   to reopen

roux (rousse)   red-haired

le **royaume**   kingdom

le **ruban**   ribbon, band

la **rudesse**   harshness

la **rue**   street

rugir   to roar

la **ruine**   ruin

ruiné(e)   ruined

ruineux (ruineuse)   ruinous, ruinously expensive

le **ruisseau**   brook, stream; gutter

la **rumeur**   noise, sound

la **ruse**   cunning, trick

rusé(e)   sly, crafty, wily, artful

russe   Russian

le **rythme**   rhythm

S

le **sable**   sand

le **sabot**   clog

le **sabotage**   sabotage

le **sac**   bag

sache   *subj* of **savoir**

sacré(e)   sacred

sacrer   to crown

sacrifier   to sacrifice

sadique   sadistic

le **safran**   saffron

sagace   sagacious, shrewd

sage   wise; well-behaved

sagement   wisely, sensibly

la **sagesse**   wisdom

la **saignée**   bloodletting

saigner   to bleed

saillant(e)   salient

sain(e)   healthy, wholesome, sound

saint(e)   holy, blessed; **le, la** ___ saint

saisir   to seize, take hold of; **se** ___ **de** to lay one's hands on

la **saison**   season

le **salaire**   wage, reward

le, la **salarié(e)**   wage earner, hireling

sale   dirty

la **saleté**   dirtiness

salir   to soil, stain

la **salle**   room, hall; ___ **à manger** dining room; ___ **de bains** bathroom; ___ **de séjour** living room; ___ **du tribunal** courtroom
le **salon**   sitting room; ___ **de coiffure** barber shop
  saluer   to greet
le **salut**   greeting; salvation
le **samedi**   Saturday
le **samit**   samite
le **sang**   blood
le **sang-froid**   composure
  sanglant(e)   bloody, terrible
le **sanglot**   sob
  sangloter   to sob
  sans   without; ___ **que** without; ___ **doute** no doubt
  sans-gêne   blunt, rude, uncivil
la **santé**   health
le **satyre**   satyr
  sauf   except; ___ **que** except that
  saurait   *cond* of **savoir; on ne** ___ one couldn't
la **saute d'humeur**   sudden change in mood
  sauter   to leap; to explode, blow up; **faire** ___ to blow up something
  sauvage   wild
  sauvagement   wildly
  sauvé(e)   saved, rescued
  sauver   to save; ___ **les apparences** to save face, keep up appearances; **se** ___ to be off, run off
  savant(e)   learned, scholarly
  savoir   to know; **je ne saurais** I couldn't; **j'ai su** I learned; **faire** ___ to inform; **le** ___ knowledge, learning
  savourer   to savor
le, la **scélérat(e)**   scoundrel, villain
  sceller   to seal
le, la **scénariste**   scriptwriter
la **scène**   scene, stage; ___ **de ménage** family quarrel
  scénique   scenic, of the stage

  sceptique   skeptical
la **sciure**   sawdust
  scolaire   scholarly, academic
le **scrupule**   scruple
  scruter   to scrutinize
la **séance**   session
  sec (sèche)   dry, lean, arid
  sécher   to dry
  secondaire   secondary
la **seconde**   second
  secouer   to shake, stir
  secourir   to help, rescue
le **secours**   aid
la **secousse**   tremor, jolt
  secret (secrète)   secret
le **secteur**   sector
  séculaire   century-old, time-honored
  séduire   to seduce
  séduisant(e)   charming, attractive
  séduit(e)   attracted
le **seigneur**   lord
le **sein**   breast
le **séisme**   quake
  seize   sixteen
le **séjour**   stay, residence
le **sel**   salt
  selon   according to; ___ **que** according as
la **semaine**   week
  semblable   similar; **le** ___ fellow man
le **semblant**   semblance, appearance; **faire** ___ **(de)** to pretend, feign
  sembler   to seem
la **semelle**   sole (of a shoe)
  semer   to sow
le **sens**   meaning, sense, direction; **bon** ___ common sense; ___ **figuré** figurative meaning; ___ **propre** literal meaning; **en** ___ **inverse** in the opposite direction
la **sensibilité**   sensibility, sensitiveness, sensitivity
  sensible   sensitive
le **sentier**   path
le **sentiment**   sentiment, feeling

la **sentinelle**   sentry
   sentir   to feel; to smell; to sense; **se
   ___ bien ou mal** to feel good or bad
   seoir   to be fitting
   séparément   separately
   séparer   to separate
la **sépulture**   burial
   serein(e)   serene
la **série**   series
   sérieusement   seriously
   sérieux (sérieuse)   serious
le **serment**   oath; **prêter ___** to take an
   oath
   sermonner   to sermonize, lecture
   serrer   to squeeze, press, clasp
la **serveuse**   waitress
   serviable   obliging
   servir   to serve; **___ à** to serve to; **ça
   ne sert à rien** it's no use; **___ de** to
   serve as; **se ___ de** to use
le **serviteur**   servant
le **seuil**   threshold
   seul(e)   alone, only, single; **tout ___**
   all alone
   seulement   only, however, but; **non
   ___** not only
   sévère   strict
   sévèrement   severely, sternly
le **sexe**   sex
   si   if; so; yes (in answer to a negative
   question); **___ bien que** so that
le **siècle**   century, age; **s'accommoder à
   son ___** to move with the times
le **siège**   siege; seat
le **sien**   his, hers; **les ___s** his (her) people, family
la **sieste**   nap
   siffler   to boo, hiss; to whistle, rustle
le **sifflet**   whistle
le **signalement**   description
   signaler   to indicate
le **signe**   sign, signal; **faire ___ à
   quelqu'un** to motion to someone
   significatif (significative)   significant,
   meaningful

la **signification**   meaning, significance
   signifier   to signify, mean
   silencieusement   silently
   silencieux (silencieuse)   silent
   sillonner   to streak (through)
   simple   simple, mere
   simplement   simply
   simplifier   to simplify
le **singe**   monkey
la **singerie**   antic
   singulier (singulière)   singular, odd
le **sinistre**   catastrophe
   sinon   if not, otherwise
la **sirène**   siren
   sitôt   immediately
la **situation**   post, situation
   situer   to locate, situate
   sixième   sixth
   slovaque   Slovakian
   sobre   sober
la **société**   company, society
la **sœur**   sister
   soi   oneself
   soi-disant   supposedly
la **soie**   silk
la **soif**   thirst; **avoir ___ de** to thirst for
   soigner   to take care of, look after,
   care for
   soigneusement   carefully
le **soin**   care
le **soir**   night
la **soirée**   evening, reception, party
   soit!   right! agreed! so be it!; **___** that
   is; **___ ... ___** either . . . or; **___ dit** let
   it be said
   soixante   sixty
le **sol**   ground, floor, soil
le **soldat**   soldier
les **soldes** *m*   sale items, bargains
le **soleil**   sun; **faire ___** to be sunny
   solennel (solennelle)   solemn
la **solidarité**   solidarity
   solide   solid
le **solitaire**   hermit
la **sollicitude**   solicitude, concern

sombre   somber

sombrer   to sink, founder

la **somme**   sum; **en ___** in short; **___ toute** in short; **le ___** nap; **faire un ___** to take a nap

le **sommeil**   sleep

le **sommet**   summit

le **son**   sound

le **sondage**   poll

le **songe**   dream

songer   to contemplate, think about, dream

songeur (songeuse)   dreamy, thoughtful

sonner   to ring, sound, ring for

sonore   resounding

le **sorcier (la sorcière)**   sorcerer

les **sornettes** *f*   nonsense

le **sort**   fate, destiny

la **sorte**   sort, kind; **de ___ que, en ___ que** so that; **en quelque ___** so to speak; **de la ___** in such a way

la **sortie**   exit; outing

le **sortilège**   spell

sortir   to leave, go out, come out, take out; **au ___ de** coming from

sot (sotte)   foolish

le **sou**   penny

le **soubresaut**   jolt

la **souche**   stump; **dormir comme une ___** to sleep like a log

le **souci**   worry, anxiety, care; *pl* problems

se **soucier (de)**   to care (about)

soudain(e)   sudden; *adv* suddenly

le **souffle**   breath

souffler   to blow out, blow; recover one's breath; whisper

la **souffrance**   suffering

souffrant(e)   indisposed

souffrir   to suffer

le **soufre**   brimstone

souhaitable   desirable

souhaiter   to wish, desire

le **souillon**   scrubwoman

soulagé(e)   relieved

soulever   to stir, raise, lift; **se ___** to heave

le **soulier**   shoe

souligner   to underline, emphasize

soumettre   to subject; **se ___** to submit

soumis(e)   subject

le **soupçon**   hint

soupçonné(e)   suspected

soupçonneux (soupçonneuse)   suspicious

la **soupe**   soup

souper   to have supper

le **soupir**   sigh

soupirer   to sigh

souple   supple

la **source**   source, spring (of water)

le **sourcil**   eyebrow

sourdement   with a dull hollow sound, indistinctly

la **sourdine**   mute; **en ___** with muted strings

souriant(e)   smiling

sourire   to smile; **le ___** smile

la **souris**   mouse

sous   under

sous-entendre   to imply, understand

le **sous-lieutenant**   second lieutenant

le **sous-officier**   noncommissioned officer

le **sous-titre**   subtitle

soutenir   to sustain, defend, claim, maintain

souterrain(e)   subterranean

le **soutien**   support, sustenance

la **souvenance**   remembrance

le **souvenir**   memory, thought; **se ___ de** to remember

souvent   often

souverain(e)   sovereign

le **spectacle**   sight, show

le **spectateur (la spectatrice)**   spectator

spirituel (spirituelle)   witty

sportif (sportive)   sporting

le **stade**   stadium

stationner   to park

le **stoïcien (la stoïcienne)** stoic
la **strophe** stanza
  stupéfait(e) astounded
  stupéfiant(e) astounding; **le ___** drug
  stupide stupid, stunned
  subir to feel, sustain
  subit(e) sudden
  subitement suddenly
  subjuguer to subjugate, captivate
  subtil(e) subtle
le **succédané** substitute
  succéder to follow; **se ___** to succeed
    one another
le **succès** success, hit
  sucer to suck
le **sucre** sugar
  sucré(e) sweet
la **sucrerie** sugar refinery; *pl* sweets
le **sud** south
  sud-américain(e) South American
la **sueur** perspiration
  suffire to be sufficient; **se ___** to be
    self-sufficient
la **suffisance** sufficiency, self-assurance
  suffisant(e) sufficient
  suggérer to suggest
la **suite** succession, series; **à la ___ de**
    following, as a result of; **de ___** in
    succession; **tout de ___** right away;
    par la ___ afterward
  suivant(e) following, next; **la ___ e**
    lady's maid
  suivre to follow; **___ un cours** to take
    a course
le **sujet** subject; **au ___ de** about, con-
    cerning, with regard to
  supérieur(e) superior, upper
  supérieurement perfectly
  suppliant(e) pleading
le **supplice** torture, torment
  supplier to beg, beseech
  supprimer to do away with
  sûr(e) sure, safe, secure; **bien ___** of
    course
  sûrement surely
  surgir to crop up, appear

  surhumain(e) superhuman
  surmonter to surmount, overcome
  surprenant(e) surprising
  surprendre to surprise; to overhear
  surpris(e) surprised
  sursauter to start, jump
  surtout above all, especially
  surveiller to watch, keep an eye on,
    look after, supervise
  survenir to transpire, befall, appear
    or occur unexpectedly
le, la **survivant(e)** survivor
  susceptible likely
  suspect(e) suspect, suspicious
le **sycomore** sycamore
la **syllabe** syllable
le **symbole** symbol
la **symétrie** symmetry
  sympathique likable
le **syndicat** labor union

T

le **tabac** tobacco; **___ à priser** snuff
la **table de toilette** dressing table
le **tableau** blackboard
le **tablier** apron; smock
le **tabouret** stool
la **tâche** task
  tacher to stain
  tâcher de to try to
  taciturne taciturn
la **tactique** tactics
la **taille** figure; waist
  tailler to cut out
le **tailleur** tailor
se **taire** to be silent, hold one's tongue
le **talisman** talisman (good luck charm)
le **talon** heel
le **tambour** drum
  tandis que whereas, while
  tant so much, as much; **___ de** so
    many, so much; **___ mieux** so much
    the better; **___ bien que mal** some-
    how or other; **___ pis** too bad; **___**

que as long as; until; ___ **et** ___ so much

la **tante** aunt

tantôt shortly; ___... ___ now . . . now

la **tape** slap

taper to slap

le **tapis** carpet, cover

taquiner to tease

la **taquinerie** teasing

tard late; **plus** ___ later

tarder to delay

tardif (tardive) late

la **tare** defect

la **tartine** slice of bread (with jam, butter, etc.)

le **tas** pile, heap

la **tasse** cup

tâtons: à ___ groping

le **taudis** slum

tchèque Czech

le **teint** complexion

tel (telle) such; ___ **que** just as

tellement so, so much

la **témérité** audacity

le **témoignage** testimony

témoigner de to testify to, to bear witness to

le **témoin** witness; ___ **à charge** prosecution witness; ___ **à décharge** defense witness

la **tempe** temple (of the head)

tempérer to temper

la **tempête** storm

le **temps** time, weather, while; tense; ___ **couvert** cloudy weather; **de** ___ **en** ___ from time to time; **de** ___ **à autre** from time to time; **de tout** ___ from all time; **tout le** ___ all the time

la **tendance** tendency

tendre tender; *verb* to stretch, set, hold out

la **tendresse** tenderness

tendu(e) tense; outstretched

les **ténèbres** *f* darkness

tenez! look here!

tenir to hold; to keep; to perform; ___ **à** to hold to, be fond of, be intent on; ___ **compte de** to take into account; ___ **debout** to stand up; ___ **un conseil** to hold a council; **se** ___ to stand, to take a place

la **tente** tent

tenter to tempt, try

tenu(e) obliged, held

le **terme** term

terminer to finish

ternir to fade, tarnish

le **terrain** ground, soil

la **terrasse** terrace

la **terre** earth, land, property; **par** ___ on the ground

se **terrer** to take cover

terrestre on the land

terreux (terreuse) earthy, ashen, sallow

terrifié(e) terrified

le **tertre** mound, knoll

la **tête** head; **en** ___ **-à-** ___ in private conversation; **faire** ___ **à** to stand up to; **se payer la** ___ **de quelqu'un** to make fun of someone; **casser la** ___ to bother, annoy

téter to suck

têtu(e) headstrong, stubborn

le **théâtre** theater

la **théorie** theory

théorique theoretical

tiède lukewarm

tiens! here! well!

le **timbre** clock chime

le **tintement** jingling

tinter to jingle, toll, chime, ring

tirer to pull, tug, draw, shoot; ___ **le diable par la queue** to be hard up; **se** ___ **d'affaire, s'en** ___ to get out of trouble, manage

le **tiret** dash

le **tiroir** drawer

le **tisonnier** poker

Tite-Live Livy

le **titre** title

tituber   to stagger, reel

la **toile**   linen, cloth, canvas, web

la **toilette**   dress, dressing

le **toit**   roof

la **tombe**   tomb

tomber   to fall; **laisser ___** to drop; **___ en panne** to break down; **___ amoureux (de)** to fall in love (with); **___ d'accord** to come to an agreement

le **ton**   tone

tondre   to mow; **___ à ras** to cut to the scalp

le **tonneau**   barrel

tonner   to thunder

la **torche**   torch

le **torchon**   dishcloth

tordre   to twist, distort, wring

le **tort**   fault, harm, wrong; **avoir ___** to be wrong; **à ___ et à travers** with neither rhyme nor reason

la **tortue**   tortoise

tôt   soon; early; **au plus ___** at the earliest

le **toucher**   touch; *verb* to touch, to concern; **___ un chèque** to cash a check

toujours   always, still; **à ___** forever

le **toupet: avoir le ___**   to have the nerve

le **tour**   trick, turn, circuit; **___ à ___** in turn; **trente-trois ___s** 33⅓ speed; **à son ___** in turn

tourmenter   to worry (someone); **se ___** to fret, worry

le **tourne-disque**   record player

tourner   to turn, stir; **___ un film** to make a film; **se ___** to turn

le **tournoi**   tournament

la **tourterelle**   turtledove

tousser   to cough

toussoter   to cough mildly

tout   all, whole, every; **___ de suite** right away; **tous les deux** both; **pour ___ dire** in short; *adv* completely, quite, very; **___ à coup** all of a sudden; **___ à fait** completely; **___ à l'heure** just now, a little while ago, in a little while; **___ de même** all the same, still; **___ de suite** right away, immediately; **___ d'un coup** all at once; **___ droit** straight ahead; **___ en parlant** while speaking; **___ fait** ready-made; **___ juste** barely; *pron* everything

toutefois   yet, nevertheless, however

tout(e)-puissant(e)   all-powerful

la **toux**   coughing, cough

le **tracas**   annoyance

tracasser   to worry; bother

la **trace**   tracks

tracer   to sketch

traditionaliste   traditionalist

traditionnel (traditionnelle)   traditional

la **traduction**   translation

traduire   to translate

la **tragédie**   tragedy

trahir   to betray

la **trahison**   betrayal

le **train**   train; **en ___ de** in the process of; **le ___ de vie** way of life, life style

traînant(e)   drawling, droning (voice)

traîner   to linger, to drag

le **trait**   feature, trait; dash, line

la **traite**   (business) draft

le **traité**   treatise

traiter   to treat, to do (business)

le **traître (la traîtresse)**   traitor

traîtreusement   treacherously

le **tram**   streetcar

tranché(e)   settled

trancher   to cut off

tranquille   quiet, undisturbed, at ease

tranquillement   quietly

la **tranquillité**   peace, quiet

transmettre   to transmit

transpercer   to pierce

transpirer   to perspire

le **transport**   transportation; rapture, ecstasy

le **traquenard**   trap

le **travail**   work; **les travaux forcés** hard labor

travailler to work

travailleur (travailleuse) hard-working

la **travée** row

travers: à ___ through, throughout; **en ___ de** across; **à tort et à ___** with neither rhyme nor reason

traverser to go through, to cross

le **traversin** bolster

trébucher to stumble

le **trèfle** clover

le **tremblement** trembling, quivering; **___ de terre** earthquake

trembler to tremble, shake

la **trempe** steeping; stamp

tremper to soak, drench

trente thirty

le **trésor** treasure

tressé(e) pleated, braided

la **tribu** tribe

le **tribunal** court, tribunal

le **tribut** tribute

tricher to cheat

la **tricherie** trickery

triompher de to master, triumph over

tripoter to concoct

triste sad

tristement sadly

la **tristesse** sadness

troisième third

la **trompe** horn

tromper to deceive, trick, cheat on someone; **se ___** to be mistaken

la **tromperie** fraud, deception, deceit

le **trompeur (la trompeuse)** deceiver

le **tronc** trunk

trop too; **___ de** too much, too many

trottiner to trot along

la **trottinette** scooter

le **trottoir** sidewalk

le **trou** hole

le **trouble** turmoil; *adj* dim, cloudy

troubler to trouble, disturb

la **troupe** theater troupe; **___s** troops

le **troupeau** herd

trouver to find; **se ___** to be located, be found; **se ___ mal** to faint

le **truc** trick, gimmick

la **truite** trout

tuer to kill

tue-tête: à ___ at the top of one's voice

turc (turque) Turkish

tutoyer to address as **tu**

le **type** guy, fellow

U

unanime unanimous

uni(e) united

unique single, only

uniquement solely

l' **univers** *m* universe

universel (universelle) universal

l' **université** *f* university

urbain(e) urban

l' **urbanité** *f* urbanity

l' **usage** *m* use; custom; **c'est l'___** that's usual, that's the way it is; **selon son ___** as was his wont

user: en ___ avec to treat

l' **usine** *f* factory, mill

l' **ustensile** *m* utensil

utile useful

l' **utilité** *f* usefulness

l' **utopie** *f* utopia

V

les **vacances** *f* vacation

la **vache** cow

vagabonder to roam, wander

vague empty; **la ___** wave

vaguement vaguely

vaillamment valiantly

vaillant(e) valiant, brave

vain(e) vain, empty

vaincre to overcome, conquer
vaincu(e) defeated
vainement in vain
le **vainqueur** conqueror
le **vaisselet** small vessel
le **val** vale, valley, dale
valable valid, good
la **valeur** value; valor; **mettre en ___** to emphasize, show
la **valise** suitcase, bag
la **vallée** valley
valoir to be worth; **___ mieux** to be better; **___ la peine** to be worth it; **faire ___** to assert, develop
la **valse** waltz
vanter to extol; **se ___** to boast, pride oneself
la **vareuse** pea jacket
le **vautour** vulture
le **veau** veal
la **vedette** star
la **végétation** vegetation
le **véhicule** vehicle
la **veille** day (night) before
la **veillée** social evening
veiller to wake; **___ à, sur** to watch over
la **veilleuse** night light
la **veine** vein
le **velours** velvet
velu(e) hairy
le **vendeur (la vendeuse)** salesperson
vendre to sell
se **venger** to take vengeance
venir to come; **___ de** to have just; **en ___ à** to come to the point of; **faire ___** to send for, bring about; **___ à bout de** to get through
le **vent** wind; **faire du ___** to be windy
la **vente** sale (of an item)
le **ventre** belly
venu: mal ___ malformed; **le nouveau ___** newcomer
le **ver** worm
le **verbe** verb

verdir to turn green
la **verdure** greenery, foliage
le **verger** orchard
vérifier to verify, check
véritable real, true
la **vérité** truth
vermeil (vermeille) bright red
verni(e) varnished; patent
le **verre** glass
vers toward
le **vers** verse
verser to shed; **___ un acompte** to place a deposit
la **version** translation
vert(e) green
la **vertu** virtue
le **veston** jacket
le **vêtement** article of clothing, clothing; **les ___s** clothes
vêtir to clothe, dress
vêtu(e) dressed, attired
le **veuf** widower
la **veuve** widow
viager (viagère) for life
la **viande** meat
vibrer to vibrate, throb
le **vicomte** viscount
la **victoire** victory
vide empty; **le ___** space
vider to empty
la **vie** life; **gagner sa ___** to earn one's living
le **vieillard** old man
la **vieillesse** old age
vieillir to grow old
la **vierge** virgin
le **vieux (la vieille)** old man, old woman; **mon vieux!** my friend!
vif (vive) vivid, keen, lively; **brûler ___** to burn alive
la **vigne** vine
vigoureux (vigoureuse) vigorous
la **vigueur** vigor
vilain(e) wretched, vile
la **ville** city; **en ___** downtown

le **vin**   wine

le **vinaigre**   vinegar

la **vipère**   viper

le **visage**   face

vis-à-vis   opposite; ___ **de** toward

le **visiteur (la visiteuse)**   visitor

visqueux (visqueuse)   slimy

vite   fast, quickly; **au plus** ___ as fast as possible

la **vitre**   windowpane

le **vitrier**   glazier, glassman

la **vitrine**   showcase

vivant(e)   living

vive!   long live!

vivement   briskly, vividly

vivre   to live

le **vocabulaire**   vocabulary

la **vogue**   vogue, fashion; **être en** ___ to be popular

la **voie**   way

voilà   here is, here are; ___ **sept ans** it's been seven years

la **voile**   sail

voir   to see; **faire** ___ to show; **se** ___ to be seen; **mais voyons!** come now!

la **voirie**   dump

voisin(e)   neighboring, next; **le, la** ___ neighbor

voisiner   to be next to

la **voiture**   car, coach; ___ **de pompier** fire engine; ___ **de bébé** baby carriage

la **voix**   voice, sound; **à haute** ___ out loud

le **vol**   theft; flight

le **volant**   steering wheel

le **volcan**   volcano

voler   to rob, steal; to fly, soar; ___ **en éclats** to smash into pieces

le **volet**   shutter

le, la **volontaire**   volunteer

la **volonté**   will; ___**s** whims; **à leur** ___ as they wished

volontiers   willingly

voltiger   to flutter

la **volupté**   voluptuousness

voluptueux (voluptueuse)   voluptuous

vomir   to vomit

vouer   to pledge

le **vouloir**   will; *verb* to want (to); ___ **bien** to be willing; ___ **dire** to mean; **en** ___ **à** to bear a grudge against, have it in for

voulu(e)   intended, deliberate

voûté(e)   bent

vouvoyer   to address as **vous**

le **voyage**   trip; ___ **d'affaires** business trip

voyager   to travel

le **voyageur (la voyageuse)**   traveler, passenger

la **voyelle**   vowel

vrai(e)   real, true; **dire** ___ to speak the truth; **être dans le** ___ to be right; **à** ___ **dire** as a matter of fact

vraiment   really

la **vraisemblance**   verisimilitude, probability

la **vue**   sight, view; **de** ___ by sight

vulgaire   vulgar, common; **le** ___ common people

la **vulgarisation**   popularization

W

le **wagon**   coach (of a train)

les **waters** *m*   toilet

X

la **xénophobie**   xenophobia

Y

les **yeux** *m*   eyes; *pl* of **œil**

Literary Credits

Camara Laye, "Départ pour l'école" from *L'Enfant noir,* Librairie Plon.

Marcel Pagnol, "La Vie au lycée" from *Le Temps des amours,* Editions Bernard de Fallois.

Julien Green, "Chez le conseiller" from *Moïra,* © Editions du Seuil, 1989.

Gabrielle Roy, "La Femme: mère" from *Bonheur d'occasion,* 1945 (Editions Stanké, Montréal, Collection "Québec 10/10," 1977), © Fonds Gabrielle Roy.

Simone de Beauvoir, "Mariage ou célibat?" from *Mémoires d'une jeune fille rangée,* © Editions Gallimard.

Albert Camus, "Le Dimanche d'un citadin" from *L'Etranger,* © Editions Gallimard.

Jacques Prévert, "La Grasse Matinée" from *Paroles,* © Editions Gallimard.

Antoine de Saint-Exupéry, "L'Homme d'affaires" from *Le Petit Prince,* copyright 1943 by Harcourt, Brace, Jovanovich, Inc., and renewed in 1971 by Consuelo Saint-Exupéry, reprinted by permission of the publisher.

Charles de Gaulle, "Appel du général de Gaulle aux Français" from *Mémoires de guerre,* Librairie Plon.

Michel Tremblay, "Le Diable et le champignon" from *Contes pour buveurs attardés,* Editions du Jour.

Francis Bebey, "Un grand conseil de mariage" from *Le Fils d'Agatha Moudio,* Editions Clé.

Eugène Ionesco, "Les Martin" from *La Cantatrice chauve,* © Editions Gallimard.

La Farce de Maître Pathelin, texte présenté, traduit et annoté par Monsieur Jules Hasselmann, Les Classiques Hatier, #183, © Hatier.

François Truffaut, "Patrick pousse son pion" from *L'Argent de poche,* Editions Flammarion.

Photo Credits

Page **3,** © P. Odile/Sipa Press. Page **6,** © Betty Press. Page **10,** Sygma. Page **18,** © University of Virginia. Page **24,** © Spencer Grant/Leo de Wys. Page **25,** Stock Montage. Page **32,** Canapress. Page **37,** UPI/Bettmann Newsphotos. Page **42,** © Thomas Hurst. Page **43,** The Bettmann Archive. Page **46,** © 1993 Martha Swope. Page **51,** The Bettmann Archive. Page **57,** © Ulrike Welsch. Page **63,** © Steve Vidler/Leo de Wys. Page **63,** © Henry Veiller/Explorer/Photo Researchers. Page **64,** UPI/Bettmann Newphotos. Page **71,** The Granger Collection. Page **75,** The Granger Collection. Page **80,** The Bettmann Archive. Page **81,** French Embassy Press and Information Division. Page **82,** Charles Gatewood/The Image Works. Page **89,** Stock Montage. Page **93,** Stock Montage. Page **101,** © G. Bouquillon/Liaison International. Page **101,** © Steve Vidler/Leo de Wys. Page **102,** S.H.A.A./Sygma. Page **104,** Harcourt Brace & Company/Consuelo de Saint Exupery. Page **109,** The Bettmann Archive. Page **113,** © Jill Fineberg/Photo Researchers. Page **119,** The Bettmann Archive. Page **119,** The Granger Collection. Page **121,** Stock Montage. Page **125,** Stock Montage. Page **130,** Sygma. Page **136,** © Batt Johnson/Unicorn. Page **138,** Canapress. Page **144,** UPI/Bettmann Newsphotos. Page **149,** © Benaroch/Sipa Press. Page **150,** © Beryl Goldberg. Page **159,** © David Frazier. Page **160,** The Granger Collection. Page **164,** © Richard Feldman. Page **171,** The Bettmann Archive. Page **176,** © Historical Pictures/Stock Montage. Page **180,** Stock Montage. Page **183,** French Consulate. Page **186,** French Consulate. Page **194,** French Consulate. Page **201,** The Granger Collection. Page **209,** © Sygma. Page **211,** © William Karel/Sygma. Page **212,** © Thomas Hurst. Page **217,** © Historical Pictures/Stock Montage. Page **219,** © J. Messerschmidt/Leo de Wys. Page **223,** The Bettmann Archive.